U0216175

吉林人民出版社

简体字本二十六史

陈书

卷一——卷三六

［唐］姚思廉 撰

陈苏镇等 标点

目　　录

陈书卷一
本纪第一

高祖上

　　高祖武皇帝讳霸先，字兴国，小字法生，吴兴长城下若里人，汉太丘长陈寔之后也，世居颍川。实玄孙准，晋太尉。准生匡，匡生达，永嘉南迁，为丞相掾，历太子洗马，出为长城令，悦其山水，遂家焉。尝谓所亲曰："此地山川秀丽，当有王者兴，二百年后，我子孙必钟斯运。"达生康，复为丞相掾，咸和中土断，故为长城人。康生盱眙太守英，英生尚书郎公弼，公弼生步兵校尉鼎，鼎生散骑侍郎高，高生怀安令咏，咏生安成太守猛，猛生太常卿道巨，道巨生皇考文赞。高祖以梁天监二年癸未岁生。少倜傥有大志，不治生产。既长，读兵书，多武艺，明达果断，为当时所推服。身长七尺五寸，日角龙颜，垂手过膝。尝游义兴，馆于许氏，夜梦天开数丈，有四人朱衣捧日而至，令高祖开口纳焉，及觉，腹中犹热，高祖心独负之。

　　大同初，新喻侯萧映为吴兴太守，甚重高祖，尝目高祖谓僚佐曰："此人方将远大。"及映为广州刺史，高祖为中直兵参军，随府之镇。映令高祖招集士马，众至千人，仍命高祖监宋隆郡。所部安化二县元不宾，高祖讨平之。寻监西江督护，高要郡守。先是，武林侯萧谘为交州刺史，以裒刻失众心，土人李贲连结数州豪杰同时反。台遣高州刺史孙冏、新州刺史卢子雄将兵击之，冏等不时进，皆于广州伏诛。子雄弟子略与冏子侄及其主帅杜天合、杜僧明共举兵，执南江督护沈颙，进寇广州，昼夜苦攻，州中震恐。高祖率精兵三千,卷甲兼行以救之,频战屡捷。天合中流矢死,贼众大溃,僧明遂降。梁武帝深叹异焉,授直阁将军,封新安子,邑三百户,仍遣画工图高祖容貌而观之。

其年冬,萧映卒。明年,高祖送丧还都,至大庾岭,会有诏高祖为交州司马,领武平太守,与刺史杨瞟南讨。高祖益招勇敢,器械精利。瞟喜曰:"能克贼者,必陈司武也。"委以经略。高祖与众军发自番禺。是时萧勃为定州刺史,于西江相会。勃知军士惮远役,阴购诱之,因诡说瞟。瞟集诸将问计,高祖对曰:"交址叛换,罪由宗室,遂使僭乱数州,弥历年稔;定州复欲昧利目前,不顾大计。节下奉辞伐罪,故当生死以之,岂可畏惮宗室,轻于国宪?今若夺人沮众,何必交州讨贼,问罪之师即回有所指矣。"于是勒兵鼓行而进。十一年六月,军至交州,贼众数万于苏历江口立城栅以拒官军。瞟推高祖为前锋,所向摧陷。贼走典彻湖,于屈獠界立砦,大造船舰,充塞湖中。众军惮之,顿湖口不敢进。高祖谓诸将曰:"我师已老,将士疲劳,历岁相持,恐非良计,且孤军无援,入人心腹,若一战不捷,岂望生全。今借其屡奔,人情未固,夷獠乌合,易为摧殄,正当共出百死,决力取之,无故停留,时事去矣。"诸将皆默然,莫有应者。是夜江水暴起七丈,注湖中,奔流迅激。高祖勒所部兵乘流先进,众军鼓噪俱前。贼众大溃,贲窜入屈獠洞中,屈獠斩贲,传首京师。是岁,太清元年也。贲兄天宝遁入九真,与劫帅李绍隆收余兵二万,杀德州刺史陈文戒,进围爱州。高祖仍率众讨平之,除振远将军、西江督护、高要太守、督七郡诸军事。

二年冬,侯景寇京师。高祖将率兵赴援,广州刺史元景仲阴有异志,将图高祖。高祖知其计,与成州刺史王怀明、行台选郎殷外臣等密议戒严。三年七月,集义兵于南海,驰檄以讨景仲。景仲穷蹙,缢于阁下,高祖迎萧勃镇广州。是时临贺内史欧阳頠监衡州、兰裕、兰京礼扇诱始兴等十郡,共举兵攻頠。頠请援于勃。勃令高祖率众救之,悉擒裕等,仍监始兴郡。

十一月,高祖遣杜僧明、胡颖将二千人顿于岭上,并厚结始兴豪杰,同谋义举,侯安都、张偲等率千余人来附。萧勃闻之,遣钟休悦说高祖曰:"侯景骁雄,天下无敌。前者援军十万,士马精强,然而莫敢当锋,遂令羯贼得志。君以区区之众,将何所之?如闻岭北王侯又皆鼎沸,河东、桂阳相次屠戮,邵陵、开建亲寻干戈,李迁仕托身当阳,便夺马仗,以君疏外,讵可暗投?未若且住始兴,遥张声势,保此太山,自求多福。"高祖泣谓休悦曰:"仆本庸虚,蒙国成造。往闻侯景渡江,即欲赴援,遭值元、兰,梗我中道。今京都覆没,主上蒙尘,君辱臣死,谁敢爱命!君侯体则皇枝,任重方岳,不能摧锋万里,雪此冤痛,见遣一军,犹贤乎已,乃降后旨,使人慨然。仆行计决矣,凭为披述。"乃遣使间道往江陵,禀承军期节度。时蔡路养起兵据南康,勃遣腹心谭世远为曲江令,与路养相结,同遏义军。大宝元年正月,高祖发自始兴,次大庾岭。路养出军顿南野,依山水立四城,以拒高祖。高祖与战,大破之。路养脱身宵走,高祖进顿南康。湘东王承制授高祖员外散骑常侍、持节、明威将军、交州刺史,改封南野县伯。

　　六月,高祖修崎头古城,徙居焉。高州刺史李迁仕据大皋,遣主帅杜平房率千人入赣石、鱼梁,高祖命周文育将兵击走之,迁仕奔宁都。承制授高祖通直散骑常侍,使持节、信威将军、豫州刺史,领豫章内史,改封长城县侯。寻授散骑常侍、使持节、都督六郡诸军事、军师将军、南江州刺史,余如故。时宁都人刘蔼等资迁仕舟舰兵仗,将袭南康。高祖遣杜僧明等率二万人据白口,筑城以御之。迁仕亦立城以相对。二年三月,僧明等攻拔其城,生擒迁仕,送南康,高祖斩之。承制命高祖进兵定江州,仍授江州刺史,余如故。

　　六月,高祖发自南康。南康赣石旧有二十四滩,滩多巨石,行旅者以为难。高祖之发也,水暴起数丈,三百里间巨石皆没。进军顿西昌,有龙见于水滨,高五丈许,五采鲜耀,军民观者数万人。是时,承制遣征东将军王僧辩督众军讨侯景。八月,僧辩军次湓城,高祖率杜僧明等众军及南川豪帅合三万人将会焉。时西军乏食,高祖先贮军粮五十万石,至是分三十万以资之。仍顿巴丘。会侯景废简文

帝,立豫章嗣王栋,高祖遣兼长史沈衮奉表于江陵劝进。十一月,承
制授高祖使持节、都督会稽东阳新安临海永嘉五郡诸军事、平东将
军、东扬州刺史,领会稽太守、豫章内史,余并如故。三年正月,高祖
率甲士三万人、强弩五千张、舟舰二千乘,发自豫章。二月,次桑落
洲,遣中记室参军江元礼以事表江陵,承制加高祖鼓吹一部。是时,
僧辩已发溢城,会高祖于白茅湾,乃登岸结坛,刑牲盟约。进军次芜
湖,侯景城主张黑弃城走。三月,高祖与诸军进克姑熟,仍次蔡洲。
侯景登石头城观望形势,意甚不悦,谓左右曰:"此军上有紫气,不
易可当。"乃以舣舻贮石沉塞淮口,缘淮作城,自石头迄青溪十余里
中,楼雉相接。诸将未有所决,僧辩遣杜崱问计于高祖。高祖曰:
"前柳仲礼数十万兵隔水而坐,韦粲之在青溪竟不渡岸,贼乃登高
望之,表里俱尽,肆其凶虐,覆我王师。今围石头,须渡北岸。诸将
若不能当锋,请先往立栅。"高祖即于石头城西横陇筑栅,众军次连
八城,直出东北。贼恐西州路断,亦于东北果林作五城,以遏大路。
景率众万余人,铁骑八百余匹,结阵而进。高祖曰:"军志有之,善用
兵者,如常山之蛇,首尾相应。今我师既众,贼徒甚寡,应分贼兵势,
以弱制强,何故聚其锋锐,令必死于我?"乃命诸将分处置兵。贼直
冲王僧志,僧志小缩。高祖遣徐度领弩手二千,横截其后,贼乃却。
高祖与王琳、杜龛等以铁骑悉力乘之,贼退据其珊。景仪同卢辉略
开石头北门来降。荡主戴冕、曹宣等攻拔果林一城,众军又克其四
城。贼复还,殊死战,又尽夺所得城栅。高祖大怒,亲率攻之,士卒
腾栅而入,贼复散走。景与百余骑弃稍执刀,左右冲阵,阵不动。景
众大溃,逐北至西明门。景至阙下,不敢入台,遣腹心取其二子而
遁。高祖率众出广陵应接,会景将郭元建奔齐,高祖纳其部曲三千
人而还。僧辩启高祖镇京口。

五月,齐遣辛术围严超达于秦郡,高祖命徐度领兵助其固守。
齐众七万,填堑,起土山,穿地道,攻之甚急。高祖乃自率万人解其
围,纵兵四面击齐军,弓弩乱发。齐平秦王中流矢死,斩首数百级,
齐人收兵而退。高祖振旅南归,遣记室参军刘本仁献捷于江陵。

　　七月，广陵侨民朱盛、张象潜结兵，袭齐刺史温仲邕，遣使来告，高祖率众济江以应之。会齐人来聘，求割广陵之地，王僧辩许焉，仍报高祖。高祖于是引军还南徐州，江北人随军而南者万余口。承制授高祖使持节、散骑常侍、都督南徐州诸军事、征北大将军、开府仪同三司、南徐州刺史，余并如故。及王僧辩率众征陆纳于湘州，承制命高祖代镇扬州。十一月，湘东王即位于江陵，改大宝三年为承圣元年。湘州平，高祖旋镇京口。三年三月，进高祖位司空，余如故。

　　十一月，西魏攻陷江陵。高祖与王僧辩等进启江州，请晋安王以太宰承制，又遣长史谢哲奉笺劝进。十二月，晋安王至自寻阳，入居朝堂，给高祖班剑二十人。四年五月，齐送贞阳侯深明还主社稷。王僧辩纳之，即位，改元曰天成，以晋安王为皇太子。初，齐之请纳贞阳也，高祖以为不可，遣使诣僧辩苦争之，往返数四，僧辩竟不从。高祖居常愤叹，密谓所亲曰："武皇虽磐石之宗，远布四海，至于克雪仇耻，宁济艰难，唯孝元而已，功业茂盛，前代未闻。我与王公俱受重寄，语未绝音，声犹在耳，岂期一旦便有异图。嗣主高祖之孙，元皇之子，海内属目，天下宅心，竟有何辜，坐致废黜！远求夷狄，假立非次，观其此情，亦可知矣。"乃密具袍数千领，及锦彩金银，以为赏赐之具。九月壬寅，高祖召徐度、侯安都、周文育等谋之，仍部列将士，分赏金帛，水陆俱进，是夜发南徐州讨王僧辩。甲辰，高祖步军至石头前，遣勇士自城北逾入。时僧辩方视事，外白有兵，俄而兵自内出。僧辩遽走，与其第三子颁相遇，俱出阁，左右尚数十人，苦战。高祖大兵寻至。僧辩众寡不敌，走登城南门楼。高祖因风纵火，僧辩穷迫，乃就擒，是夜缢僧辩及颁。景午，贞阳侯逊位，百僚奉晋安王，上表劝进。十月己酉，晋安王即位，改承圣四年为绍泰元年。壬子，诏授高祖侍中、大都督中外诸军事、车骑将军、扬南徐二州刺史，持节、司空、班剑、鼓吹，并如故。仍诏高祖甲仗百人出入殿省。

　　震州刺史杜龛据吴兴，与义兴太守韦载同举兵反。高祖命周文育率众攻载于义兴,龛遣其从弟北叟将兵拒战,北叟败归义兴。辛未,高祖表自东讨,留高州刺史侯安都、石州刺史杜棱宿卫台省。甲戌,军至义兴。景子,拔其水栅。秦州刺史徐嗣徽据其城以入齐,又要南豫州刺史任约,共举兵应龛、载,齐人资其兵食。嗣徽等以京师空虚,率精兵五千奄至阙下。侯安都领骁勇五百人出战,嗣徽等退据石头。丁丑,载及北叟来降,高祖抚而释之。以嗣徽寇逼,卷甲还都,命周文育进讨杜龛。十一月己卯,齐遣兵五千济渡,据姑熟。高祖命合州刺史徐度于冶城寺立栅,南抵淮渚。齐又遣安州刺史翟子崇、楚州刺史刘仕荣、淮州刺史柳达摩领兵万人,于胡墅渡米粟三万石,马千匹,入于石头。癸未,高祖遣侯安都领水军夜袭胡墅,烧齐船千余艘,周铁武率舟师断齐运输,擒其北徐州刺史张领州,获运舫米数千石。仍遣韦载于大航筑城,使杜棱据守。齐人又于仓门水南立二栅,以拒官军。甲辰,嗣徽等攻冶城栅。高祖领铁骑精甲出自西明门,袭击之,贼众大溃。嗣微留柳达摩等守城,自率亲属腹心往南州采石,以迎齐援。十二月癸丑,高祖遣侯安都领舟师,袭嗣徽家口于秦州,俘获数百人。官军连舰塞淮口,断贼水路。先是,太白自十一月景戌不见,乙卯出于东方。景辰,高祖尽命众军分部甲卒,对冶城立航渡兵,攻其水南二栅。柳达摩等渡淮置阵,高祖督兵疾战,纵火烧栅,烟尘张天,贼溃争舟,相排挤溺死者以千数。时百姓夹淮观战,呼声震天地。军士乘胜,无不一当百,尽收其船舰,贼军慑气。是日,嗣徽、约等领齐兵水步万余人,还据石头。高祖遣兵往江宁,据要险以断贼路。贼水步不敢进,顿江宁浦口。高祖遣侯安都领水军袭破之,嗣徽等乘单舸脱走,尽收其军资器械。己未,官军四面攻城,自辰讫酉,得其东北小城,及夜,兵不解。庚申,达摩遣使侯子钦、刘仕荣等诣高祖请和。高祖许之,乃于城门外刑牲盟约,其将士部曲一无所问,恣其南北。辛酉,高祖出石头南门,陈兵数万,送齐人归北者。壬戌,齐和州长史乌丸远自南州奔还历阳。江宁令陈嗣、黄门侍郎曹朗据姑熟反,高祖命侯安都、徐度等讨平之,斩首数千级,聚为京观。石头、采石、南州悉平,收获马仗船米不可胜计。是月,杜龛以城降。二年正月癸未,诛杜龛于吴兴,龛从弟北叟、司马沈孝敦并赐死。

二月庚申,高祖遣侯安都、周铁武,率舸舰备江州,仍顿梁山起栅。甲子,敕司空有军旅之事,可骑马出入城内。戊辰,前宁远石城公外兵参军王位,于石头沙际获玉玺四纽,高祖表以送台。三月戊戌,齐遣水军仪同萧轨、厍狄伏连、尧难宗、东方老、侍中裴英起、东广州刺史独孤辟恶、洛州刺史李希光,并任约、徐嗣徽等,率众十万出栅口,向梁山。帐内荡主黄丛逆击,败之,烧其前军船舰,齐顿军保芜湖。高祖遣定州刺史沈泰、吴郡太守裴忌就侯安都,共据梁山以御之。自去冬至是,甘露频降于钟山、梅岗、南涧及京口、江宁县境,或至三数升,大如弈棋子,高祖表以献台。

四月丁巳,高祖诣梁山军巡抚。五月甲申,齐兵发自芜湖;景申,至秣陵故治。高祖遣周文育屯方山,徐度顿马牧,杜棱顿大航南。己亥,高祖率宗室王侯及朝臣将帅,于大司马门外白兽阙下,刑牲告天以齐人背约,发言慷慨,涕泗交流,同盟皆莫能仰视,士卒观者益奋。辛丑,齐军于秣陵故县跨淮立桥栅,引渡兵马,其夜至方山。侯安都、周文育、徐度等各引还京师。癸卯,齐兵自方山进及儿塘,游骑至台。周文育、侯安都顿白土岗,旗鼓相望,都邑震骇。高祖潜撤精卒三千配沈泰,渡江袭齐行台赵彦琛于瓜步,获舟舰百余艘,陈粟万斛。尔日,天子总羽林禁兵,顿于长乐寺。六月甲辰,齐兵潜至钟山龙尾。丁未,进至莫府山。高祖遣钱明领水军出江乘,要击齐人粮运,尽获其船米。齐军于是大馁,杀马驴而食之。庚戌,齐军逾钟山。高祖众军分屯乐游苑东及覆舟山北,断其冲要。壬子,齐军至玄武湖西北莫府山南,将据北郊坛。众军自覆舟东移,顿郊坛北,与齐人相对。其夜,大雨震电,暴风拔木,平地水丈余,齐军昼夜坐立泥中,悬鬵以爨,而台中及潮沟北水退路燥,官军每得番易。甲寅,少霁,高祖命众军秣马蓐食,迟明攻之。乙卯旦,自率帐内麾下出莫府山南,吴明彻、沈泰等众军首尾齐举,纵兵大战,侯安都自白下引兵横出其后。齐师大溃,斩获数千人,相蹂藉而死者不可胜计，生执徐嗣徽及其弟嗣宗，斩之以徇。追奔至于临沂。其江乘、摄山、钟山等诸军，相次克捷，虏萧轨、东方老、王敬宝、李希光、裴英起等将帅凡四十六人。其军士得窜至江者，缚荻筏以济，中江而溺，流尸至京口，翳水弥岸。丁巳，众军出南州，烧贼舟舰。己未，斩刘归义、徐嗣彦、傅野猪于建康市。是日解严。庚申，萧轨、东方老、王敬宝、李希光、裴英起皆伏诛。高祖表解南徐州，以授侯安都。

七月景子，诏授高祖中书监、司徒、扬州刺史，进爵为公，增邑并前五千户，侍中、使持节、都督中外诸军事、将军、尚书令、班剑、鼓吹、甲仗并如故，并给油幢皂轮车。是月，侯瑱以江州入附。遣侯安都镇上流，定南中诸郡。八月癸卯，太府卿何敳、新州刺史华志各上玉玺一，高祖表以送台，诏归之高祖。是日，诏高祖食安吉、武康二县，合五千户。九月壬寅，改年曰太平元年，进高祖位丞相、录尚书事、镇卫大将军，改刺史为牧，进封义兴郡公，侍中、司徒、都督、班剑、鼓吹、甲仗、皂轮车并如故。丁未，中散大夫王彭笺称："今月五日平旦，于御路见龙迹，自大社至象阙，亘三四里。"庚申，诏追赠高祖考侍中、光禄大夫，加金章紫绶，封义兴郡公，谥曰恭。十月甲戌，敕丞相自今入问讯，可施别榻以近宸坐。二年正月壬寅，天子朝万国于太极东堂，加高祖班剑十人，并前三十人，余如故。丁未，诏赠高祖兄道谈散骑常侍、使持节、平北将军、南兖州刺史、长城县公，谥曰昭烈；弟休先侍中、使持节、骠骑将军、南徐州刺史、武康县侯，谥曰忠壮，食邑各二千户。甲寅，遣兼侍中、谒者仆射陆缮策拜长城县夫人章氏为义兴国夫人。丁卯，诏赠高祖祖侍中、太常卿，谥曰孝。追封高祖祖母许氏吴郡嘉兴县君，谥曰敬；妣张氏义兴国太夫人，谥曰宣。

二月庚午，萧勃举兵，自广州渡岭，顿南康，遣其将欧阳頠、傅泰及其子孜为前军，至于豫章，分屯要险，南江州刺史余孝顷起兵应勃。高祖命周文育、侯安都率众讨平之。八月甲午，进高祖位太傅，加黄钺，剑履上殿，入朝不趋，赞拜不名，并给羽葆鼓吹一部，其侍中、都督、录尚书、镇卫大将军、扬州牧、义兴郡公、班剑、甲仗、油幢皂轮车并如故。景申,加高祖前后部羽葆鼓吹。是时,湘州刺史王琳拥兵不应命。高祖遣周文育、侯安都率众讨之。

九月辛丑,诏曰:

肇昔元胎剖判,太素氤氲,崇建人皇,必凭洪宰。故贤哲之后,牧伯征于四方,神武之君,大监治乎万国。又有一匡九合,渠门之赐以隆,戮带围温,行宫之宠斯茂。时危所以贞固,运泰所以光熙,斯乃千载同风,百王不刊之道也。

太傅义兴公,允文允武,乃圣乃神,固天生德,康济黔首。昔在休期,早隆朝寄,远逾沧海,大极交、越。皇运不造,书契未闻,中国其亡,兵凶总至,哀哀嗷类,譬彼穷牢,悠悠上天,莫云斯极。否终则泰,元辅应期,救此将崩,援兹已溺,乘舟履辇,架险浮深,经略中途,毕歼群丑。洎乎石头、姑熟,流髓履肠,一朝指扐,六合清晏。是用光昭下武,翼亮中都,雪三后之勃仇,夷三灵之巨慝。尧台禹佐,未始能阶,殷相周师,固非云拟。重之以屯剥余象,荆楚大崩,天地无心,乘舆委御,五胡荐食,竞谋诸夏,八方基峙,莫有匡救,强臣放命,黜我冲人,顾影于荼蓼之魂,甘心于宁卿之辱。却桉下髦,求哀之路莫从,窃斧逃责,容身之地无所。公神兵奄至,不日清澄,惟是孱蒙,再膺天录。斯又巍巍荡荡,无德而称焉。加以仗兹忠义,屠彼祆逆,震部夷氛,稽山罘罭,番禺、蠡泽,北鄙西郊,歼厥凶徒,罄无遗种。斯则兆民之命,修短所县,率土之基,兴亡是赖。于是刑礼兼训,沿革有章,中外咸平,遐迩宁一。用能使阳光合魄,曜象呈晖,栖阁游庭,抱仁含信,宏勋该于厚地,大道格于玄天。羲、农、炎、昊以来,卷领垂衣之世,圣人济物,未有如斯者也。

夫备物典策,桓、文是膺,助理阴阳,萧、曹不让,未有功高于宇县,而赏薄于伊、周,凡厥人祇,固怀延伫。实由公谦扐自牧,降损为怀,嘉数迟回,永言增叹。岂可申兹雅尚,久废朝献,宜戒司勋,敬升鸿典。且重华大圣,妫满惟贤,盛德之祀无忘,公侯之门必复。是以殷嘉宣甫,继后稷之官;尧命羲和,纂重黎之位。况其本枝修建,宜誓山河者乎?其进公位相国,总百揆,封十郡为陈公,备九锡之礼,加玺绂、远游冠、绿綟绶,位在诸侯王上,其镇卫大将军、扬州牧如故。

策曰:

大哉乾元,资日月以贞观,至哉坤元,凭山川载物。故惟天为大,陟配者钦明;惟王建国,翼辅者齐圣。是以文、武之佐,磻溪蕴其玉璜;尧、舜之臣,荣河镂其金版。况乎体得一之鸿姿,宁阳九之危厄,拯横流于碣石,扑燎火于崑岑,驱驭于韦、彭,跨躐于齐、晋,神功行而靡用,圣道运而无名者乎!今将授公典策,其敬听朕命:

日者昊天不吊,钟乱于我国家,纲漏吞舟,强胡内鼎,茫茫宇宙,慄慄黎元,方足圆颅,万不遗一。太清否亢,桥山之痛已深;大宝屯如,平阳之祸相继。上宰膺运,康救兆民,鞠旅于滇池之南,扬旌于桂岭之北,悬三光于已坠,谧四海于群飞,屠㺄瘿于中原,斩鲸鲵于澴汜。荡宁上国,光启中兴。此则公之大造于皇家者也。

既而天未悔祸,夷丑荐臻,南夏崩腾,西京荡覆,群胡孔炽,借乱乘间,推纳藩枝,盗假神器,冢司昏桡,旁引寇仇,既见贬于桐宫,方谋危于汉阁,皇运已殆,何殊赘旒,中国摇然,非徒如线。公赫然投袂,匡救本朝,复莒齐都,平戎王室。朕所以还膺宝历,重履宸居,挹建武之风猷,诵宣王之雅颂。此又公之再造于皇家者也。

公应务之初,登庸惟始,三川五岭,莫不窥临,银洞珠宫,所在宁谧。孙、卢肇衅,越貊为灾,番部阽危,势将沦殄。公赤旗所指,祆垒洞开,白羽才挥,凶徒粉溃。非其神武,久丧南藩。此又公之功也。

大同之末,边政不修,李贲狂迷,窃我交、爱,敢称大号,骄恣甚于尉他,据有连州,雄豪炽于梁硕。公英谟雄算,电扫风行,驰御楼船,直跨沧海,新昌、典澈,备履艰难,苏历、嘉宁,尽为京观。三山獠洞，八角蛮陬，邈矣水寓之乡，悠哉火山之国，马援之所不届，陶璜之所未闻，莫不惧我王灵，争朝边候，归睬天府，献状鸿胪。此又公之功也。

自寇虏陵江，宫闱幽辱。公枕戈尝胆，提剑拊心，气涌青霄，神飞紫闼。而番禺连率，本自诸夷，言得其朋，是怀同恶。公仗此忠诚，乘机剿定，执沛令而衅鼓，平新野而据鞍。此又公之功也。

世道初艰，方隅多难，勋门桀黠，作乱衡巇，兵切池隍，众兼夷獠。公以国盗边警，知无不为，恤是同盟，诛其丑类，莫不鱼惊鸟散，面缚头悬。南土黔黎，重保苏息。此又公之功也。

长驱岭峤，梦想京畿，缘道酋豪，递为榛梗，路养渠率，全据大都，蓄聚逋逃，方谋阻乱，百楼不战，云梯之所未窥，万弩齐张，高棚之所非敌。公龙骧虎步，啸吒风云，山靡坚城，野无强阵，清祅氛于赣石，灭沴气于零都。此又公之功也。

迁仕凶愿，屯据大皋，乞活类马腾之军，流民多杜弢之众，推锋转斗，自北徂南，频岁稽诛，实惟勍虏。公坐挥三略，遥制六奇，义勇同心，貔貅骋力，雷奔电击，谷静山空，列郡无犬吠之惊，丛祠罢狐鸣之盗。此又公之功也。

王师讨虏，次届沧波，兵乏兼储，士有饥色。公回麾蠡泽，积谷巴丘，亿庾之咏斯丰，壶浆之迎是众，军民转漕，曾无砥柱之难，舻舳相望，如运敖仓之府，犀渠贝胄，顾蔑雷霆，高舰层楼，仰扪霄汉，故使三军勇锐，百战无前，承此兵粮，遂殄凶逆。此又公之功也。

若夫英图迈俗，义旅如云，溢垒猜携，用淹戎略。公志唯同奖，师克在和，鸲塞非虞，鸿门是会，若晋侯之誓白水，如萧王之推赤心，屈礼交盟，人祇感咽，故能使舟师并路，远迩朋心。此又公之功也。

姑孰襟要，崤函阻凭，寇虏据其关梁，大盗负其扃锸。公一校裁扐，三雄并奋，左贤右角，沙溃土崩，木甲殪于中原，毡裘赴于江水,他他藉藉,万计千群,鄂坂之隘斯开,夷庚之道无塞。此又公之功也。

义军大众,俱集帝京,逆竖凶徒,犹屯皇邑。若夫表里山河,金汤险固,疏龙首以抗殿,揃华岳以为城,杂虏凭焉,强兵自若。公回兹地轴,抗此天罗,曾不崇朝,俾无遗噍,军容甚穆,国政方修,物重睹于衣冠,民还瞻于礼乐,楚人满道,争睹于叶公,汉老衔悲,俱欢于司隶。此又公之功也。

内难初静,诸侯出关,外郡传烽,鲜卑犯塞,莫非且渠、当户、中贵名王,冀马迥于淮南,胡笳动于徐北。公舟师步甲,亘野横江,歼厥群祇,遂殚封豨,莫不缘木而止,戎车靡遗,遇泞而旋,归驂尽殪。此又公之功也。

公克黜祸难,劬劳皇室,而孙宁之党,翻启狄心,伊、洛之间,咸为虏戍,虽金陵佳气,石垒天严,朝暗戎尘,夜喧胡鼓。公三筹既画,八阵斯张,裁举灵钵,亦抽金仆,咸俘丑类,悉反高墉,异李广之皆诛,同庞元之尽赦。此又公之功也。

任约叛换,枭声不悛,戎羯贪婪,狼心无改,穹庐毡幕,抵北阙而为营,乌孙天马,指东都而成阵。公左甄右落,箕张翼舒,扫是挽枪,驱其獫狁,长狄之种埋于国门,椎髻之酋烹于军市,投秦坑而尽沸,噎潍水而不流。此又公之功也。

一相居中,自折彝鼎,五湖小守,妄怀同恶。公凤驾兼道,衣制杖戈,玉斧将挥,金钲且戒,祆酋震慑,遽请灰钉,爇樐以表其含弘,焚书以安其反侧。此又公之功也。

贼龛凶横,陵虐具区,阻兵安忍,凭灾怙乱,自古虫言鸟迹,浑沌洪荒,凡或虔刘,未此残酷。公虽宗居汝颍,世寓东南,育圣诞贤之乡,含章挺生之地,眷言桑梓,公私愤切,卓尔英状,丞规奉算,戮此大憝,如烹小鲜。此又公之功也。

乱离永久,群盗孔多,浙左凶渠,连兵构逆,岂止千兵、五校、白雀、黄龙而已哉!公以中军无率,选是亲贤,奸寇途穷,潍然冰泮,刑溽之所,文命动其大威,雷门之间,句践行其严戮,英规圣迹,异代同风。此又公之功也。

同姓有扈,顽凶不宾,凭藉宗盟,图危社稷,观兵汇泽,势震京师,驱率南蛮,已为东帝。公论兵于庙堂之上,决胜于樽俎之间,寇、贾、樊、滕,浮江下濑,一朝揃扑,无待甸师,万里澄清,非劳新息。此又公之功也。

豫章袄寇,依凭山泽,缮甲完聚,各历岁时,结从连横,爰洎交、广。吕嘉既获,吴濞已扰,命我还师,征其不恪,连营尽拔,伪党斯擒,曜圣武于匡山,回神旌于蠡派。此又公之功也。

自八纮九野,瓜剖豆分,窃帝偷王,连州比县。公武灵已畅,文德又宣,折简驰书,风猷斯远,至于苍苍浴日,杳杳无雷,北洎丈夫之乡,南逾女子之国,莫不屈膝膜拜,求吏款关。此又公之功也。

京师祸乱,沤积寒暄,双阙低昂,九门寥豁,宁秦宫之可顾?岂鲁殿之犹存?五都簪弁,百僚卿士,胡服缦缨,咸为戎俗,高冠厚履,希复华风,宋微子《麦穗》之歌,周大夫《黍离》之叹,方之于斯,未足为悲矣。公求衣昧旦,昊食高春,兴构宫闱,具瞻遐迩,郊痒宗稷之典,六符十等之章,还闻太始之风流,重睹永平之遗事。此又公之功也。

公有济天下之勋,重之以明德,凝神体道,合德符天,用百姓以为心,随万机而成务,耻一物非唐、虞之民,归含灵于仁寿之域,上德不德,无为以为,夏长春生,显仁藏用,忠信为宝,风雨弗愆,仁惠为墓,牛羊勿践,功成治定,乐奏《咸》、《云》,安上治民,礼兼文质,物色丘园,衣裾里巷,朝多君子,野无遗贤,菽粟同水火之饶,工商富猗顿之旅。是以天无蕴宝,地有呈祥,澒露卿云,朝团晓映,山车泽马,服驭登闲,既景焕于图书,方岁葳蕤于史谍。高勋逾于象纬,积德冠于嵩、华,固无德而称者矣。

朕又闻之,前王宰世,茂赏尊贤,式树藩长,总征群伯,《二南》崇绝,四履遐旷,泱泱表海,祚土维齐,岩岩泰山,俾侯于鲁。抑又勤王反郑,夹辅迁周,召伯之命斯隆,河阳之礼咸备。况复经营宇宙,宁唯断鳌足之功,弘济苍生,非直凿龙门之险。而畴庸报德,寂尔无闻,朕所以垂拱当宁,载怀惭悸者也。今授公相国,以南豫州之陈留、南丹阳、宣城,扬州之吴兴、东阳、新安、新宁,南徐州之义兴,江州之鄱阳、临川十郡,封公为陈公。锡兹青土,苴以白茅,爰定尔邦,用建冢社。昔旦、奭分陕,俱为保师,晋、郑诸侯,咸作卿士,兼其内外,礼实修宜。今命使持节兼太尉王通授相国印绶、陈公玺绂;使持节兼司空王玚授陈公茅土,金兽符第一至第五左,竹使符第一至第十。相国秩逾三铉,任总百司,位绝朝班,礼由事革。其以相国总百揆,除录尚书之号,上所假节、侍中貂蝉、中书监印章、中外都督、太傅印绶、义兴公印策,其镇卫大将军、扬州牧如故。

　　又加公九锡,其敬听后命:以公礼为桢干,律等衔策,四维皆举,八柄有章,是用锡公大辂、戎辂各一,玄牡二驷;以公贱宝崇谷,疏爵待农,室富京坻,民知荣辱,是用锡公衮冕之服,赤舄副焉;以公调理阴阳,燮谐《风》《雅》,三灵允降,万国同和,是用锡公轩县之乐,六佾之舞;以公宣导王猷,弘阐风教,光景所照,鞮象必通,是用锡公朱户以居;以公抑扬清浊,褒德进贤,髦士盈朝,幽人虚谷,是用锡公纳陛以登;以公巍然廊庙,为世熔范,折冲四表,临御八荒,是用锡公武贲之士三百人;以公执兹明罚,期在刑措,象恭无赦,干纪必诛,是用锡公斧、钺各一;以公英猷远量,跨厉嵩溟,包一车书,括囊寰宇,是用锡公彤弓一、彤矢百、玈弓十、玈矢千;以公天经地义,贯彻幽明,春露秋霜,允恭粢盛,是用锡公秬鬯一卣,圭瓒副焉。陈国置丞相已下,一遵旧式。往钦哉!其恭循朕命,克相皇天,弘建邦家,允兴洪业,以光我高祖之休命!

　　十月戊辰,进高祖爵为王,以扬州之会稽、临海、永嘉、建安,南徐州之晋陵、信义,江州之寻阳、豫章、安成、庐陵,并前为二十郡,益封陈国。其相国、扬州牧、镇卫大将军并如故。又命陈王冕十有二旒,建天子旌旗,出警入跸,乘金根车,驾六马,备五时副车,置旄头云罕,乐舞八佾,设钟虡宫县。王妃、王子、王女爵命之号,陈台百官,一依旧典。

辛未,梁帝禅位于陈,诏曰:

五运更始,三正迭代,司牧黎庶,是属圣贤,用能经纬乾坤,弥纶区宇,大庇黔首,阐扬鸿烈。革晦以明,积代同轨,百王踵武,咸由此则。梁德湮微,祸乱荐发,太清云始,见困长蛇,承圣之季,又罹封豕。爰至天成,重窃神器。三光亟沈,七庙乏祀,含生已泯,鼎命斯坠。我武、元之祚,有如缀旒,静惟屯剥,夕惕载怀。相国陈王,有命自天,降神惟岳,天地合德,晷曜齐明。拯社稷之横流,提亿兆之涂炭,东诛逆叛,北歼獯丑,威加四海,仁渐万国,复张崩乐,重兴绝礼,儒馆聿修,戎亭虚候。大功在舜,盛绩惟禹,巍巍荡荡,无得而称。来献白环,岂直皇虞之世;入贡素雉,非止隆周之日。固以效珍川陆,表瑞烟云,甘露醴泉,旦夕凝涌,嘉禾朱草,孳植郊甸。道昭于悠代,勋格于皇穹,明明上天,光华日月,革故著于玄象,代德彰于图谶,狱讼有归,讴谣爰适,天之历数,实有攸在。朕虽庸藐,暗于古昔,永稽崇替,为日已久,敢忘列代之遗典,人祇之至愿乎?今便逊位别宫,敬禅于陈,一依唐、虞、宋、齐故事。

策曰:

咨尔陈王:惟昔上古,厥初生民,骊连、栗陆之前,容成、大庭之代,并结绳写鸟,杳冥慌忽,故靡得而详焉。自羲、农、轩、昊之君,陶唐、有虞之主,或垂衣而御四海,或无为而子万姓,居之如驭朽索,去之如脱敝屣。裁遇许由,便能舍帝;暂逢善卷,即以让王,故知玄扈璇玑,非关尊贵;金根玉辂,示表君临。及南观河渚,东沈刻璧,精华既竭,耄勤已倦,则抗首而笑,唯贤是与,謌然作歌,简能斯受,遗风余烈,昭晰图书。汉、魏因循,是为故实;宋、齐授受,又弘斯义。我高祖应期抚运,握枢御宇,三后重光,祖宗齐圣。及时属阳九,封豕荐食,西都失驭,夷狄交侵，乃暨天成，轻弄龟鼎，慄慄黔首，若崩厥角，微微皇极，将甚缀旒。惟王乃圣乃神，钦明文思，二仪并运，四时合序。天锡智勇，人挺雄杰，珠庭日角，龙行武步。爰初投袂，日乃勤王，电扫番禺，云撤彭蠡，揃其元恶，定我京畿。及王贺帝弘，贸兹冠屦，既行伊、霍，用保冲人。震泽、稽阴，并怀叛逆，獯羯丑房，三乱皇都，裁命偏师，二邦自殄，薄伐猃狁，六戎尽殪。岭南叛涣，湘、郢结连，贼帅既擒，凶集传首，用能百揆时序，四门允穆，无思不服，无远不届，上达穹昊，下漏深泉，蛟鱼并见，讴歌攸属。况乎长彗横天，已征布新之兆，璧日斯既，实表更姓之符。是以始创义师，紫云曜彩，肇惟尊主，黄龙负舟。楛矢素羍，梯山以至，白环玉玦，慕德而臻。若夫安国字萌，本因万物之志，时乘御辩，良会乐推之心。七百无常期，皇王非一族。昔木德既季，而传祚于我有梁。天之历数，允集明哲。式遵前典，广询群议，王公卿尹，莫不攸属，敬从人祇之愿，授帝位于尔躬。四海困穷，天禄永终，王其允执厥中，轨仪前式，以副溥天之望。禋祀上帝，时膺大礼，永固洪业，岂不盛欤！

又玺书曰：

君子者自昭明德，达人者先天弗违，故能进退咸亨，动静元吉。朕虽蒙寡，庶乎景行。何则？三才剖判，九有区分，情性相乖，乱离云起，是以建彼司牧，推乎圣贤。授受者任其时来，皇王者本非一族。人谋是与，屈己从万物之心；天意斯归，鞠躬奉百灵之命。讴讴所往，则攘袂以膺之；菁华已竭，乃褰裳而去之。昔在唐、虞，鉴于天道，举其黎献，授彼明哲，虽复质文殊轨，沿革不同，历代因循，斯风靡替。我大梁所以考庸太室，接礼贰宫，月正元日，受终文祖。但运不常夷，道无恒泰，山岳倾偃，河海沸腾，电目雷声之禽，钩爪锯牙之兽，咀啮含生，不知纪极。二后英圣，相仍在天，六夷贪狡，争侵中国，县五都帝，人怀干纪，一民尺土，皆非梁地。朕以不造，幼罹闵凶，仰凭衡佐。亟移年序。周成、汉惠，邈矣无阶，惟是童蒙，必贻颠蹶。若使时无圣哲，世靡艰难，犹当高蹈于沧州，自求于泰伯者矣。惟王应期诞秀，开篆握图，性道故其难闻，嘉庸已其被物，乾行同其焘覆，日御比其贞明，登承圣于复禹之功，树鞠子于兴周之业，灭陆浑于伊、洛，歼骊戎于镐京。大小二震之骁徒，东南两越之勃寇，遽行天讨，无遗神策。于是祖述尧舜，宪章文武，大乐与天地同和，大礼与天地同节，鼓之以雷霆，润之以风雨，仁沾葭苇，信及豚鱼。殷牖斯空，夏台虚设，民惟《大畜》，野有《同人》，升平颂平，无偏无党。固以云飞紫盖，水跃黄龙，东伐西征，晻映川陆，荣光暖暖，已冒郊塵，甘露瀼瀼，亟流庭苑。车辙马迹，谁不率从？蟠水流沙，谁不怀德？祥图远至，非唯赤伏之符；灵命昭然，何止黄星之气。海口河目，贤圣之表既彰；握旄执钺，君人之状斯伟。且自摄提无纪，孟陬殄灭，枉矢宵飞，天弧晓映，久矣夷羊之在牧，时哉蛟龙之出泉。革运之兆咸征，惟新之符并集。朕所以钦若勋、华，屡回星琯。昔者木运斯尽，予高祖受焉；今历去炎精，神归枢纽，敬以火德，传于尔陈。远鉴前王，近谋群辟，明灵有悦，率土同心。今遣使持节兼太保、侍中、尚书左仆射、平乐亭侯王通，兼太尉、司徒左长史王场，奉皇帝玺绶。受终之礼，一依唐、虞故事。王其时陟元后，宁育兆民，光阐洪猷，以承昊天之休命！

是日，梁帝逊于别宫。高祖谦让再三，群臣固请，乃许。

"典澈"或本作"曲澈"，前有"典澈湖"亦同，皆疑。

陈书卷二
本纪第二

高祖下

永定元年冬十月乙亥,高祖即皇帝位于南郊,柴燎告天曰:

皇帝臣讳,敢用玄牡,昭告于皇皇后帝:梁氏以圮剥荐臻,历运有极,钦若天应,以命于讳。夫肇有烝民,乃树司牧,选贤与能,未常厥姓。放勋、重华之世,咸无意于受终;当涂、典午之君,虽有心于揖让。皆以英才处万乘,高勋御四海,故能大庇黔首,光宅区县。有梁末运,仍叶遘屯,獯丑凭陵,久移神器。承圣在外,非能祀夏,天未悔祸,复罹寇逆。嫡嗣废黜,宗枝僭诈,天地荡覆,纪纲泯绝。讳爰初投袂,大拯横流,重举义兵,实戡多难。废王立帝,实有厥功,安国定社,用尽其力。是谓小康,方期大道。既而烟云表色,日月呈瑞,纬聚东井,龙见谯邦。除旧布新,既彰玄象,迁虞事夏,且协讴讼。九域八荒,同布衷款,百神群祀,皆有诚愿。梁帝高谢万邦,授以大宝,讳自惟菲薄,让德不嗣。至于再三,辞弗获许。金以百姓须主,万机难旷,皇灵眷命,非可谦拒。畏天之威,用膺嘉祚,永言凤志,能无惭德。敬简元辰,升坛受禅,告类上帝,用答民心。永保于我有陈。惟明灵是飨!

先是氛雾,昼夜晦冥。至于是日,景气清晏。识者知有天道焉。礼毕,舆驾还宫,临太极前殿,诏曰:

五德更运,帝、王所以御天;三正相因,夏、殷所以宰世。虽

色分辞翰，时异文质，揖让征伐，迄用参差，而育德振民，义归
一揆。朕以寡昧，时属艰危，国步屡屯，天维三绝，肆勤先后，拯
厥横流，藉将帅之功，兼猛士之力，一匡天下，再造黔黎。梁氏
以天禄永终，历数攸在，遵与能之典，集大命于朕躬。顾惟菲
德，辞不获亮，式从天眷，俯协民心，受终文祖，升禋上帝，继迹
百王，君临万宇，若涉川水，罔知攸济。宝业初建，皇祚惟新，思
俾惠泽，覃被亿兆。可大赦天下，改梁太平二年为永定元年。赐
民爵二级，文武二等。鳏寡孤独不能自存者，人谷五斛。逋租
宿债，皆勿复收。其有犯乡里清议，赃污淫盗者，皆洗除先注，
与之更始。长徒敕系，特皆原之。亡官失爵，禁锢夺劳，一依旧
典。

又诏曰：

《礼》陈杞、宋，《诗》咏二客，弗臣之重，历代斯敦。梁氏钦
若人祇，宪章在昔，济河沈璧，高谢万邦，茅赋所加，宜尊旧典。
其以江阴郡奉梁主为江阴王，行梁正朔，车旗服色，一依前准，
宫馆资待，务尽优隆。

又诏梁皇太后为江阴国太妃，皇后为江阴国妃。又诏百司依位摄
职。

景子，舆驾幸钟山祠蒋帝庙。戊寅，舆驾幸华林园，亲览词讼，
临赦囚徒。己卯，分遣大使宣劳四方，下玺书敕州郡曰：

夫四王革代，商、周所以应天；五胜相推，轩、羲所以当运。
梁德不造，丧乱积年，东夏崩腾，西都荡覆。萧勃干纪，非唯赵
伦，侯景滔天，逾于刘载。贞阳反篡，贼约连兵，江左累属于鲜
卑，金陵久非于梁国。有自氤氲混沌之世，龙图凤纪之前，东汉
兴平之初，西朝永嘉之乱，天下分崩，未有若于梁朝者也。朕以
虚薄，属当兴运，自昔登庸，首清诸越，徐门浪泊，靡不征行，浮
海乘山，所在戡定。冒诉风尘，骋驰师旅，六延梁祀，十翦强寇。
岂曰人谋，皆由天启。梁氏以天禄斯改，期运永终，钦若唐虞，
推其鼎玉。朕东西退让，拜手陈辞，避舜子于箕山之阳，求支伯

于沧州之野。而公卿敦逼，率土翘惶，天命难稽，遂享嘉祚。今月乙亥，升礼太坛，言念迁垌，但有惭德。自梁氏将末，频月亢阳，火运斯终，秋霖奄降。翌日成礼，圆丘宿设，埃云晚霁，星象夜张。朝景重轮，泫三危之膏露；晨光合璧，带五色之卿云。顾惟寡薄，弥惭休祉，昧旦丕显，方思至治。卿等拥旄方岳，相任股肱，剖符名守，方寄恤隐。王历惟新，念有欣庆，想深求民瘼，务在廉平，爱惠以抚孤贫，威刑以御强猾。若有藿浦之盗，或犯戎商，山谷之酋，擅强出险，皆从肆赦，咸使知闻。如或迷途，俾在无贷。今遣使人具宣往旨，念思善政，副此虚怀。

庚辰，诏出佛牙于杜姥宅，集四部设无遮大会，高祖亲出阙前礼拜。初，齐故僧统法献于乌缠国得之，常在定林上寺。梁天监末，为摄山庆云寺沙门慧兴保藏。慧兴将终，以属弟慧志。承圣末，彗志密送于高祖，至是乃出。

辛巳，追尊皇考曰景皇帝，庙号太祖；皇妣董太夫人曰安皇后。追谥前夫人钱氏号为昭皇后，世子克为孝怀太子。立夫人章氏为皇后。癸未，尊景帝陵曰瑞陵，昭皇后陵曰嘉陵，依梁初园陵故事。立删定郎，治定律令。戊子，迁景皇帝神主祔于太庙。辛卯，以中权将军、开府仪同三司、丹阳尹王冲为左光禄大夫。癸巳，追赠皇兄梁故散骑常侍、平北将军、兖州刺史、长城县公道谭骠骑大将军、太尉，封始兴郡王；弟梁故侍中、骠骑将军、南徐州刺史、武康县侯休先车骑大将军、司徒，封南康郡王。

是月，西讨都督周文育、侯安都于郢州败绩，囚于王琳。

十一月景申，诏曰："东都齐国，义乃亲贤，西汉城阳，事兼功烈。散骑常侍、使持节、都督会稽等十郡诸军事、宣毅将军、会稽太守、长城县侯茜，学尚清优，神宇凝正，文参礼乐，武定妖氛，心力谋猷，为家治国，拥旄作守，期月有成，辟彼关河，功逾萧、寇，藿蒲之盗，自反耕农，篁竹之豪，用禀声朔。朕以虚寡，属当兴运，提彼三尺，宾于四门。王业艰难，赖乎此子，宜隆上爵，称是元功。可封临川郡王，邑二千户。兄子梁中书侍郎顼袭封始兴王，弟子梁中书侍郎昙朗袭封南康王,礼秩一同正王。"己亥,甘露降于钟山松林,弥满岩谷。庚子,开善寺沙门采之以献,敕颁赐群臣。景辰,以镇西将军、南豫州刺史徐度为镇右将军、领军将军。庚申,京师大火。

十二月庚辰,皇后谒太庙。

二年春正月乙未,诏曰:"夫设官分职,因事重轻,羽仪车马,随时隆替。晋之五校,鸣笳启途;汉之九卿,传呼并逊,虞官夏礼,岂曰同科;殷朴周文,固无恒格。朕膺兹宝历,代是天工,留念官方,庶允时衷。梁天监中,左、右骁骑领朱衣直阁,并给仪从,北徐州刺史唱义之初首为此职。乱离岁久,朝典不存。后生年少,希闻旧则。今去左、右骁骑,宜通文武,文官则用腹心,武官则用功臣,所给仪从,同太子二卫率。此外众官,尚书详为条制。"车骑将军、开府仪同三司侯瑱进位司空。中权将军、开府仪同三司、新除左光禄大夫王冲为太子少傅。左卫将军徐世谱为护军将军,南兖州刺史吴明彻进号安南将军,衡州刺史欧阳頠进号镇南将军。辛丑,舆驾亲祠南郊。诏曰:"朕受命君临,初移星琯,孟陬嘉月,备礼泰坛,景候昭华,人祇允庆,思令亿兆,咸与惟新。且往代祆氛,于今犹梗,军机未息,征赋咸繁,事不获已,久知下弊,言念黔黎,无忘寝食。夫罪无轻重,已发觉未发觉,在今昧爽以前,皆赦除之。西寇自王琳以下,并许返迷,一无所问。近所募义军,木拟西寇,并宜解遣,留家附业。晚订军资未送者并停,元年军粮逋余者原其半。州郡县军戍并不得辄遣使民间,务存优养。若有侵扰,严为法制。"乙巳,舆驾亲祠北郊。甲辰,振远将军、梁州刺史张立表称:"去乙亥岁八月,丹徒、兰陵二县界遗山侧,一旦因涛水涌生,沙张,周旋千余顷,并膏腴,堪垦植。"戊午,舆驾亲祠明堂。

二月壬申,南豫州刺史沈泰奔于齐。辛卯,诏车骑将军、司空侯瑱总督水、步众军以遏齐寇。

三月甲午,诏曰:"罚不及嗣,自古通典,罪疑惟轻,布在方策。沈泰反覆无行,遐迩所知,昔有微功,仍荷朝寄,剖符名郡,推毂累

藩,汉口班师,还居方岳,良田有逾于四百,食客不止于三千,富贵
显荣,政当如此。鬼害其盈,天夺之魄,无故猖狂,自投獯丑。虽复
知人则哲,惟帝其难,光武有蔽于庞萌,魏武不知于于禁,但令朝廷
无我负人。其部曲妻儿各令复业,所在及军人若有恐协侵掠者,皆
以劫论。若有男女口为人所藏,并许诣台申诉。若乐随临川王及节
将立效者,悉皆听许。"乙卯,高祖幸后堂听讼,还于桥上观山水,赋
诗示群臣。是月,王琳立梁永嘉王萧庄于郢州。

　　夏四月甲子,舆驾亲祠太庙。乙丑,江阴王薿,诏遣太宰吊祭,
司空监护丧事,凶礼所须,随由备办。以梁武林侯萧谘息季卿嗣为
江阴王。景寅,舆驾幸石头,饯司空侯瑱。戊辰,重云殿东鸱尾有紫
烟属天。

　　五月乙未,京师地震。癸丑,齐广陵南城主张显和、长史张僧
那,各率其所部入附。辛酉,舆驾幸大庄严寺舍身。壬戌,群臣表请
还宫。

　　六月己巳,诏司空侯瑱、领军将军徐度率舟师为前军,以讨王
琳。

　　秋七月戊戌,舆驾幸石头,亲送瑱等。己亥,江州刺史周迪擒王
琳将李孝钦、樊猛、余孝顷于工塘。甲辰,遣吏部尚书谢哲谕王琳。
甲寅,嘉禾一穗六岐生五城。初,侯景之平也,火焚太极殿,承圣中
议欲营之,独阙一柱。至是,有樟木大十八围,长四丈五尺,流泊陶
家后渚,监军邹子度以闻。诏中书令沈众兼起部尚书,少府卿蔡俦
兼将作大匠,起太极殿。

　　八月景寅,以广梁郡为陈留郡。辛未,诏临川王讳西讨,以舟师
五万发自京师,舆驾幸冶城寺亲送焉。前开府仪同三司、南豫州刺
史周文育,前镇北将军、南徐州刺史、新除开府仪同三司侯安都等,
于王琳所逃归,自劾廷尉,即日引见,并宥之。戊寅,诏复文育等本
官。壬午,追封皇子立为豫章王,谥曰献;权为长沙王,谥曰思;长女
为永世公主,谥曰懿。谢哲反命,王琳请还镇湘川,诏追众军缓其
伐。癸未,西讨众军至自大雷。丁亥,以信威将军、江州刺史周迪为

开府仪同三司,进号平南将军。改南徐州所领南兰陵郡复为东海郡。

冬十月庚午,遣镇南将军、开府仪同三司周文育都督众军出豫章,讨余孝劢。乙亥,舆驾幸庄严寺,发《金光明经》题。丁酉,以仁威将军、高州刺史黄法氍为开府仪同三司,进号镇南将军。甲寅,太极殿成,匠各给复。

十二月庚申,侍中、安东将军、临川王讳率百僚朝前殿,拜上牛酒。甲子,舆驾幸大庄严寺,设无导大会,舍乘舆法物。群臣备法驾奉迎,即日舆驾还宫。景寅,高祖于太极殿东堂宴群臣,设金石之乐,以路寝告成也。壬申,割吴郡盐官、海盐、前京三县置海宁郡,属扬州。以安成所部广兴六洞置安乐郡。景戌,以宁远将军、北江州刺史熊昙朗为开府仪同三司,进号平西将军。丁亥,诏曰:"梁时旧仕,乱离播越,始还朝廷,多未铨序。又起兵已来,军勋甚众。选曹即条文武簿,及节将应九流者,量其所拟。"于是随材擢用者五十余人。

三年春正月己丑,青龙见于东方。丁酉,以镇南将军、广州刺史欧阳頠即本号开府仪同三司。是夜,大雪。及旦,太极殿前有龙迹见。甲午,广州刺使欧阳頠表称頠白龙见于州江南岸,长数十丈,大可八九围,历州城西道入天井岗;仙人见于罗浮山寺小石楼,长三丈所,通身洁白,衣服楚丽。"辛丑,诏曰:"南康、始兴王诸妹,已有封爵,依礼止是藩主。此二王者,有殊恒情,宜隆礼数。诸主仪秩及尚主,可并同皇女。"戊申,诏临川王讳省扬、徐二州辞讼。

二月辛酉,以平西将军、桂州刺史淳于量为开府仪同三司,进号镇西大将军。壬午,司空侯瑱督众军自江入合州,焚齐舟舰。

三月景申,侯瑱至自合肥,众军献捷。

夏闰四月庚寅,诏曰:"开廪赈绝,育民之大惠,巡方恤患,前王之令典。朕当斯季俗,膺此乐推,君德未孚,民瘼犹甚,重兹多垒,弥疾纳隍。良由四聪弗远,千里功应。博施之仁,何其或爽?残弊之轨,致此未康。吴州、缙州去岁蝗旱,郫田虽咒,郑渠终涸,室靡盈积之望,家有填壑之嗟。百姓不足,兆民何赖?近已遣中书舍人江德藻衔命东阳,与令长二千石问民疾苦。仍以入台仓见米分恤。虽德非既饱,庶微慰阻饥。"甲午,诏依前代置西省学士,兼以伎术者预焉。丁酉,遣镇北将军徐度率众城南皖口。是时久不雨,景午,舆驾幸钟山祠蒋帝庙,是日降雨,迄于月晦。

五月景辰朔,日有食之。有司奏:旧仪,御前殿,服朱纱袍、通天冠。诏曰:"此乃前代承用,意有未同。合朔仰助太阳,宜备衮冕之服。自今已去,永可为准。"景寅,扶南国遣使献方物。乙酉,北江州刺史熊昙朗杀都督周文育于军,举兵反。王琳遣其将常众爱、曹庆率兵援余孝劢。

六月戊子,仪同侯安都败众爱等于左里,获琳从弟袭、主帅羊暕等三十余人。众爱遁走,庚寅,庐山民斩之,传首京师。甲午,众师凯归。诏曰:"昙朗噬逆,罪不容诛,分命众军,仍事掩讨,方加枭磔,以明刑宪。"征临川王㧑往皖口置城栅,以钱道戢守焉。丁酉,高祖不豫,遣兼太宰、尚书左仆射王通以疾告太庙,兼太宰、中书令谢哲告大社、南北郊。辛丑,高祖疾小瘳。故司空周文育之枢至自建昌。壬寅,高祖素服哭于东堂,哀甚。癸卯,高祖临讯狱省讼。是夜,荧惑在天尊。高祖疾又甚。景午,崩于璇玑殿,时年五十七。遗诏追临川王㧑入纂。甲寅,大行皇帝迁殡于太极殿西阶。

秋八月甲午,群臣上谥曰武皇帝,庙号高祖。景申,葬万安陵。

高祖智以绥物,武以宁乱,英谋独运,人皆莫及,故能征伐四克,静难夷凶。至升大麓之日,居阿衡之任,恒崇宽政,爱育为本。有须发调军储,皆出于事不可息。加以俭素自率,常膳不过数品,私飨曲宴,皆瓦器蚌盘,肴核庶羞,裁令充足而已,不为虚费。初平侯景,及立绍泰,子女玉帛,皆班将士。其充闱房者,衣不重采,饰无金翠,哥钟女乐,不列于前。及乎践祚。弥厉恭俭。故隆功茂德,光有天下焉。

陈吏部尚书姚察曰：高祖英略大度，应变无方，盖汉高、魏武之亚矣。及西都荡覆，诚贯天人。王僧辩阙伊尹之才，空结桐宫之愤，贞阳假秦兵之送，不思穆嬴之泣。高祖乃蹈玄机而抚末运，乘势隙而拯横流。王迹所基，始自于此，何至戡黎升陑之捷而已焉。故于慎徽时序之世，变声改物之辰，兆庶归以讴谣，炎灵去如释负。方之前代，何其美乎！

陈书卷三
本纪第三

世　祖

　　世祖文皇帝讳蒨，字子华，始兴昭烈王长子也。少沈敏有识量，美容仪，留意经史，举动方雅，造次必遵礼法。高祖甚爱之，常称"此儿吾宗之英秀也"。梁太清初，梦两日斗，一大一小，大者光灭坠地，色正黄，其大如斗，世祖因三分取一而怀之。侯景之乱，乡人多依山湖寇抄，世祖独保家无所犯。时乱日甚，乃避地临安。及高祖举义兵，侯景遣使收世祖及衡阳献王，世祖乃密袖小刀，冀因入见而害景。至便属吏，故其事不行。高祖大军围石头，景欲加害者数矣。会景败，世祖乃得出，赴高祖营。

　　起家为吴兴太守。时宣城劫帅纪机、郝仲等各聚众千余人，侵暴郡境，世祖讨平之。承圣二年，授信武将军，监南徐州。三年，高祖北征广陵，使世祖为前军，每战克捷。

　　高祖之将讨王僧辩也，先召世祖与谋。时僧辩女婿杜龛据吴兴，兵众甚盛。高祖密令世祖还长城，立栅以备龛。世祖收兵才数百人，战备又少。龛遣其将杜泰领精兵五千，乘虚掩至，将士相视失色，而世祖含笑自若，部分益明，于是众心乃定。泰知栅内人少，日夜苦攻，世祖激厉将士，身当矢石，相持数旬，泰乃退走。及高祖遣周文育率兵讨龛，世祖与并军往吴兴。时龛兵尚众，断据冲要，水、步连阵相结，世祖命将军刘澄、蒋元举率众攻龛，龛军大败，窘急，因请降。

　　东扬州刺史张彪起兵围临海太守王怀振,怀振遣使求救,世祖与周文育轻兵往会稽以掩彪。后彪将沈泰开门纳世祖,世祖尽收其部曲家累。彪至,又破走,若邪村民斩彪,传其首。以功授持节、都督会稽等十郡诸军事、宣毅将军、会稽太守。山越深险,皆不宾附,世祖分命讨击,悉平之,威惠大振。

　　高祖受禅,立为临川郡王,邑二千户,拜侍中、安东将军。及周文育、侯安都败于沌口,高祖诏世祖入卫,军储戎备,皆以委焉。寻命率兵城南皖。

　　永定三年六月景午,高祖崩,遗诏征世祖入纂。甲寅,至自南皖,入居中书省。皇后令曰:“昊天不吊,上玄降祸。大行皇帝奄捐万国,率土哀号,普天如丧,穷酷烦冤,无所迨及。诸孤藐尔,反国无期,须立长主,以宁寓县。侍中、安东将军、临川王讳,体自景皇,属惟犹子,建殊功于牧野,敷盛业于戡黎,纳麓时叙之辰,负扆乘机之日,并佐时雍,是同草创,桃祐所系,遐迩宅心,宜奉大宗,嗣膺宝录,使七庙有奉,兆民宁晏。未亡人假延余息,婴此百罹,寻绎缠绵,兴言感绝。”世祖固让,至于再三,群公卿士固请,其日即皇帝位于太极前殿。诏曰:“上天降祸,奄集邦家,大行皇帝背离万国,率土崩心,若丧考妣。龙图宝历,眇属朕躬,运钟扰攘,事切机务,南面须主,西让礼轻,今便式膺景命,光宅四海。可大赦天下,罪无轻重,悉皆荡涤。逋租宿债,吏民侭负,可勿复收。文武内外,量加爵叙。孝悌力田为父后者,赐爵一级。庶祇畏在心,公卿毕力,胜残去杀,无待百年。兴言号哽,深增恸绝。”又诏州郡悉停奔赴。

　　秋七月景辰,尊皇后为皇太后。己未,以镇南将军、开府仪同三司、广州刺史欧阳颁进号征南将军,平南将军、开府仪同三司周迪进号镇南将军,平南将军、开府仪同三司、高州刺名黄法氍进号安南将军。庚申,以镇南大将军、开府仪同三司、桂州刺史淳于量进号征南大将军。辛酉,以侍中、车骑将军、司空侯瑱为太尉,镇西将军、开府仪同三司、南豫州刺史侯安都为司空,侍中、中权将军、开府仪同三司王冲为特进、左光禄大夫,镇北将军、南徐州刺史徐度为侍中、中抚军将军、开府仪同三司。壬戌，以侍中、护军将军徐世谱为特进、安右将军，侍中、忠武将军杜棱为领军将军。乙丑，重云殿灾。

八月癸巳，以平北将军、南徐州刺史留异为安南将军、缙州刺史，平南将军、北江州刺史鲁悉达进号安左将军。庚戌，封皇子伯茂为始兴王，奉昭烈王后。徙封始兴嗣王讳为安成王。

九月辛酉，立皇子伯宗为皇太子，王公以下赐帛各有差。乙亥，立妃沈氏为皇后。

冬十一月乙卯，王琳寇大雷，诏遣太尉侯瑱、司空侯安都、仪同徐度率众以御之。

天嘉元年春正月癸丑，诏曰："朕以寡昧，嗣篡洪业，哀茕在疚，治道弗昭，仰惟前德，幽显遐畅，恭己不言，庶几无改。虽宏图懋轨，日月方弘，而清庙廓然，圣灵浸远，感寻永往，瞻言罔极。今四象运周，三元告献，华夷胥泊，玉帛骏奔，思覃遗泽，播之亿兆。其大赦天下，改永定四年为天嘉元年。鳏寡孤独不能自存立者，赐谷人五斛。孝悌力田殊行异等，加爵一级。"甲寅，分遣使者宣劳四方。辛酉，舆驾亲祠南郊，诏曰："朕式飨上玄，虔奉牲玉，高禋礼毕，诚敬兼弘。且阴霾浃辰，褰雾在日，云物韶朗，风景清和，庆动人祇，抃流庶俗，思俾黎元，同此多佑。可赐民爵一级。"辛未，舆驾亲祠北郊。日有冠。

二月辛卯，老人星见。乙未，高州刺史纪机自军叛还宣城，据郡以应王琳，泾令贺当迁讨平之。景申，太尉侯瑱败王琳于梁山，败齐兵于博望，生擒齐将刘伯球，尽收其资储船舰，俘馘以万计，王琳及其主萧庄奔于齐。戊戌，诏曰："夫五运递来，三灵眷命，皇王因之改创，殷、周所以乐推。朕统历承基，丕隆鼎运，期理攸属，数祚斯在，岂侥幸所至，宁卜祝可求。故知神器之重，必在符命。是以逐鹿贻讥，断蛇定业，乱臣贼子，异世同尤。王琳识暗挈瓶，智惭卫足，干纪乱常，自贻颠沛。而缙绅君子，多被縶维，虽泾渭合流，兰鲍同肆，求之厥理，或有协从。今九罭既设，八纮斯掩，天纲恢恢，吞舟是漏。至如伏波游说，永作汉蕃，延寿脱归，终为魏守，器改秦、虞，材通晋、楚，行藏用舍，亦岂有恒，宜加宽仁，以彰雷作。其衣冠士族，预在凶党，悉皆原宥。将帅战兵，亦同拜眚，并随才铨引，庶收力用。"又诏师旅以来，将士死王事者，并加赠谥。己亥，诏曰："日者凶渠肆虐，众军进讨，舟舰输积，权倩民丁，师出经时，役劳日久。今气祲廓清，宜有甄被，可蠲复丁身。夫妻三年，于役不幸者，复其妻子。"庚子，分遣使者赍玺书宣劳四方。乙巳，遣太尉侯瑱镇溢城。庚戌，以高祖第六子昌为骠骑将军、湘州牧，立为衡阳王。

三月景辰，诏曰："自丧乱以来，十有余载，编户凋亡，万不遗一，中原氓庶，盖云无几。顷者寇难仍接，算敛繁多，且兴师已来，千金日费，府藏虚竭，杼轴岁空。近所置军资，本充戎备，今元恶克殄，八表已康，兵戈静戢，息肩方在，思俾余黎，陶此宽赋。今岁军粮，通减三分之一。尚书申下四方，称朕哀矜之意。守宰明加劝课，务急农桑，庶鼓腹含哺，复在兹日。"萧庄所署郢州刺史孙玚举州内附。丁巳，江州刺史周迪平南中，斩贼率熊昙朗，传首京师。先是，齐军守鲁山城。戊午，齐军齐城走，诏南豫州刺史程灵洗守之。甲子，分荆州之天门、义阳、南平、郢州之武陵四郡，置武州。其刺史督沅州，领武陵太守，治武陵郡。其都尉所部六县为沅州。别置通宁郡，以刺史领太守，治都尉城，省旧都尉。以安南将军、南兖州刺史、新除右卫将军吴明彻为安西将军、武州刺史，伪郢州史孙玚为安南将军、湘州刺史。景子，衡阳王昌薨。丁丑。诏曰："萧庄伪署文武官属还朝者，量加录序。"

夏四月丁亥，立皇子伯信为衡阳王，奉献王后。乙未，以安南将军荀朗为安北将军、合州刺史。

五月乙卯，改桂阳之汝城县为卢阳郡，分衡州之始兴、安远二郡置东衡州。

六月辛巳，改谥皇祖妣景安皇后曰景文皇后。壬辰，诏曰："梁孝元遭离多难，灵椟播越。朕昔经北面，有异常伦，遣使迎接，以次近路。江宁既是旧茔，宜即安卜，车旗礼章，悉用梁典，依魏葬汉献帝故事。”甲午，追策故始兴昭烈王妃曰孝妃。丁酉，以开府仪同三司徐度为侍中、中军将军。辛丑，国哀周忌，上临于太极前殿，百僚陪哭。赦京师殊死已下。是月，葬梁元帝于江宁。

秋七月甲寅，诏曰：“朕以眇身，属当大宝，负荷至重，忧责实深。而庶绩未康，脂怨犹结，伫咨贤良，发于梦想。每有一言入听，片善可求，何尝不襃奖抽扬，缄书绅带。而傅岩虚往，穹谷尚淹，蒲币空陈，旌弓不至。岂当有乖则哲，使草泽遗才？将时运浇流，今不逮古？侧食长怀，寝兴增叹。新安太守陆山才有启，荐梁前征西从事中郎萧策，梁前尚书中兵郎王逞，并世胄清华，羽仪著族，或文史足用，或孝德可称，并宜登之朝序，擢以不次。王公已下，其各进举贤良，申荐沦屈，庶众才必萃，大厦可成，使《械朴》载哥，《由庚》在咏。”乙卯，诏曰：“自顷丧乱，编户播迁，言念余黎，良可哀惕。其亡乡失土，逐食流移者，今年内随其适乐。来岁不问侨旧，悉令著籍，同土断之例。”景辰，立皇子伯山为鄱阳王。

八月庚辰，老人星见。壬午，诏曰：“菽粟之贵，重于珠玉。自顷寇戎，游手者众。民失分地之业，士有佩犊之讥。朕哀矜黔庶，念康弊俗，思俾阻饥，方存富教。麦之为用，要切斯甚，今九秋在节，万实可收。其班宣远近，并令播种，守宰亲临劝课，务使及时。其有尤贫，量给种子。”癸未，世祖临景阳殿听讼。戊子，诏曰：“污樽土鼓，诚则难追，画卵雕薪，或可易革。梁氏末运，奢丽已甚，苫蓑厌于脂史，哥钟列于管库，土木被朱丹之采，车马饰金玉之珍，逐欲浇流，迁讹遂远。朕自诸生，颇为内足，而家敦朴素，室靡浮华，观览时俗，常所扼腕。今妄假进乘，临驭区极，属当沦季，思闻治道，菲食卑宫，自安俭陋，俾兹薄俗，获反淳风。维雕镂淫饰，非兵器及国容所须，金银珠玉，衣服杂玩，悉皆禁断。”甲午，周将贺若敦率马步一万，奄至武陵。武州刺史吴明彻不能拒，引军还巴陵。丁酉，上幸正阳堂阅武。

九月癸丑，彗星见。乙卯，周将独孤盛领水军将趣巴、湘，与贺若敦水陆俱进，太尉侯瑱自寻阳往御之。辛酉，遣仪同徐度率众会瑱于巴丘。景子，太白昼见。丁丑，诏侯瑱众军进讨巴、湘。

十月癸巳,侯瑱袭破独孤盛于杨叶州,尽获其船舰。盛收兵登岸,筑城以保之。丁酉,诏司空侯安都率众会侯瑱南讨。

十二月乙未,诏曰:"古者春夏二气,不决重罪。盖以阳和布泽,天秩是弘,宽网慎刑,义符含育。前王所以则天象地,立法垂训者也。朕属当浇季,思求民瘼,哀矜恻隐,念甚纳隍,常欲式遵旧轨,用长风化。自孟春讫于夏首,罪人大辟事已款者,宜且申停。"己亥,周巴陵城主尉迟宪降,遣巴州刺史侯安鼎守之。庚子,独孤盛将余众自杨叶洲潜遁。

二年春正月庚戌,大赦天下。以云麾将军、晋陵太守杜棱为侍中、领军将军。辛亥,以始兴王伯茂为宣惠将军、扬州刺史。乙卯,合州刺史裴景徽奔于齐。辛未,周湘州城主殷亮降,湘州平。

二月景戌,以太尉侯瑱为车骑将军、湘州刺史。庚寅,曲赦湘州诸郡。

三月乙卯,太尉、车骑将军、湘州刺史侯瑱薨。丁丑,以镇东将军、会稽太守徐度为镇南将军、湘州刺史。

夏四月,分荆州之南平、宜都、罗、河东四郡,置南荆州,镇河东郡。以安西将军、武州刺史吴明彻为南荆州刺史。庚寅,以安左将军鲁悉达为安南将军、吴州刺史。辛卯,老人星见。

秋七月景午,周将贺若敦自拔遁归,人畜死者十七八。武陵、天门、南平、义阳、河东、宜都郡悉平。

九月甲寅,诏曰:"姬业方阐,望载渭滨,汉历既融,道通圯上。若乃擒精辰宿,降灵惟岳,风云有感,梦寐是求。斯固舟楫盐梅,递相表里,长世建国,罔或不然。至于铭德太常,从祀清庙,以贻厥后来,垂诸不朽者也。前皇经济区宇,裁成品物,灵贶式甄,光膺宝命。虽谟明浚发,幽显协从,亦文武贤能,翼宣王业。故大司马、骠骑大将军瑱,故司空文育,故平北将军、开府仪同三司僧明,故中护军颖,故领军将军拟,或缔构艰难,经纶夷险;或摧锋冒刃,殉义遗生;或宣哲协规,绸缪帷幄;或披荆汗马,终始勤劬,莫不罄诚悉力,屯泰以之。朕以寡昧，嗣膺丕绪，永言勋烈，思弘典训，便可式遵故实，载扬盛轨。可并配食高祖庙庭，俾兹大猷，永传宗祐。"景辰，以侍中、中权将军、特进、左光禄大夫、开府仪同三司王冲为丹阳尹；丹阳尹沈君理为左民尚书，领步兵校尉。

冬十月乙巳，霍州西山蛮率部落内属。

十一月乙卯，高骊国遣使献方物。甲子，以武昌、国川为竟陵郡，以安流民。

十二月辛巳，以安东将军、吴郡太守孙玚为中护军。甲申，立始兴国庙于京师，用王者之礼。太子中庶子虞荔、御史中丞孔奂以国用不足，奏立煮海盐赋及榷酤之科，诏并施行。先是，缙州刺史留异应于王琳等反，景戌，诏司空侯安都率众讨之。

三年春正月庚戌，庙帷宫于南郊，币告胡公以配天。辛亥，舆驾亲祠南郊。诏曰："朕负荷宝图，亟回星琯，兢兢业业，庶几治定，而德化不孚，俗弊滋甚，永言念之，无忘日夜。阳和布气，昭事上玄，躬奉牲玉，诚兼飨敬，思与黎元，被斯宽惠。可普赐民爵一级。其孝悌力田，别加一等。"辛酉，舆驾亲祠北郊。

闰二月己酉，以百济王余明为抚东大将军，高句骊王高汤为宁东将军。江州刺史周迪举兵应留异，袭溢城，攻豫章郡，并不克。辛亥，以南荆州刺史吴明彻为安右将军。甲子，改铸五铢钱。

三月景子，安成王顼至自周，诏授侍中、中书监、中卫将军，置佐史。丁丑，以安右将军吴明彻为安南将军、江州刺史，督众军南讨。甲申，大赦天下。庚寅，司空侯安都破留异于桃支岭，异脱身奔晋安。东阳郡平。

夏四月癸卯，曲赦东阳郡。乙巳，齐遣使来聘。

六月景辰，以侍中、中卫将军安成王顼为骠骑将军、扬州刺史。以会稽、东阳、临海、永嘉、新安、新宁、晋安、建安八郡置东扬州。以扬州刺史始兴王伯茂为镇东将军、东扬州刺史，征北将军、司空、南徐州刺史侯安都为侍中、征北大将军。

秋七月己丑，皇太子纳妃王氏，在位文武赐帛各有差，孝悌力田为父后者赐爵二级。

九月戊辰朔，日有食之。以侍中、都官尚书到仲举为尚书右仆射、丹阳尹。丁亥，周迪请降，诏安成王顼督众军以招纳之。

是岁，周所立梁王萧詧死，子岿代立。

四年春正月景子，干陀利国遣使献方物。甲申，周迪弃城走，闽州刺史陈宝应纳之，临川郡平。壬辰，以平西将军、郢州刺史章昭达为护军将军，仁武将军、新州刺史华皎进号平南将军，镇南将军、开府仪同三司、高州刺史黄法氍为镇北大将军、南徐州刺史，安西将军、领临川太守周敷为南豫州刺史，中护军孙瑒为镇右将军。罢高州隶入江州。

二月戊戌，征南将军、开府仪 同三司、广州刺史欧阳頠进号征南大将军。庚戌，以侍中、司空、征北大将军侯安都为征南大将军、江州刺史。庚申，以平南将军华皎为南湘州刺史。

三月辛未，以镇南将军、开府仪同三司徐度为侍中、中军大将军。辛巳，诏赠讨周迪将士死王事者。

夏四月辛丑，设无寻大会于太极前殿。乙卯，以侍中、中书监、中卫将军、骠骑将军、扬州刺史安成王顼为开府仪同三司。

五月丁卯，安前将军、右光禄大夫徐世谱卒。

六月癸巳，太白昼见。司空侯安都赐死。

七月丁丑，以镇北大将军、开府仪同三司、南徐州刺史黄法氍为镇南大将军、江州刺史。

九月壬戌，开府仪同三司、广州刺史欧阳頠薨。癸亥，曲赦京师。辛未，周迪复寇临川，诏护军章昭达率众讨之。

十一月辛酉，章昭达大破周迪，悉擒其党与，迪脱身潜窜。

十二月景申，大赦天下。诏护军将军章昭达进军建安，以讨陈宝应。信威将军、益州刺史余孝顷督会稽、东阳、临海、永嘉诸军，自东道会之。癸丑，以前安南将军、江州刺史吴明彻为镇前将军。

五年春正月庚辰，以吏部尚书、领右军将军袁枢为丹阳尹。辛巳，舆驾亲祠北郊。乙酉，江州溢城火，烧死者二百余人。

三月丁丑，以征南大将军、开府仪同三司、桂州刺史淳于量为中抚军大将军。壬午，诏以故护军将军周铁虎配食高祖庙庭。

夏四月庚子，周遣使来聘。

五月庚午，罢南丹阳郡。是月，周、齐并遣使来聘。

六月丁未，夜，有白气两道，出于斗东南，属地。

秋七月丁丑，诏曰："朕以寡昧，属当负重，星龠呕改，冕旒弗旷，不能仰协璇衡，用调玉烛，傍慰苍生，以安黔首。兵无宁岁，民乏有年，移风之道未弘，习俗之患犹在。致令氓多触网，吏繁笔削，狱犴滋章，虽由物犯，图圄淹滞，亦或有冤。念俾纳隍，载劳负宸，加以肤凑不适，摄卫有亏，比获微痊，思覃宽惠，可曲赦京师。"

九月，城西城。

冬十一月丁亥，以左卫将军程灵洗为中护军。己丑，章昭达破陈宝应于建安，擒宝应、留异，送京师。晋安郡平。甲辰，以护军将军章昭达为镇前将军、开府仪同三司。

十二月甲子，曲赦建安、晋安二郡，讨陈宝应将士死王事者，并给棺椁，送还本乡，并复其家。疮痍未瘳者，给其医药。癸未，齐遣使来聘。

六年春正月甲午，皇太子加元服，王公以下赐帛各有差，孝悌力田为父后者赐爵一级，鳏寡孤独不能自存者谷人五斛。庚戌，以领军将军杜棱为翊左将军、丹阳尹，丹阳尹袁枢为吏部尚书，卫尉卿沈钦为中领军。

三月乙未，诏侯景以来遭乱移在建安、晋安、义安郡者，并许还本土，其被略为奴婢者，释为良民。

夏四月甲寅，以侍中、中书监、中卫将军、骠骑将军、开府仪同三司、扬州刺史安成王顼为司空。辛酉，有彗星见。周遣使来聘。

秋七月癸未，大风至自西南，广百余步，激坏灵台候楼。甲申，仪贤堂无故自坏。景戌，临川太守骆文牙斩周迪，传首京师，枭于朱雀航。丁酉，太白昼见。

八月丁丑，诏曰："梁室多故，祸乱相寻，兵甲纷纭，十年不解。不逞之徒，虐流生气，无赖之属，暴及徂魂。江左肇基，王者攸宅，金行水位之主，木运火德之君，时更四代，岁逾二百。若其经纶三业，缙绅民望，忠臣孝子，何世无才。而零落山丘，变移陵谷，或皆剪伐，莫不侵残。玉杯得于民间，漆简传于世载，无复五株之树，罕见千年之表。自大祚光启，恭惟揖让，爰暨朕躬，聿修祖武。虽复旂旗服色，犹行杞、宋之计，每车驾巡游，眇瞻河、雒之路。故乔山之祀，苹藻弗亏，骊山之坟，松柏恒守。唯戚藩旧垄，士子故茔，掩殣未周，樵牧犹众。或亲属流隶，负土无期，子孙冥灭，手植何寄。汉高留连于无忌，宋祖惆怅于子房，丘墓生哀，性灵共测者也。朕所以兴言永日，思慰幽泉。维前代王侯，自古忠烈，坟冢被发，绝无后者，可检行修治，墓中树木，勿得樵采，庶幽显咸畅，称朕意焉。"己卯，立皇子伯固为新安郡王，伯恭为晋安王，伯仁为庐陵王，伯义为江夏王。

九月癸未，罢豫章郡。是月，新作大航。

冬十月辛亥，齐遣使来聘。

十二月乙卯，立皇子伯礼为武陵王。丁巳，以镇前将军、开府仪同三司章昭达为镇南将军、江州刺史，镇南大将军、江州刺史黄法氍为中卫大将军，中护军程灵洗为宣毅将军、郢州刺史，军师将军、郢州刺史沈恪为中护军，镇东将军、吴兴太守吴明彻为中领军。戊午，以东中郎将、吴郡太守鄱阳王伯山为平北将军、南徐州刺史。癸亥，诏曰："朕自居民牧之重，托在王公之上，顾其寡昧，郁于治道。加以屡亏听览，事多壅积，冤滞靡申，幽枉弗鉴。念兹罪隶，有甚纳隍，而惠泽未流，愆阳累月。今岁序云暮，元正向肇，欲使幽圄之内，同被时和，可曲赦京师。"

天康元年春二月景子，诏曰："朕以寡德，篡承洪绪，日昃勤劳，思弘景业。而政道多昧，黎庶未康，兼疹患淹时，愆阳累月。百姓何咎，实由朕躬，念兹在兹，痛如疾首。可大赦天下，改天嘉七年为天康元年。"

三月己卯，以骠骑将军、开府仪同三司、扬州刺史、司空安成王顼为尚书令。

夏四月乙卯，皇孙至泽生，在位文武赐绢帛各有差，为父后者赐爵一级。癸酉，世祖疾甚。是日，崩于有觉殿。遗诏曰："朕疾苦弥留，遂至不救，修短有命，夫复何言。但王业艰难，频岁军旅，生民多弊，无忘愧惕。今方隅乃定，俗教未弘，便及大渐，以为遗恨。社稷任重，太子可即君临，王侯将军相，善相辅翊，内外协和，勿违朕意！山陵务存俭速。大敛竟，群臣三日一临，公除之制，率依旧典。"

六月甲子，群臣上谥曰文皇帝，庙号世祖。景寅，葬永宁陵。

世祖起自艰难，知百姓疾苦，国家资用，务从俭约。常所调敛，事不获已者，必咨嗟改色，若在诸身。主者奏决，妙识真伪，下不容奸，人知自励矣。一夜内刺闺取外事分判者，前后相续。每鸡人伺漏，传更签于殿中，乃敕送者必投签于阶石之上，令枪然有声，云"吾虽眠，亦令惊觉也"。始终梗概，若此者多焉。

陈史部尚书姚察曰：世称继体守文，宗枝承统，得失之间，盖亦详矣。大抵以奉而勿坠为贤能，桡而易之为不肖。其有光扬前轨，克荷曾构，固以少焉。世祖自初发迹，功庸显著，宁乱静寇，首佐大业。及国祸奄臻，入承宝祚，兢兢业业，其若驭朽。加以崇尚儒术，爱悦文义，见善如弗及，用人如由己，恭俭以御身，勤劳以济物，自昔允文允武之君，东征西怨之后，宾实之迹，可为联类。至于杖聪明，用鉴识，斯则永平之政，前史其论诸。

天嘉三年，高句骊王高汤，或本作"高阳"。

陈书卷四
本纪第四

废　帝

　　废帝讳伯宗,字奉业,小字药王,世祖嫡长子也。梁承圣三年五月庚寅生。永定二年二月戊辰,拜临川王世子。三年,世祖嗣位,八月庚戌,立为皇太子。自梁室乱离,东宫焚烬,太子居于永福省。

　　天康元年四月癸酉,世祖崩。其日,太子即皇帝位于太极前殿,诏曰:"上天降祸,大行皇帝奄弃万国,攀号靡及,五内崩殒。朕以寡德,嗣膺宝命,茕茕在疚,惧甚缀旒,方赖宰辅,匡其不逮。可大赦天下。"又诏内外文武,各复其职,远方悉停奔赴。

　　五月乙卯,尊皇太后曰太皇太后,皇后曰皇太后。庚寅,以骠骑将军、司空、扬州刺史、新除尚书令安成王顼为骠骑大将军,进位司徒、录尚书、都督中外诸军事。丁酉,中军大将军、开府仪同三司徐度进位司空;镇南将军、开府仪同三司、江州刺史章昭达为侍中,进号征南将军;镇东将军、东扬州刺史始兴王伯茂进号征东将军、开府仪同三司;平北将军、南徐州刺史鄱阳王伯山进号镇北将军;吏部尚书袁枢为尚书左仆射;云麾将军、吴兴太守沈钦为尚书右仆射;新除中领军吴明彻为领军将军;新除中护军沈略为护军将军;平南将军、湘州刺史华皎进号安南将军;散骑常侍、御史中丞徐陵为吏部尚书。

　　六月辛亥,翊右将军、右光禄大夫王通进号安右将军。

　　□□□丁酉,立妃王氏为皇后。

冬十月庚申，舆驾奉祠太庙。

十一月乙亥，周遣使来吊。

十二月甲子，高丽国遣使献方物。

光大元年春正月癸酉，尚书左仆射袁枢卒。乙亥，诏曰："昔昊天成命，降集宝图，二后重□□区咸乂。闵余冲薄，王道未昭，荷兹神器，如涉灵海。庶亲贤并建，牧伯惟良，天下雍熙，缅同刑措。今三元改历，万国充庭，清庙无追，具僚斯在。言瞻宁位，触感崩心。思□遗恩，俾覃黎献。可大赦天下，改天康二年为光大元年，孝悌力田赐爵一级。"己卯，以领军将军吴明彻为丹阳尹。辛卯，舆驾亲祠南郊。

二月辛亥，宣毅将军、南豫州刺史余孝顷谋反，伏诛。癸丑，以征东将军、开府仪同三司、东扬州刺史始兴王伯茂为中卫大将军，开府仪同三司黄法氍为镇北将军、南徐州刺史，镇北将军、南徐州刺史鄱阳王伯山为镇东将军、东扬州刺史。

三月甲午，以尚书右仆射沈钦为侍中、尚书左仆射。

夏四月乙卯，太白昼见。

五月癸巳，以领军将军、丹阳尹吴明彻为安南将军、湘州刺史。乙未，以镇右将军杜棱为领军将军。安南将军、湘州刺史华皎谋反，景申，以中抚大将军淳于量为使持节、征南大将军，总率舟师以讨之。

六月壬寅，以中军大将军、司空徐度进号车骑将军，总督京邑众军，步道袭湘州。

闰月癸巳，以云麾将军新安王伯固为丹阳尹。

秋七月戊申，立皇子至泽为皇太子，赐天下为父后者爵一级，王公卿士已下赍帛各有差。

九月乙巳，诏曰："逆贼华皎，极恶穷凶，遂树立萧岿，谋危社稷。弃亲即仇，人神愤惋，王师电迈，水陆争前，枭剪之期，匪朝伊暮。其家口在北里尚方，宜从诛戮，用明国宪。"景辰，百济国遣使献方物。是月,周将长胡公拓跋定率步骑二万入郢州,与华皎水陆俱进。都督淳于量、吴明彻等与战,大破之。皎单舸奔江陵,擒拓跋定,俘获万余人,马四千余匹,送京师。

冬十月辛巳,赦湘、巴二郡为皎所迮误者。甲申,舆驾亲祠太庙。

十一月己未,以护军将军沈恪为平西将军、荆州刺史。甲子,侍中、中权将军、开府仪同三司、特进、左光禄大夫王冲薨。

十二月庚寅,以兼从事中郎孔英哲为奉圣亭侯,奉孔子祀。

二年春正月己亥,侍中、都督中外诸军事、骠骑大将军、司徒、录尚书、扬州刺史安成王讳进位太傅,领司徒,加殊礼,剑履上殿;侍中、征南将军、开府仪同三司、江州刺史章昭达进号征南大将军;中抚大将军、新除征南大将军淳于量为侍中、中军大将军、开府仪同三司;安南将军、湘州刺史吴明彻即本号开府仪同三司,进号镇南将军;云麾将军、郢州刺史程灵洗进号安西将军。庚子,诏讨华皎军人死王事者并给棺椁,送还本乡,仍复其家。甲子,罢吴州,以鄱阳郡还属江州。侍中、司空、车骑将军徐度薨。

夏四月辛巳,太白昼见。丁亥,割东扬州晋安郡为丰州。

五月景辰,太傅安成王讳献玉玺一。

六月丁卯,彗星见。

秋七月景午,舆驾亲祠太庙。戊申,新罗国遣使献方物。壬戌,立皇弟伯智为永阳王,伯谋为桂阳王。

九月甲辰,林邑国遣使献方物。景午,狼牙修国遣使献方物。以侍中、征南大将军、开府仪同三司、江州刺史章昭达为中抚大将军。戊午,太白昼见。

冬十月庚午,舆驾亲祠太庙。

十一月景午,以前平西将军、荆州刺史沈恪为护军将军。壬子,以镇北将军、开府仪同三司、南徐州刺史黄法氍为镇西将军、郢州刺史,新除中军大将军、开府仪同三司淳于量为镇北将军、南徐州刺史。甲寅，慈训太后集群臣于朝堂，令曰：

中军仪同、镇北仪同、镇右将军、护军将军、八座卿士：昔梁道季末，海内沸腾，天下苍生，殆无遗噍。高祖武皇帝拨乱反正，膺图御箓，重悬三象，还补二仪。世祖文皇帝克嗣洪基，光宣宝业，惠养中国，绥宁外荒。并战战兢兢，劬劳缔构，庶几鼎运，方隆殷夏。伯宗昔在储宫，本无令问，及居崇极，遂骋凶淫。居处谅暗，固不哀戚，嫔嫱弗隔，就馆相仍。岂但衣车所纳，是讥宗正，衰绖生子，得诮右师。七百之祚何凭，三千之罪为大。且费引金帛，令充椒阃，内府中藏，军备国储，未盈期稔，皆已空竭。太傅亲承顾托，镇守宫闱，遗诰绸缪，义深垣屏，而攒涂未御，翌日无淹，仍遣刘师知、殷不佞等显言排斥。韩子高小竖轻佻，推心委仗，阴谋祸乱，决起萧墙。元相虽持，但除君侧。又以余孝顷密迩京师，便相征召，映慝之咎，凶徒自擒，宗社之灵，祅氛是灭。于是密诏华皎，称兵上流，国祚忧惶，几移丑类。乃至要招远近，叶力巴、湘，支党纵横，寇扰黟、歙。又别敕欧阳纥等攻副衡州，岭表纷纭，殊淹弦望。岂止罪浮于昌邑，非唯声丑于太和。但贼竖皆亡，祅徒已散，日望惩改，犹加掩抑，而悖礼忘德，情性不悛，乐祸思乱，昏慝无已。张安国蕞尔凶狡，穷为小盗，仍遣使人蒋裕钩出上京，即置行台，分选凶党。贼皎妻吕春徒为戮，纳之奚宫，藏诸永巷，使其结引亲旧，规图戕祸。荡主侯法喜等，太傅麾下，恒游府朝，陷以深利，谋兴肘腋。适又荡主孙泰等潜相连结，大有交通，兵力殊强，指期挺乱。皇家有庆，历数遐长，天诱其衷，同然开发。此诸文迹，今以相示，是而可忍，谁则不容？祖宗基业，将惧倾陨，岂可复肃恭禋祀，临御兆民？式稽故实，宜在流放。今可特降为临海郡王，送还藩邸。太傅安成王固天生德，齐圣广深，二后钟心，三灵佇眷。自前朝不谗，任总邦家，威惠相宣，刑礼兼设，指挥啸咤，湘、郢廓清，辟地开疆，荆、益风靡，若太戊之承殷历，中都之奉汉家，校以功名，曾何仿佛。且地彰灵玺，天表长彗，布新除旧，祯祥咸显。文皇知子之鉴,事甚帝尧,传弟之怀,又符太伯。今可还申曩志,崇立贤君,方固宗祧,载贞辰象。中外宜依旧典,奉迎舆驾。未亡人不幸属此殷忧,不有崇替,容危社稷,何以拜祠高寝,归祔武园?揽笔潸然,兼怀悲庆。

是日,出居别第。太建二年四月薨,时年十九。

帝仁弱无人君之器,世祖每虑不堪继业。既居冢嫡,废立事重,是以依违积载。及疾将大渐,召高宗谓曰"吾欲遵太伯之事"。高宗初未达旨,后寤,乃拜伏涕泣,固辞。其后,宣太后依诏废帝焉。

史臣曰:临海虽继体之重,仁厚儒弱,混一是非,不惊得丧,盖帝挚、汉惠之流也。世祖知神器之重,谅难负荷,深鉴尧旨,弗传宝祚焉。

陈书卷五
本纪第五

宣　帝

　　高宗孝宣皇帝讳顼,字绍世,小字师利,始兴昭烈王第二子也。梁大通二年七月辛酉生,有赤光满堂室。少宽大多智略,及长,美容仪,身长八尺三寸,手垂过膝,有勇力,善骑射。高祖平侯景,镇京口,梁元帝征高祖子侄入侍,高祖遣高宗赴江陵,累官为直阁将军、中书侍郎。时有马军主李总与高宗有旧,每同游处。高宗尝夜被酒,张灯而寐,总适出,寻返,乃见高宗身是大龙,总便惊骇,走避佗室。及江陵陷,高宗迁于关右。永定元年,遥袭封始兴郡王,邑二千户。三年,世祖嗣位,改封安成王。天嘉三年,自周还,授侍中、中书监、中卫将军,置佐史。寻授使持节、都督扬南徐东扬南豫北江五州诸军事、扬州刺史,进号骠骑将军,余如故。四年,加开府仪同三司。六年,迁司空。天康元年,授尚书令,余并如故。废帝即位,拜司徒,进号骠骑大将军、录尚书、都督中外诸军事,给班剑三十人。光大二年正月,进位太傅,领司徒,加殊礼,剑履上殿,增邑并前三千户,余并如故。十一月甲寅,慈训太后令废帝为临海王,以高宗入纂。

　　太建元年春正月甲午,即皇帝位于太极前殿,诏曰:“夫圣人受命,王者中兴,并由懿德,方作元后。高祖武皇帝揖拜尧图,经纶禹迹,配天之业,光辰象而利贞,格地之功,侔川岳而长远。世祖文皇帝体上圣之姿,当下武之运,筑宫示俭,所务唯德,定鼎初基,厥谋斯在。朕以寡薄,才非圣贤,夙荷前规,方传景祚。虽复亲承训诲,志守藩维，咏季子之高风，思城阳之远托，自元储绍国，正位君临，无道非几，亻闻刑措。岂图王室不造，频谋乱阶，天步艰难，将倾宝历，仰惟嘉命，爰集朕躬。我心贞确，空誓苍昊，而群辟启请，相喧渭桥，文母尊严，悬心长乐。对扬玺绂，非止殷汤之三辞，履涉春冬，何但代王之五让。今便肃奉天策，钦承介圭，若据沧溟，逾增兢业。思所以云行雨施，品物咸亨，当与黔黎，普同斯庆。可改光大三年为太建元年，大赦天下，在位文武赐位一阶，孝悌力田及为父后者赐爵一级，异等殊才并加策序。鳏寡孤独不能自存者，人赐谷五斛。"复太皇太后尊号曰皇太后。立妃柳氏为皇后，世子叔宝为皇太子，皇子、南中郎将、江州刺史康乐侯叔陵为始兴王，奉昭烈王祀。乙未，舆驾谒太庙。丁酉，分命大使巡行四方，观省风俗。征南大将军、开府仪同三司、新除中抚大将军章昭达进号车骑大将军，新除中军大将军、开府仪同三司、南徐州刺史淳于量为征北大将军，镇北将军、开府仪同三司、南徐州刺史、新除镇西将军、郢州刺史黄法氍进号征西大将军，新除安南将军、开府仪同三司、湘州刺史吴明彻进号镇南将军，镇东将军、扬州刺史鄱阳王伯山进号中卫将军，尚书仆射沈钦为尚书左仆射，度支尚书工劢为尚书右仆射，护军将军沈恪为镇南将军、广州刺史。辛丑，舆驾亲祠南郊。壬寅，以皇子建安侯叔英为宣惠将军、东扬州刺史，改封豫章王；丰城侯叔坚改封长沙王。癸卯，以明威将军周弘正为特进。戊午，舆驾亲祠太庙。

二月庚午，皇后谒太庙。辛未，皇太子谒太庙。乙亥，舆驾亲耕藉田。

夏五月甲午，齐遣使来聘。丁巳，以吏部尚书领大著作徐陵为尚书右仆射；太子詹事、驸马都尉沈君理为吏部尚书。

秋七月辛卯，皇太子纳妃沈氏，王公巳下赐帛各有差。丁酉，以平东将军、吴郡太守晋安王伯恭为中护军，进号安南将军。

九月甲辰，以新除中护军晋安王伯恭为中领军。

冬十月，新除左卫将军欧阳纥据广州举兵反。辛未，遣车骑将军、开府仪同三司章昭达率众讨之。壬午，舆驾亲祠太庙。

二年春正月乙酉,以征西大将军、开府仪同三司、郢州刺史黄法氍为中权大将军。景午,舆驾亲祠太庙。

二月癸未,仪同章昭达擒欧阳纥送都,斩于建康市,广州平。

三月景申,皇太后崩。景午,曲赦广、衡二州。丁未,大赦天下。又诏自讨周迪、华皎已来,兵交之所有死亡者,并令收敛,并给棺椁,送还本乡;疮痍未瘳者,各给医药。

夏四月乙卯,临海王伯宗薨。戊寅,皇太后祔葬万安陵。

闰月戊申,舆驾谒太庙。己酉,太白昼见。

五月乙卯,仪同黄法氍献瑞璧一。壬午,齐遣使来吊。

六月戊子,新罗国遣使献方物。辛卯,大雨雹。乙巳,分遣大使巡行州郡,省理冤屈。戊申,车骑将军、开府仪同三司章昭达进号车骑大将军,安南将军、广州刺史沈恪进号镇南将军。

秋八月甲申诏曰:"怀远以德,抑惟恒典,去戎即华,民之本志。顷年江介襁负相随,崎岖归化,亭候不绝,宜加恤养,答其诚心。维是荒境自拔,有在都邑及诸州镇,不问远近,并蠲课役。若克平旧土,反我侵地,皆许还乡,一无拘限。州郡县长明加甄别,良田废村,随便安处。若辄有课订,即以扰民论。"又诏曰:"民惟邦本,著在典谟,治国爱民,抑又通训。朕听朝晏罢,日昃劬劳,方流惠泽,覃被亿兆。有梁之季,政刑废缺,条纲弛紊,僭盗荐兴,役赋征摇,尤为烦刻。大陈御宇,拯兹余弊,灭凶戡黎,弗遑创改。年代弥流,将及成俗,如弗解张,物无与厝,夕惕疚怀,有同首疾。思从卑菲,约已济民,虽府帑未充,君孰与足。便可删革,去其甚泰,冀永为定准,令简而易从。自今维作田,值水旱失收,即列在所,言上折除。军士年登六十,悉许放还。巧手于役死亡及与老疾,不劳订补。其籍有巧隐,并王公百司辄受民为程荫,解还本属,开恩听首。在职治事之身,须递相检示,有失不推,当局任罪。令长代换,具条解舍户数,付度后人。户有增进,即加擢赏;若致减散,依事准结。有能垦起荒田,不问顷亩少多,依旧蠲税。"戊子,太白昼见。

九月乙丑，以散骑常侍、镇东将军、吴兴太守杜棱为特进、护军将军。

冬十月乙酉，舆驾亲祠太庙。

十一月辛酉，高丽国遣使献方物。

十二月癸巳夜，西北有雷声。

三年春正月癸丑，以尚书右仆射、领大著作徐陵为尚书仆射。辛酉，舆驾亲祠南郊。辛未，亲祠北郊。

二月辛巳，舆驾亲祠明堂。丁酉，新耕藉田。

三月丁丑，大赦天下，自天康元年讫太建元年，逋余军粮、禄秩、夏调未入者，悉原之。又诏犯逆子弟支属逃亡异境者，悉听归首；见絷系者，量可散释；其有居宅，并追还。

夏四月壬辰，齐遣使来聘。

五月戊申，太白昼见。辛亥，辽东、新罗、丹丹、天竺、盘盘等国并遣使献方物。

六月丁亥，江阴王萧季卿以罪免。甲辰，封东中郎将、长沙王府谘议参军萧彝为江阴王。

秋八月辛丑，皇太子亲释奠于太学，二傅、祭酒以下，可赉帛各有差。

九月癸酉，太白昼见。

冬十月甲申，舆驾亲祠太庙。乙酉，周遣使来聘。己亥，丹丹国遣使献方物。

十二月壬辰，车骑大将军、司空章昭达薨。

四年春正月景午，以云麾将军、江州刺史始兴王叔陵为湘州刺史，进号平南将军；东中郎将、吴郡太守长沙王叔坚为宣毅将军、江州刺史；尚书仆射、领大著作徐陵为尚书左仆射；中书监王劢为尚书右仆射。庚申，以丹阳尹衡阳王伯信为信威将军、中护军。庚午，舆驾亲祠太庙。

二月乙酉，立皇子叔卿为建安王，授东中郎将、东扬州刺史。

三月壬子，以散骑常侍孙瑒为安西将军、荆州刺史。乙丑，扶南、林邑国并遣使来献方物。

夏四月戊子，以中权大将军、开府仪同三司黄法𣿰为征南大将军、南豫州刺史。

五月癸卯，尚书右仆射王劢卒。

六月辛巳，侍中、镇右将军、右光禄大夫杜棱卒。

秋八月辛未，周遣使来聘。丁丑，景云见。戊寅，诏曰：“国之大事，受脤兴戎。师出以律，禀策于庙，所以乂安九有，克成七德。自顷扫涤群秽，廓清诸夏，乃貔貅之戮力，亦帷幄之运筹。虽左衽已戮，干戈载戢，呼韩来谒，亭鄣无警；但不教民战，是谓弃之，仁必有勇，无忘武备。磻溪之传韬诀，谷城之授神符，文叔悬制戎规，孟德颇言兵略。朕既惭暗合，良皆披览，兼昔经督戎，备尝行阵。齐以七步，肃之三鼓，得自胸襟，指掌可述。今并条制，凡十三科，宜即班宣，以为永准。”乙未，诏停督湘、江二州逋租，无锡等十五县流民，并蠲其縣赋。

秋九月庚子朔，日有蚀之。辛亥，大赦天下。又诏曰：“举善从谏，在上之明规；进贤谒言，为臣之令范。朕以寡德，嗣守宝图，虽世袭隆平，治非宁一。辨方分职，旰食早衣，傍阙争臣，下无贡士。何其阙尔，鲜能抗直；岂余独运，匪荐谠言。置鼓公车，罕论得失；施石象魏，莫陈可否。朱云攀槛，良所不逢；禽息触楹，又为难值。至如衣褐以见，檐簦以游，或耆艾绝伦，或妙年异等，干时而不偶，左右莫之誉，墨貂改弊，黄金且殚，终其滞淹，可为太息。又贵为百辟，贱有十品，工拙并骛，劝沮莫分，街谣徒拥，廷议斯阙。实朕之弗明，而时无献替。永言至治，何乃爽欤？外可通示文武：凡厥在位，风化乖殊，朝政纰蠹，正色直辞，有犯无隐。兼各举所知，随才明试。其苛政廉秽，在职能否，分别矢言，俟兹黜陟。”景寅，以故太尉徐度、仪同杜棱、仪同程灵洗配食高祖庙庭，故车骑将军章昭达配食世祖庙庭。

冬十月乙酉,舆驾亲祠太庙。戊戌,以镇南将军、广州刺史沈恪为领军将军。

十一月己亥夜,地震。

闰月辛未,诏曰:"姑熟饶旷,荆河斯拟,博望关畿,天限严峻。龙山南指,牛渚北临,对熊绎之余城,迩全琮之故垒。良畴美柘,畦畎相望,连宇高甍,阡陌如绣。自梁末兵灾,凋残略尽,比虽务优宽,犹未克复,咫尺封畿,宜须殷阜。且众将部下,多寄上下,军民杂俗,极为蠹耗。自今有罢任之徒,许分留部下;其已在江外,亦令迎还,悉住南州津里安置。有无交货,不责市估,莱荒垦辟,亦停租税。台遣镇监一人,共刺史、津主分明检押,给地赋田,各立顿舍。"

十二月壬寅,甘露降乐游苑。甲辰,舆驾幸乐游苑,采甘露,宴群臣。丁卯,诏曰:"梁氏之季,兵火荐臻,承华焚荡,顿无遗构。宝命惟新,迄将二纪,频事戎旅,未遑修缮。今工役差闲,椽楹有拟,来岁开肇,创筑东宫。可权置起部尚书、将作大匠,用主监作。"

五年春正月癸酉,以征北大将军、开府仪同三司、南徐州刺史淳于量为中权大将军;宣惠将军、豫章王叔英为南徐州刺史,进号平北将军;吏部尚书、驸马都尉沈君理为尚书右仆射,领吏部。辛巳,舆驾亲祠南郊。甲午,舆驾亲祠太庙。

二月辛丑,舆驾亲祠明堂。乙卯夜,有白气如虹,自北方贯北斗紫宫。

三月壬午,分命众军北伐,以镇前将军、开府仪同三司吴明彻都督征讨诸军事。景戌,西衡州献马生角。己丑,皇孙胤生,内外文武赐帛各有差,为父后者爵一级。北讨大都督吴明彻统众十万,发自白下。

夏四月癸卯,前巴州刺史鲁广达克齐大岘城。辛亥,吴明彻克秦州水栅。庚申,齐遣兵十万援历阳,仪同黄法氍破之。辛酉,齐军救秦州,吴明彻又破之。癸亥,诏北伐众军所杀齐兵,并令埋掩。甲子,南谯太守徐槾克石梁城。

五月己巳，瓦梁城降。癸酉，阳平郡城降。甲戌，徐㯭克庐江郡城。景子，黄法氍克历阳城。己卯，北高唐郡城降。辛巳，诏征南大将军、开府仪同三司、南豫州刺史黄法氍徙镇历阳，齐改县为郡者并复之。乙酉，南齐昌太守黄咏克齐昌外城。景戌，庐陵内史任忠军次东关，克其东西二城，进克蕲城。戊子，又克谯郡城，秦州城降。癸巳，瓜步、胡墅二城降。

六月庚子，郢州刺史李综克濡口城。乙巳，任忠克合州外城。庚戌，淮阳、沭阳郡并弃城走。癸丑，景云见。豫章内史程文季克泾州城。乙卯，宣毅司马湛陁克新蔡城。癸卯，周遣使来聘。黄法氍克合州城。吴明彻师次仁州，甲子，克其州城。是月，治明堂。

秋七月乙丑，镇前将军、开府仪同三司吴明彻进号征北大将军。戊辰，齐遣众二万援齐昌，西阳太守周炅破之。己巳，吴明彻军次峡口，克其北岸城，南岸守者弃城走。周炅克巴州城。淮北绛城及谷阳士民，并诛其渠帅，以城降。景戌，吴明彻克寿阳外城。

八月乙未，山阳城降。壬寅，盱眙城降。戊申，罢南齐昌郡。壬子，戎昭将军徐敬辩克海安城，青州东海城降。戊午，平固侯陈敬泰等克晋州城。

九月甲子，阳平城降。壬申，高唐太守沈善度克马头城。甲戌，齐安城降。景子，左卫将军樊毅克广陵楚子城。癸未，尚书右仆射、领吏部、驸马都尉沈君理卒。丁亥，前鄱阳内史鲁天念克黄城小城，齐军退保大城。戊子，割南兖州之盱眙郡属谯州。壬辰晦，夜明。黄城大城降。

冬十月甲午，郭默城降。戊戌，以中书令王玚为吏部尚书。己亥，以特进、领国子祭酒周弘正为尚书右仆射。乙巳，吴明彻克寿阳城，斩王琳，传首京师，枭于朱雀航。丁未，齐兵万人至颍口，樊毅击走之。辛亥，齐遣兵援苍陵，又破之。景辰，诏曰："梁末得悬瓠，以寿阳为南豫州，今者克复，可还为豫州。以黄城为司州，治下为安昌郡，沪澭为汉阳郡，三城依梁为义阳郡，并属司州。"以征北大将军、开府仪同三司吴明彻为豫州刺史，进号车骑大将军；征南大将军、开府仪同三司、南豫州刺史黄法氍为征西大将军、合州刺史。戊午，湛陁克齐昌城。

十一月甲戌，淮阴城降。庚辰，威虏将军刘桃根克朐山城。辛巳，樊毅克济阴城。己丑，鲁广达等克北徐州。

十二月壬辰朔，诏曰："古者反噬叛逆，尽族诛夷，所以藏其首级，诫之后世。比者所戮，止在一身，子胤或存，枭悬自足，不容久归武库，长比月支。恻隐之怀，有仁不忍，维熊昙朗、留异、陈宝应、周迪、邓绪等，及今者王琳首，并还亲属，以弘广宥。"乙未，谯城降。乙巳，立皇子叔明为宜都王，叔献为河东王。壬午，任忠克霍州城。

六年春正月壬戌朔，诏曰："王者以四海为家，万姓为子，一物乖方，夕惕犹厉，六合未混，旰食弥忧。朕嗣纂鸿基，思弘经略，上符景宿，下叶人谋，命将兴师，大拯沦溺。灰琯未周，凯捷相继，拓地数千，连城将百。蠢彼余黎，毒兹异境，江淮年少，犹有剽掠，乡闾无赖，摘出阴私，将帅军人，罔顾刑典，今使苛法蠲除，仁声载路。且肇元告庆，边服来荒，始睹皇风，宜覃曲泽。可赦江右淮北南司、定、霍、光、建、朔、合、豫、北徐、仁、北兖、青、冀、南谯、南兖十五州，郢州之齐安、西阳，江州之齐昌、新蔡、高唐，南豫州之历阳、临江郡士民，罪无轻重，悉皆原宥。将帅职司，军人犯法，自依常科。"以翊前将军新安王伯固为中领军，进号安前将军；安前将军、中领军晋安王伯恭为安南将军、南豫州刺史。壬午，舆驾亲祠太庙。甲申，广陵金城降。周遣使来聘。高丽国遣使献方物。

二月壬辰朔，日有蚀之。辛亥，舆驾亲耕藉田。景辰，以中权大将军、开府仪同三司淳于量为征西大将军、郢州刺史。

三月癸亥，诏曰："去岁南川颇言失稔，所督田租于今未即。豫章等六郡太建五年田租，可申半至秋。豫章又遣太建四年检首田税，亦申至秋。南康一郡，岭下应接，民间尤弊，太建四年田租未入者，可特原除。庶修垦无废，岁取方实。"

夏四月庚子，彗星见。辛丑，诏曰："戡情怀善，有国之令图；拯弊救危，圣范之通训。近命师薄伐，义在济民。青、齐旧隶，胶、光部落，久患凶戎，争归有道，弃彼农桑，忘其衣食。而大军未接，中途止憩，朐山、黄郭，车营布满，扶老携幼，蓬流草跋，既丧其本业，咸事游手，饥馑疾疫，不免流离。可遣大使精加慰抚，仍出阳平仓谷，拯其悬罄，并充粮种。劝课士女，随近耕种。石鳖等屯，适意修垦。"

六月壬辰，尚书右仆射、领国子祭酒周弘正卒。乙巳，以中卫将军、扬州刺史鄱阳王伯山为征北将军、南徐州刺史，中护军衡阳王伯信为宣毅将军、扬州刺史。

冬十一月乙亥，诏北讨行军之所，并给复十年。

十二月癸巳，平南将军、湘州刺史始兴王叔陵进号镇南将军。戊戌，以吏部尚书王玚为尚书右仆射，度支尚书孔奂为吏部尚书。景午，安右将军、左光禄大夫王通加特进。

七年春正月辛未，舆驾亲祠南郊。乙亥，左卫将军樊毅克潼州城。辛巳，舆驾亲祠北郊。

二月戊申，樊毅克下邳、高栅等六城。

三月辛未，诏豫、二兖、谯、徐、合、霍、南司、定九州及南豫、江、郢所部在江北诸郡，置云旗义士，往大军及诸镇备防。戊寅，以新除征西大将军、合州刺史、开府仪同三司黄法氍为豫州刺史。改梁东徐州为安州，武州为沅州。移谯州镇于新昌郡，以秦郡属之。盱眙、神农二郡还隶南兖州。

夏四月景戌，有星孛于大角。庚寅，监豫州陈桃根于所部得青牛，献之，诏遣还民。甲午，舆驾亲祠太庙。乙未，陈桃根又表上织成罗又锦被各二百首，诏于云龙门外焚之。壬子，郢州献瑞钟六。

五月乙卯，割谯州之秦郡还隶南兖州；分北谯县置北谯郡，领阳平所属北谯、西谯二县；合州之南梁郡，隶入谯州。

六月景戌，为北讨将士死王事者，克日举哀。壬辰，以尚书右仆射王玚为尚书仆射。己酉，改作云龙、神兽门。

秋八月壬寅，移西阳郡治保城。癸卯，周遣使来聘。

闰九月壬辰，都督吴明彻大破齐军于吕梁。是月，甘露频降乐游苑。丁未，舆驾幸乐游苑，采甘露宴群臣，诏于苑龙舟山立甘露亭。

冬十月戊午，以征北将军、南徐州刺史鄱阳王伯山为征南将军、江州刺史；安前将军、中领军新安王伯固为南徐州刺史，进号镇北将军；信威将军、江州刺史长沙王叔坚为云麾将军、中领军。已巳，立皇子叔齐为新蔡王，叔文为晋熙王。

十一月庚戌，以征西大将军、开府仪同三司、郢州刺史淳于量为中军大将军。

十二月景辰，以新除云麾将军、郢州刺史长沙王叔坚为平越中朗将、广州刺史，东中郎将、东扬州刺史建安王叔卿为云麾将军、郢州刺史，宣惠将军宜都王叔明为东扬州刺史。壬戌，以尚书仆射王玚为尚书左仆射，太子詹事、扬州大中正陆缮为尚书右仆射，国子祭酒徐陵为领军将军。甲子，南康郡献瑞钟。

八年春正月庚辰，西南有紫云见。

二月壬申，车骑大将军、开府仪同三司吴明彻进位司空。丁丑，诏江东道太建五年以前租税夏调逋在民间者，皆原之。

夏四月甲寅，诏曰："元戎凯旋，群师振旅，旌功策赏，宜有犒宴。今月十七日，可幸乐游苑，设丝竹之乐，大会文武。"己未，舆驾亲祠太庙。庚寅，尚书左仆射王玚卒。

六月癸丑，以云麾将军、广州刺史长沙王叔坚为合州刺史，进号平北将军。甲寅，以尚书右仆射陆缮为尚书左仆射，新除晋陵太守王克为尚书右仆射。

秋八月丁卯，以车骑大将军、司空吴明彻为南兖州刺史。

九月戊戌，以皇子叔彪为淮南王。

冬十一月乙酉，以平南将军、湘州刺史长沙王叔坚为平西将军、郢州刺史。丁酉，分江州晋熙、高唐、新蔡三郡为晋州。辛丑，以冠军将军庐陵王伯仁为中领军。

十二月丁卯,以新除太子詹事徐陵为右光禄大夫。

九年春正月辛卯,舆驾亲祠北郊。壬寅,以湘州刺史、新除中卫将军始兴王叔陵为扬州刺史;云麾将军建安王叔卿为湘州刺史,进号平南将军。

二月壬午,舆驾亲耕藉田。

夏五月景子,诏曰:“朕昧旦求衣,日昳方食,思弘亿兆,用臻俾乂。而牧守莅民,廉平未洽,年常租赋,多致逋余。即此务农,宜弘宽省。可起太建已来讫八年流移叛户所带租调,七年八年叛义丁,五年讫八年叛军丁,六年七年逋租田米粟夏调绵绢丝布麦等,五年讫七年逋赏绢,皆悉原之。”

秋七月乙亥,以轻车将军、丹阳尹江夏王伯义为合州刺史。己卯,百济国遣使献方物。庚辰,大雨,震万安陵华表。己丑,震慧日寺刹及瓦官寺重门,一女子于门下震死。

冬十月戊午,司空吴明彻破周将梁士彦众数万于吕梁。

十二月戊申,东宫成,皇太子移于新宫。

十年春正月己巳朔,以中领军庐陵王伯仁为平北将军、南徐州刺史,翊左将军、右光禄大夫、领太子詹事徐陵为领军将军。

二月甲子,北讨众军败绩于吕梁,司空吴明彻及将卒已下,并为周军所获。

三月辛未,震武库。景子,分命众军以备周。中军大将军、开府仪同三司淳于量为大都督,总水陆诸军事;明威将军孙瑒都督荆、郢水陆诸军事,进号镇西将军;左卫将军樊毅为大都督,督朱沛、清口上至荆山缘淮众军,进号平北将军;武毅将军任忠都督寿阳、新蔡、霍州等众军,进号宁远将军。乙酉,大赦天下。丁酉,以中军大将军、开府仪同三司、护军将军淳于量为南兖州刺史,进号车骑将军。

夏四月庚戌,诏曰:“懋赏之言,明于训诰,挟纩之美,著在抚巡。近岁薄伐，廓清淮、泗，摧锋致果，文武毕力，栉风沐雨，寒暑亟离，念功在兹，无忘终食。宜班荣赏，用酬厥劳。应在军者可并赐爵二级，并加赍恤，付选即便量处。"又诏曰："惟尧葛衣鹿裘，则天为大，伯禹弊衣菲食，夫子曰'无间然'。故俭德之恭，约失者鲜。朕君临宇宙，十变年龠，旰日勿休，乙夜忘寝，跂予思治，若济巨川，念兹在兹，懔同驭朽。非贪四海之富，非念黄屋之尊，导仁寿以实群生，宁劳役以奉诸已。但承梁季，乱离斯瘼，宫室禾黍，有名亡处，虽轮奂未睹，颇事经营，去泰去甚，犹为劳费。加以戎车屡出，千金日损，府帑未充，民疲征赋。百姓不足，君孰与足？兴言静念，夕惕怀抱，垂训立法，良所多惭。断雕为朴，庶几可慕，雄头之服既焚，弋绨之衣方袭，损撤之制，前自朕躬，草偃风行，冀以变俗。应御府堂署所营造礼乐仪服军器之外，其余悉皆停息。掖庭常供，王侯妃主诸有俸恤，并各量减。"丁巳，以新除镇右将军新安王伯固为护军将军。戊午，樊毅遣军度淮北，对清口筑城。庚申，大雨雹。壬戌，清口城不守。

五月甲申，太白昼见。

六月丁卯，大雨，震大皇寺刹、庄严寺露盘、重阳阁东楼、千秋门内槐树、鸿胪府门。

秋七月戊戌，新罗国遣使献方物。乙巳，以散骑常侍、兼吏部尚书袁宪为吏部尚书。

八月乙丑朔，改秦郡为义州。戊寅，陨霜杀稻菽。

九月壬寅，以平北将军樊毅为中领军。乙巳，立方明坛于娄湖。戊申，以中卫将军、扬州刺史始兴王叔陵兼王官伯临盟。甲寅，舆驾幸娄湖临誓。乙卯，分遣大使以盟誓班下四方，上下相警戒也。壬戌，以宣惠将军江夏王伯义为东扬州刺史。

冬十月戊寅，罢义州及琅邪、彭城二郡，立建兴，领建安、同夏、乌山、江乘、临沂、湖熟等六县，属扬州。戊子，以尚书左仆射陆缮为尚书仆射。

十一月辛丑，以镇西将军孙玚为郢州刺史。

十二月乙亥，合州庐江蛮田伯兴出寇枞阳，刺史鲁广达讨平之。

十一年春正月丁酉，龙见于南兖州永宁楼侧池中。

二月癸亥，舆驾亲耕藉田。

三月丁未，诏淮北义人率户口归国者，建其本属旧名，置立郡县，即隶近州，赋给田宅，唤订一无所预。

五月乙巳，诏曰：“昔轩辕命于风后、力牧，放勋咨尔稷、契、朱武，冕旒垂拱，化致隆平。爰逮汉列五曹，周分六职，设官理务，各有攸司，亦几期刑措，卜世弥永，并赖群才，用康庶绩。朕日昃勤劳，思弘治要，而机事尚拥，政道未凝，夕惕于怀，罔知攸济。方欲仗兹舟楫，委成股肱，征名责实，取宁多士。自今应尚书曹、府、寺、内省监、司文案，悉付局参议分判。其军国兴造、征发、选序、三狱等事，前须详断，然后启闻。凡诸辩决，务令清义，约法守制，较若画一。不得前后舛互，自相矛盾，致有枉滞。纡意舞文，纠听所知，靡有攸赦。”甲寅，诏曰：“旧律以枉法受财为坐虽重，直法容贿其制甚轻，岂不长彼贪残，生其舞弄？事涉货财，宁不尤切。今可改不枉法受财者，科同正盗。”

六月庚辰，以镇前将军豫章王叔英为镇南将军、江州刺史。景戌，以征南将军、江州刺史郡阳王伯山为中权将军、护军将军。

秋七月辛卯，初用大货六铢钱。

八月甲子，青州义主朱显宗等率所领七百户入附。丁卯，舆驾幸大壮观阅武。戊寅，舆驾还宫。

冬十月甲戌，以安前将军、祠部尚书晋安王伯恭为军师将军，尚书仆射陆缮为尚书左仆射。

十一月辛卯，诏曰：“画冠弗犯，革此浇风，孥戮是蹈，化于薄俗。朕肃膺宝命，迄将一纪，思经邦济治，忧国爱民，日昃勤劳，夜分辍寝，而还淳反朴，其道靡阶，雍熙盛美，莫云能致。遂乃鞠讯之牒，盈于听览，春钛之人，烦于牢犴。周成刑措，汉文断狱，杼轴空劳，遨焉既远。加以蕞尔丑徒,轶我彭、汴、淮、汝氓庶,企踵王略。治兵誓旅,义存拯救,飞刍挽粟,征赋颇烦。暑雨祁寒,宁忘咨怨,兼宿度乖舛,次舍违方。若曰之诚,责归元首,愧心斯积,驭朽非惧。即建子令月,微阳初动,应此嘉辰,宜播宽泽。可大赦天下。"甲午,周遣柱国梁士彦率众至肥口。戊戌,周军进围寿阳。辛丑,以车骑将军、开府仪同三司、南兖州刺史淳于量为上流水军都督;中领军樊毅都督北讨诸军事,加安北将军;散骑常侍、左卫将军任忠都督北讨前军事,加平北将军;前丰州刺史皋文奏率步骑三千趣阳平郡。癸卯,任忠率步骑七千趣秦郡。景午,新除仁威将军、右卫将军鲁广达率众入淮。是日,樊毅领水军二万自东关入焦湖,武毅将军萧摩诃率步骑趣历阳。戊申,豫州陷。辛亥,霍州又陷。癸丑,以新除中卫大将军、扬州刺史始兴王叔陵为大都督,总督水步众军。

十二月乙丑,南、北兖、晋三州,及盱眙、山阳、阳平、马头、秦、历阳、沛、北谯、南梁等九州,并自拔还京师。谯、北徐州又陷。自是淮南之地,尽没于周矣。己巳,诏曰:"昔尧、舜在上,茅屋土阶,汤、禹为君,藜杖韦带。至如甲帐珠络,华榱璧珰,未能雍熙,徒闻侈欲。朕企仰前圣,思求讼平,正道多违,浇风靡义。至今贵里豪家,金铺玉舄,贫居陋巷,龁食牛衣。称物平施,何其辽远。燀烽未息,役赋兼劳,文吏奸贪,妄动科格。重以旗亭关市,税敛繁多,不广都内之钱,非供水衡水费,逼遏商贾,营谋私蓄。靖怀众弊,宜事改张。弗弘王道,安拯民蠹?今可宣勒主衣、尚方诸堂署等,自非军国资须,不得缮造众物。后宫僚列,若有游长,掖庭启奏,即皆量遣。大予秘戏,非会礼经,乐府倡优,不合雅正,并可删改。市估津税,军令国章,更须详定,唯务平允。别观离宫,郊间野外,非恒飨宴,勿复修治。并勒内外文武,车马宅舍,皆循俭约,勿尚奢华。违我严规,抑有刑宪。所由具为条格,标榜宣示,令喻朕心焉。"癸酉,遣平北将军沈恪、电威将军裴子烈镇南徐州,开远将军徐道奴镇栅口,前信州刺史杨宝安镇白下。戊寅,以中领军樊毅为镇西将军、都督荆郢巴武四州水陆诸军事。

十二年春正月戊戌，以散骑常侍、左卫将军任忠为平南将军、南豫州刺史，督缘江军防事。

三月壬辰，以平北将军庐陵王伯仁为左翊将军、中领军。

夏四月癸亥，尚书左仆射陆缮卒。乙丑，以宣毅将军河东王叔献为南徐州刺史。己卯，大雪。壬午，雨。

五月癸巳，以军师将军、尚书右仆射晋安王伯恭为尚书仆射。

六月壬戌，大风，坏皋门中闼。

秋八月己未，周使持节、上柱国、郧州总管荥阳郡公司马消难以郧、随、温、应、土、顺、沔、儇、岳等九州，鲁山、甑山、沌阳、应城、平靖、武阳、上明、涓水等八镇内附。诏以消难为使持节、侍中、大都督、总督安随等九州八镇诸军事、车骑将军、司空，封随郡公，给鼓吹、女乐各一部。庚申，诏镇西将军樊毅进督沔、汉诸军事；遣平南将军、南豫州刺史任忠率众趣历阳；通直散骑常侍、超武将军陈慧纪为前军都督，趣南兖州。戊辰，以新除司空司马消难为大都督水陆诸军事。庚午，通直散骑常侍淳于陵克临江郡。癸酉，智武将军鲁广达克郭默城。甲戌，大雨霖。景子，淳于陵克佑州城。

九月癸未，周临江太守刘显光率众内附。是夜，天东南有声，如风水相击，三夜乃止。景戌，改安陆郡为南司州。丁亥，周将王延贵率众援历阳，任忠击破之，生擒延贵等。己酉，周广陵义主曹药率众入附。

冬十月癸丑，大雨雹，震。

十一月己丑，诏曰："朕君临四海，日旰劬劳，思弘至治，未臻斯道。而兵车骤出，军费尤烦，刍漕控引，不能征赋。夏中亢旱伤农，畿内为甚，民天所资，岁取无托。此则政刑未理，阴阳舛度，黎元阻饥，君孰与足？靖言兴念，余责在躬，宜布惠泽，溥沾氓庶。其丹阳、吴兴、晋陵、建兴、义兴、东海、信义、陈留、江陵等十郡，并谢署即年田税禄秩，并各原半，其丁租，半申至来岁秋登。"

十二月庚辰，宣毅将军、南徐州刺史河东王叔献薨。

十三年春正月壬午,以车骑将军、开府仪同三司淳于量为左光禄大夫;中权将军、护军将军鄱阳王伯山即本号开府仪同三司;镇右将军、国子祭酒新安王伯固为扬州刺史;军师将军、尚书仆射晋安王伯恭为尚书左仆射;右将军、丹阳尹徐陵为中书监,领太子詹事;吏部尚书袁宪为尚书右仆射。庚寅,以轻车将军、卫尉卿宜都王叔明为南徐州刺史。

二月甲寅,诏赐司马消难所部周大将军田广等封爵各有差。乙亥,舆驾亲耕藉田。

夏四月乙巳,分衡州始兴郡为东衡州,衡州为西衡州。

五月景辰,以前镇西将军樊毅为中护军。

六月辛卯,以新除中护军樊毅为护军将军。

秋九月癸亥夜,大风至自西北,发屋拔树,大雷震雹。

冬十月癸未,以散骑常侍、丹阳尹毛喜为吏部尚书,护军将军樊毅为镇西将军、荆州刺史。改鄱阳郡为吴州。壬寅,丹丹国遣使献方物。

十二月辛巳,彗星见。己亥,以翊右将军、卫尉卿沈恪为护军将军。

十四年春正月己酉,高宗弗豫。甲寅,崩于宣福殿,时年五十三。遗诏曰:"朕爰自遘疾,曾未浃旬,医药不瘳,便属大渐,终始定分,夫复奚言。但君临寰宇,十有四载,诚则虽休勿休,日慎一日,知宗庙之负重,识王业之艰难。而边鄙多虞,生民未乂,方欲荡清四海,包吞八荒,有志莫从,遗恨幽壤。皇太子叔宝,继体正嫡,年业韶茂,纂统洪基,社稷有主。群公卿士,文武内外,俱罄心力,同竭股肱,送往事居,尽忠诚之节,当官奉职,引翼亮之功。务在叶和,无违朕意。凡厥终制,事从省约。金银之饰,不须入圹,明器之具,皆令用瓦。唯使俭而合礼,勿得奢而乖度。以日易月,既有通规,公除之制,悉依旧准。在位百司,三日一临,四方州镇,五等诸侯,各守所职,并停奔赴。"二月辛卯,上谥孝宣皇帝,庙号高宗。癸巳,葬显宁陵。

高宗在田之日,有大度干略,及乎登庸,实允天人之望。梁室丧乱,淮南地并入齐。高宗太建初,志复旧境,乃运神略,授律出师,至于战胜攻取,献捷相继,遂获反侵地,功实懋焉。及周灭齐,乘胜略地,还达江际矣。

史臣曰:高宗器度弘厚,亦有人君之量焉。世祖知冢嗣仁弱,弗可传于宝位。高宗地居姬旦,世祖情存太伯。及乎弗悆,大事咸委焉。至于篡业,万机平理,命将出师,克淮南之地,开拓土宇,静谧封疆。享国十余年,志大意逸,吕梁覆车,大丧师徒矣。江左削弱,抑此之由。呜呼!盖德不逮文,智不及武,虽得失自我,无御敌之略焉。

陈书卷六
本纪第六

后　主

　　后主讳叔宝，字元秀，小字黄奴，高宗嫡长子也。梁承圣二年十一月戊寅，生于江陵。明年，江陵陷，高宗迁关右，留后主于穰城。天嘉三年，归京师，立为安成王世子。天康元年，授宁远将军，置佐史。光大二年，为太子中庶子，寻迁侍中，余如故。太建元年正月甲午，立为皇太子。

　　十四年正月甲寅，高宗崩。乙卯，始兴王叔陵作逆，伏诛。丁巳，太子即皇帝位于太极前殿，诏曰：“上天降祸，大行皇帝奄弃万国，攀号擗踊，无所迨及。朕以哀茕，嗣膺宝历，若涉巨川，罔知攸济。方赖群公，用匡寡薄。思播遗德，覃被亿兆，凡厥遐迩，咸与惟新。可大赦天下；在位文武，及孝悌力田为父后者，并赐爵一级；孤老鳏寡不能自存者，赐谷人五斛，帛二匹。”癸亥，以侍中、翊前将军、丹阳尹长沙王叔坚为骠骑将军、开府仪同三司、扬州刺史，右卫将军、萧摩诃为车骑将军、南徐州刺史，镇西将军、荆州刺史樊毅进号征西将军，平南将军、豫州刺史任忠进号镇南将军，护军将军沈恪为特进、金紫光禄大夫，平西将军鲁广达进号安西将军，仁武将军、丰州刺史章大宝为中护军。乙丑，尊皇后为皇太后，宫曰弘范。景寅，以冠军将军晋熙王叔文为宣惠将军、丹阳尹。丁卯，立弟叔重为始兴王，奉昭烈王祀。已巳，立妃沈氏为皇后。辛未，立皇弟叔俨为寻阳王，皇弟叔慎为岳阳□，皇弟叔达为义阳王，皇弟叔熊为巴山王，皇弟叔虞为武昌王。壬申，侍中、中权将军、开府仪同三司鄱阳王伯山进号中权大将军，军师将军、尚书左仆射晋安王伯恭进号翊前将军，侍中、翊右将军、中领军庐陵王伯仁进号安前将军，镇南将军、江州刺史豫章王叔英进号征南将军，平南将军、湘州刺史建安王叔卿进号安南将军，以侍中、中书监、安右将军徐陵为左光禄大夫、领太子少傅。甲戌，设无遮大会于太极前殿。

三月辛亥，诏曰："躬推为劝，义显前经，力农见赏，事昭往诰。斯乃国储是资，民命攸属，丰俭隆替，靡不由之。夫入赋自古，输薁惟旧，沃饶贵于十金，硗确至于三易。腴堵既异，盈缩不同，诈伪日兴，簿书岁改。稻田使者，著自西京，不实峻刑，闻诸东汉。老农惧于祗应，俗吏因以侮文。辍耒成群，游手为伍，永言妨蠹，良可太息。今阳和在节，膏泽润下，宜展春耨，以望秋坻。其有新辟塍畎，进垦蒿莱，广袤勿得度量，征租悉皆停免。私业久废，咸许占作，公田荒纵，亦随肆勤。傥良守教耕，淳民载酒，有兹督课，议以赏擢。外可为格班下，称朕意焉。"癸亥，诏曰："夫体国经野，长世字氓，虽因革傥殊，驰张或异，至于旁求俊乂，爰逮侧微，用适和羹，是隆大厦，上智中主，咸由此术。朕以寡薄，嗣膺景祚，虽哀疚在躬，情虑愍舛，而宗社任重，黎庶务殷，无甲自安拱默，敢忘康济，思所以登显髦彦，式备周行。但空劳宵梦，屡勤史卜，五就莫来，五能不至。是用甲旦凝虑，景夜损怀。岂以食玉炊桂，无因自达？将怀宝迷邦，咸思独善？应内外众官九品已上，可各荐一人，以会汇征之旨。且取备实难，举长或易，小大之用，明言所施，勿得南箕北斗，名而非实。其有负能仗气，捱压当时，著《宾戏》以自怜，草《客嘲》以慰志，人生一世，逢遇诚难，亦宜去此幽谷，翔兹天路，趋铜驼以观国，望金马而来庭，便当随彼方圆，饬之矩矱。"又诏曰："昔睿后宰民，哲王御宇，虽德称汪灭，明能普烛，犹复纡己乞言，降情访道，高咨岳牧，下听舆台，故能政若神明，事无悔吝。朕纂承丕绪，思隆大业，常惧九重已邃，四聪未广，欲听昌言，不疲痹足，若逢廷折，无惮批鳞。而口柔之辞，傥闻于在位，腹诽之意，或隐于具僚。非所以弘理至公，缉熙帝载者也。内外卿士，文武众司，若有智周政术，心练治体，救民俗之疾苦，辩禁网之疏密者，各进忠说，无所隐讳。朕将虚己听受，择善而行，庶深鉴物情，匡我王度。"己巳，以侍中、尚书左仆射、新除翊前将军晋安王伯恭为安南将军、湘州刺史，新除翊左将军、永阳王伯智为尚书仆射，中护军章大宝为丰州刺史。

夏四月景申，立皇子永康公胤为皇太子，赐天下为父后者爵一级，王公已下赉帛各有差。庚子，诏曰："朕临御区宇，抚育黔黎，方欲康济浇薄，蠲省繁费，奢僭乖衷，实宜防断。应镂金银薄，及庶物化生土木人采花之属，及布帛幅尺短狭轻疏者，并伤财废业，尤成蠹患。又僧尼道士，挟邪左道，不依经律，民间淫祀祅书诸珍怪事，详为条制，并皆禁绝。"癸卯，诏曰："中岁克定淮、泗，爰涉青、徐，彼土酋豪，并输款诚款，分遣亲戚，以为质任。今旧土沦陷，复成异域，南北阻远，未得会同，念其分乖，殊有爱恋。夷狄吾民，斯事一也，何独讥禁，使彼离析？外可即检任子馆及东馆并带保任在外者，并赐衣粮，颁之酒食，遂其乡路。所之阻远，便发遣船仗卫送，必令安达。若已预仕宦及别有事义不欲去者，亦随其意。"

六月癸酉朔，以明威将军、通直散骑常侍孙玚为中护军。

秋七月辛未，大赦天下。是月，江水色赤如血，自京师至于荆州。

八月癸未夜，天有声，如风水相击。乙酉夜，亦如之。景戌，以使持节、都督缘江诸军事、安西将军鲁广达为安左将军。

九月景午，设无导大会于太极殿，舍身及乘舆御服，大赦天下。辛亥夜，天东北有声如虫飞，渐移西北。乙卯，太白昼见。景寅，以骠骑将军、开府仪同三司、扬州刺史长沙王叔坚为司空，征南将军、江州刺史豫章王叔英即本号开府仪同三司。

至德元年春正月壬寅，诏曰："朕以寡薄，嗣守鸿基，哀茕切虑，疹恙缠织，训俗少方，临下靡算，惧甚践冰，栗同驭朽。而四气易流，三光遄至，缨绂列陛，玉帛充庭，具物匪新，节序疑旧，缅思前德，永慕昔辰,对轩闼而哽心,顾庑筵而慄气。思所以仰遵遗构,俯励薄躬,陶铸九流,休息百姓,用弘宽简,取叶阳和。可大赦天下,改太建十五年为至德元年。"以征南将军、江州刺史、新除开府仪同三司豫章王叔英为中卫大将军,骠骑将军、开府仪同三司、扬州刺史长沙王叔坚为江州刺史,征东将军、开府仪同三司、东扬州刺史司马消难进号车骑将军,宣惠将军、丹阳尹晋熙王叔文为扬州刺史,镇南将军、南豫州刺史任忠为领军将军,安左将军鲁广达为平南将军、南豫州刺史,祠部尚书江总为吏部尚书。癸卯,立皇子深为始安王。

二月丁丑,以始兴王叔重为扬州刺史。

夏四月戊辰,交州刺史李幼荣献驯象。己丑,以前轻车将军、扬州刺史晋熙王叔文为江州刺史。

秋八月丁卯,以骠骑将军、开府仪同三司长沙王叔坚为司空。

九月丁巳,天东南有声如虫飞。

冬十月丁酉,立皇弟叔平为湘东王,叔敖为临贺王,叔宣为阳山王,叔穆为西阳王。戊戌,侍中、安右将军、左光禄大夫、太子少傅徐陵卒。癸丑,立皇弟叔俭为南安王,叔澄为南郡王,叔兴为沅陵王,叔韶为岳山王,叔纯为新兴王。

十二月景辰,头和国遣使献方物。司空长沙王叔坚有罪,免。戊午夜,天开自西北至东南,其内有青黄色,隆隆若雷声。

二年春正月丁卯,分遣大使巡省风俗。平南将军、豫州刺史鲁广达进号安南将军。癸巳,大赦天下。

夏五月戊子,以尚书仆射永阳王伯智为平东将军、东扬州刺史,轻车将军、江州刺史晋熙王叔文为信威将军、湘州刺史,仁威将军、扬州刺史始兴王叔重为江州刺史,信武将军、南琅邪、彭城二郡太守南平王嶷为扬州刺史,吏部尚书江总为尚书仆射。

秋七月戊辰,以长沙王叔坚为侍中、镇左将军。壬午,太子加元服,在位文武赐帛各有差,孝悌力田为父后者各赐一级,鳏寡癃老不能自存者人谷五斛。

九月癸未，太白昼见。

冬十月己酉，诏曰："耕凿自足，乃曰淳风，贡赋之兴，其来尚矣。盖《由庚》极务，不获已而行焉。但法令滋章，奸盗多有，俗尚浇诈，政鲜惟良。朕日旰夜分，矜一物之失所，泣辜罪己，愧三千之未措。望订初下，使强荫兼出，如闻贫富均起，单弱重弊，斯岂振穷扇喝之意欤？是乃术吏箕敛之苛也。故云'百姓不足，君孰与足'。自太建十四年望订租调逋未入者，并悉原除。在事百僚，辩断庶务，必去取平允，无得便公害民，为己声绩，妨紊政道。"

十一月景寅，大赦天下。壬申，盘盘国遣使献方物。戊寅，百济国遣使献方物。

三年春正月戊午朔，日有蚀之。庚午，以镇左将军长沙王叔坚即本号开府仪同三司，征西将军、荆州刺史樊毅为护军将军，守吏部尚书、领著作陆琼为吏部尚书，金紫光禄大夫袁敬加特进。

三月辛酉，前丰州刺史章大宝举兵反。

夏四月庚戌，丰州义军主陈景详斩大宝，传首京师。

秋八月戊子夜，老人星见。己酉，以左民尚书谢伷为吏部尚书。

九月甲戌，特进、金紫光禄大夫袁敬卒。

冬十月己丑，丹丹国遣使献方物。

十一月己未，诏曰："宣尼诞膺上哲，体资至圣，祖述宪章之典，并天地而合德，乐正《雅》《颂》之奥，与日月而偕明，垂后昆之训范，开生民之耳目。梁季湮微，灵寝忘处，鞠为茂草，三十余年。敬仰如在，永惟怆息。今《雅》道雍熙，《由庚》得所，断琴故履，零落不追，阅笥开书，无因循复。外可详之礼典，改筑旧庙，慈房桂栋，咸使惟新，芳蘩洁潦，以时飨奠。"辛巳，舆驾幸长干寺，大赦天下。

十二月丙戌，太白昼见。辛卯，皇太子出太学，讲《孝经》，戊戌，讲毕。辛丑，释奠于先师，礼毕，设金石之乐，会宴王公卿士。癸卯，高丽国遣使献方物。

是岁，萧岿死，子琮代立。

四年春正月甲寅,诏曰:"尧施谏鼓,禹拜昌言,求之异等,久著前无,举以淹滞,复闻昔典,斯乃治道之深规,帝王之切务。朕以寡昧,丕承鸿绪,未明虚己,日旰兴怀,万机多紊,四聪弗远,思闻謇谔,采其谋计。王公已下,各荐所知,旁询管库,爰及舆皂,一介有能,片言可用,朕亲加听览,伫于启沃。"中权大将军、开府仪同三司鄱阳王伯山进号镇卫将军,中卫大将军、开府仪同三司豫章王叔英进号骠骑大将军,镇左将军、开府仪同三司长沙王叔坚进号中军大将军,安南将军晋安王伯恭进号镇右将军,翊右将军宜都王叔明进号安右将军。

二月景戌,以镇右将军晋安王伯恭为特进。景申,立皇弟叔谟为巴东王,叔显为临江王,叔坦为新会王,叔隆为新宁王。

夏五月丁巳,立皇子庄为会稽王。

秋九月甲午,舆驾幸玄武湖,肆舻舰阅武,宴群臣赋诗。戊戌,以镇卫将军、开府仪同三司鄱阳王伯山为东扬州刺史,智武将军岳阳王叔慎为丹阳尹。丁未,百济国遣使献方物。

冬十月癸亥,尚书仆射江总为尚书令,吏部尚书谢伷为尚书仆射。

十一月己卯,诏曰:"惟刑止暴,惟德成物,三才是资,百王不改。而世无抵角,时鲜犯鳞,渭桥惊马,弗闻廷争,桃林逸牛,未见其旨。虽剽悍轻侮,理从钳钛,蠢愚杜默,宜肆矜弘。政乏良哉,明惭则哲,求诸刑措,安可得乎?是用属瘝痍以轸怀,负黼扆而于邑。复兹合璧轮缺,连珠纬舛,黄钟献吕,和气始萌,玄英告中,履长在御,因时宥过,抑乃斯得。可大赦天下。"

祯明元年春正月景子,以安前将军衡阳王伯信进号镇前将军,安东将军、吴兴太守庐陵王伯仁为特进,智武将军、丹阳尹岳阳王叔慎为湘州刺史,仁武将军义阳王叔达为丹阳尹。戊寅,诏曰:"柏皇、大庭,鼓淳和于曩日,姬王、嬴后,被浇风于末载。刑书已铸,善化匪融,礼义既乖,奸宄斯作。何其淳朴不反,浮华竞扇者欤?朕居中御物,纳隍在眷,频恢天网,屡绝三边,元元黔庶,终罹五辟。盖乃康哉寡薄,抑焉法令滋章。是用当宁弗怡,矜此向隅之意。今三元具序,万国朝辰,灵芝献于始阳,膏露凝于聿岁,从春施令,仰乾布德,思与九有,惟新七政。可大赦天下,改至德五年为祯明元年。"乙未,地震。癸卯,以镇前将军衡阳王伯信为镇南将军、西衡州刺史。

二月丁未,以特进、镇右将军晋安王伯恭进号中卫将军,中书令建安王叔卿为中书监。丁卯,诏至德元年望讫租调逋未入者,并原之。

秋八月癸卯,老人星见。丁未,以车骑将军萧摩诃为骠骑将军。

九月乙亥,以骠骑将军、开府仪同三司豫章王叔英为骠骑大将军。庚寅,萧琮所署尚书令、太傅安平王萧岩,中军将军、荆州刺史义兴王萧瓛,遣其都官尚书沈君公诣荆州刺史陈纪请降。辛卯,岩等率文武男女十万余口济江。甲午,大赦天下。

冬十一月乙亥,割扬州吴郡置吴州,割钱塘县为郡,属焉。景子,萧岩为平东将军、开府仪同三司、东扬州刺史,萧瓛为安东将军、吴州刺史。丁亥,以骠骑大将军、开府仪同三司豫章王叔英兼司徒。

十二月景辰,以前镇卫将军、开府仪同三司、东扬州刺史鄱阳王伯山为镇卫大将军、开府仪同三司,前中卫将军晋安王伯恭为中卫将军、右光禄大夫。

二年春正月辛巳,立皇子恮为东阳王,恬为钱塘王。是月,遣散骑常侍周罗睺帅兵屯峡口。

夏四月戊申,有群鼠无数,自洲岸入石头,渡淮至于青塘两岸,数日死,随流出江。戊午,以左民尚书蔡征为吏部尚书。是月,郢州南浦水黑如墨。

五月午午,以安前将军庐陵王伯仁为特进。甲午,东冶铸铁,有物赤色如数斗,自天坠熔所,有声隆隆如雷,铁飞出墙外烧民家。

六月戊戌，扶南国遣使献方物。庚子，废皇太子胤为吴兴王，立军师将军、扬州刺史始安王深为皇太子。辛丑，平南将军、江州刺史南平王嶷进号镇南将军，忠武将军、南徐州刺史永嘉王彦进号安北将军，会稽王庄为翊前将军、扬州刺史，宣惠将军、尚书令江总进号中权将军，云麾将军、太子詹事袁宪为尚书仆射，尚书仆射谢伷为特进，宁远将军、新除吏部尚书蔡徵进号安右将军。甲辰，以安右将军鲁广达为中领军。丁巳，大风至自西北，激涛水入石头城，淮渚暴溢，漂没舟乘。

冬十月己亥，立皇子蕃为吴郡王。辛丑，以度支尚书、领大著作姚察为吏部尚书。己酉，舆驾幸莫府山，大校猎。

十一月丁卯，诏曰："夫议狱缓刑，皇王之所垂范，胜残去杀，仁人之所用心。自画冠既息，刻吏斯起，法令滋章，手足无措。朕君临区宇，属当浇末，轻重之典，在政未康，小大之情，兴言多愧。眷兹狴犴，有轸哀矜，可克日于大政殿讯狱。"壬申，以镇南将军、江州刺史南平王嶷为征西将军、郢州刺史，安北将军、南徐州刺史永嘉王彦为安南将军、江州刺史，军师将军南海王虔为安北将军、南徐州刺史。景子，立皇弟叔荣为新昌王，叔匡为太原王。是月，隋遣晋王广众军来伐，自巴、蜀、沔、汉下流至广陵，数十道俱入，缘江镇戍，相继奏闻。时新除湘州刺史施文庆、中书舍人沈客卿掌机密用事，并抑而不言，故无备御。

三年春正月乙丑朔，雾气四塞。是日，隋总管贺若弼自北道广陵济京口，总管韩擒虎趋横江，济采石，自南道将会弼军。景寅，采石戍主徐子建驰启告变。丁卯，召公卿入议军旅。戊辰，内外戒严，以骠骑将军萧摩诃、护军将军樊毅、中领军鲁广达并为都督，遣南豫州刺史樊猛，帅舟师出白下，散骑常侍皋文奏将兵镇南豫州。庚午，贺若弼攻陷南徐州。辛未，韩擒虎又陷南豫州，文奏败还。至是，隋军南北道并进。后主遣骠骑大将军、司徒豫章王叔英屯朝堂，萧摩诃屯乐游苑，樊毅屯耆阇寺，鲁广达屯白土冈，忠武将军孔范屯宝田寺。己卯，镇东大将军任忠自吴兴入赴，仍屯朱雀门。辛巳，贺若弼进据钟山，顿白土冈之东南。甲申，后主遣众军与弼合战，众军败绩。弼乘胜至乐游苑，鲁广达犹督散兵力战，不能拒。弼进攻宫城，烧北掖门。是时，韩擒虎率众自新林至于石子冈，任忠出降于擒虎，仍引擒虎经朱雀航趣宫城，自南掖门而入。于是城内文武百司皆遁出，唯尚书仆射袁宪在殿内。尚书令江总、吏部尚书姚察、度支尚书袁权、前度支尚书王瑳、侍中王宽居省中。后主闻兵至，从宫人十余出后堂景阳殿，将自投于井。袁宪侍侧，苦谏不从，后阁舍人夏侯公韵又以身蔽井，后主与争久之，方得入焉。及夜，为隋军所执。景戌，晋王广入据京城。

三月己巳，后主与王公百司发自建邺，入于长安。隋仁寿四年十一月壬子，薨于洛阳，时年五十二。追赠大将军，封长城县公，谥曰炀，葬河南洛阳之芒山。

史臣侍中郑国公魏征曰：

高祖拔起垄亩，有雄杰之姿。始佐下藩，奋英奇之略，弭节南海，职思静乱。援旗北迈，义在勤王，扫侯景于既成，拯梁室于已坠。天网绝而复续，国步屯而更康，百神有主，不失旧物。魏王之延汉鼎祚，宋武之反晋乘舆，懋绩鸿勋，无以尚也。于时内难未弭，外邻勍敌，王琳作梗于上流，周、齐摇荡于江、汉，畏首畏尾，若存若亡。此之不图，遽移天历，虽皇灵有眷，何其速也？然志度弘远，怀抱豁如，或取士于仇仇，或擢才于亡命，掩其受金之过，宥其吠尧之罪，委以心腹爪牙，咸能得其死力。故乃决机百胜，成此三分，方诸鼎峙之雄，足以无惭权、备矣。

世祖天姿睿哲，清明在躬，早预经纶，知民疾苦。思择令典，庶几至治，德刑并用，戡济艰虞。群凶授首，强邻震慑。虽忠厚之化未能及远，恭俭之风足以垂训。若不尚明察，则守文之良主也。

临川年长于成王，过微于太甲。宣帝有周公之亲，无伊尹之志，明辟不复，桐宫遂往，欲加之罪，其无辞乎！

高宗爰自在田，雅量宏廓，登庸御极，民归其厚。惠以使□，宽以容众。智勇争奋，师出有名，扬斾分麾，风行电扫，辟土千里，奄有淮、泗，战胜攻取之势，□□未之有也。既而君侈民劳，将骄卒堕，帑藏空竭，折衄师徒。于是秦人方强，遂窥兵于江上矣。李克以为吴之先亡，由乎数战，数战则民疲，数胜则主骄。以骄主御疲民，未有不亡者也。信哉言乎！高宗始以宽大得人，终以骄侈致败，文、武之业，坠于兹矣。

后主生深宫之中，长妇人之手，既属邦国殄瘁，不知稼穑艰难。初惧阽危，屡有哀矜之诏，后稍安集，复扇淫侈之风。宾礼诸公，唯寄情于文酒，昵近群小，皆委之以衡轴。谋谟所及，遂无骨鲠之臣，权要所在，莫匪侵渔之吏。政刑日紊，尸素盈朝，耽荒为长夜之饮，嬖宠同艳妻之孽。危亡弗恤，上下相蒙，众叛亲离，临机不寤。自投于井，冀以苟生，视其以此求全，抑亦"民斯下"矣。

逖观列辟，纂武嗣兴，其始也皆欲齐明日月，合德天地，高视五帝，俯协三王，然而靡不有初，克终盖寡，其故何哉？并以中庸之才，怀可移之性，口存于仁义，心忕于嗜欲。仁义利物而道远，嗜欲遂性而便身。便身不可久违，道远难以固志。佞谄之伦，承颜候色，因其所好，以悦导之，若下坂以走丸，譬顺流而决壅，非夫感灵辰象，降生明德，孰能遗其所乐，而以百姓为心哉！此所以成、康、文、景千载而罕遇，癸、辛、幽、厉靡代而不有。毒被宗社，身婴戮辱，为天下笑，可不痛乎！古人有言，亡国之主，多有才艺。考之梁、陈及隋，信非虚论。然则不崇教义之本，偏尚淫丽之文，徒长浇伪之风，无救乱亡之祸矣。

史臣曰：后主昔在储宫，早标令德，及南面继业，实允天人之望矣。至于礼乐刑政，咸遵故典，加以深弘六艺，广辟四门，是以待诏之徒，争趋金马，稽古之秀，云集石渠。且梯山航海朝贡者，往往岁至矣。自魏正始、晋中朝以来,贵臣虽有识治者,皆以文学相处,罕关庶务,朝章大典,方参议焉,文案簿领,咸委小吏,浸以成俗,迄至于陈。后主因循,未遑改革,故施文庆、沈客卿之徒,专掌军国要务,奸黠左道,以哀刻为功,自取身荣,不存国计,是以朝经堕废,祸生邻国。斯亦运钟百六,鼎玉迁变,非唯人事不昌,盖天意然也。

陈书卷七
列传第一

后　妃

高祖章皇后　　世祖沈皇后
废帝王皇后　　高宗柳皇后
后主沈皇后　张贵妃

　　周礼：王者立后，六宫、三夫人、九嫔、二十七世妇、八十一御妻，以听天下之内治。然受命继体之主，非独外相佐也，盖亦有内德助焉。汉魏以来，六宫之职因袭增置，代不同矣。高祖承微接乱，光膺天历，以朴素自处，故后宫员位多阙。世祖天嘉初，诏立后宫员数，始置贵妃、贵嫔、贵姬三人，以拟古之三夫人；又置淑媛、淑仪、淑容、昭华、昭容、昭仪、修华、修仪、修容九人，以拟古之九嫔；又置婕妤、容华、充华、承徽、烈荣五人，谓之五职，亚于九嫔；又置美人、才人、良人三职，其职无员数，号为散位。世祖性恭俭，而嫔嫱多阙。高宗、后主，内职无所改作。令之所缀，略备此篇。

　　高祖宣皇后章氏，讳要儿，吴兴乌程人也。本姓钮，父景明为章氏所养，因改焉。景明，梁代官至散骑侍郎。后母苏，尝遇道士以小龟遗己，光采五色，曰：“三年有征。”及期，后生而紫光照室，因失龟所在。少聪慧，美容仪，手爪长五寸，色并红白，每有期功之服，则一爪先折。高祖先娶同郡钱仲方女,早卒,后乃聘后。后善书计,能诵《诗》及《楚辞》。

高祖自广州南征交址,命后与衡阳王昌随世祖由海道归于长城。侯景之乱,高祖下至豫章,后为景所囚。景平而高祖为长城县公,后拜夫人。及高祖践祚,永定九年立为皇后。追赠后父景明特进、金紫光禄大夫,加金章紫绶,拜后母苏安吉县君。二年,安吉君卒,与后父合葬吴兴。明年,追封后父为广德县侯,邑五百户,谥曰温。高祖崩,后与中书舍人蔡景历定计,秘不发丧,召世祖入纂。事在蔡景历及侯安都传。世祖即位,尊后为皇太后,宫曰慈训。废帝即位,尊后为太皇太后。光大二年,后下令黜废帝为临海王,命高宗嗣位。太建元年,尊后为皇太后。二年三月景申,崩于紫极殿,时年六十五。遗令丧事所须,并从俭约,诸有馈奠,不得用牲牢。其年四月,群臣上谥曰宣太后,祔葬万安陵。

后亲属无在朝者,唯族兄钮洽官至中散大夫。

世祖沈皇后讳妙容,吴兴武康人也。父法深,梁安前中录事参军。后年十余岁,以梁大同中归于世祖。高祖之讨侯景,世祖时在吴兴,景遣使收世祖及后。景平,乃获免。高祖践祚,永定元年,后为临川王妃。世祖即位,为皇后。追赠后父法深光禄大夫,加金章紫绶,封建成县侯,邑五百户,谥曰恭,追赠后母高绥安县君,谥曰定。废帝即位,尊后为皇太后,宫曰安德。

时高宗与仆射到仲举、舍人刘师知等并受遗辅政,师知与仲举恒居禁中,参决众事,而高宗为扬州刺史,与左右三百人入居尚书省。师知见高宗权重,阴忌之,乃矫敕谓高宗曰:“今四方无事,王可还东府,经理州务。”高宗将出,而谘议毛喜止之曰:“今若出外,便受制于人,譬如曹爽,愿作富家翁不可得也。”高宗乃称疾,召师知留之与语,使毛喜先入言之于后。后曰:“今伯宗年幼,政事并委二郎,此非我意。”喜又言于废帝,帝曰:“此自师知等所为,非朕意也。”喜出以报高宗,高宗因囚师知,自入见后及帝,极陈师知之短,仍自草敕请画，以师知付廷尉治罪。其夜，于狱中赐死。自是，政无大小，尽归高宗。后忧闷计无所出，乃密赂宦者蒋裕，令诱建安人张安国，使据郡反，冀因此以图高宗。安国事觉，并为高宗所诛。时后左右近侍颇知其事，后恐连逮党与，并杀之。高宗即位，以后为文皇后。陈亡入隋。大业初，自长安归于江南，顷之，卒。

后兄钦，随世祖征伐，以功至贞威将军、安州刺史。世祖即位，袭爵建城侯，加通直散骑常侍、持节、会稽等九郡诸军事、明威将军、会稽太守，入为侍中、左卫将军、卫尉卿。光大中，为尚书右仆射，寻迁左仆射。钦素无技能，奉己而已。高宗即位，出为云麾将军、义兴太守，秩中二千石。太建元年，卒，时年六十七，赠侍中、特进、翊左将军，谥曰成。子观嗣，颇有学识，官至御史中丞。

废帝王皇后，金紫光禄大夫固之女也。天嘉元年，为皇太子妃，废帝即位，立为皇后。废帝为临海王，后为临海王妃。至德中，薨。后生临海嗣王至泽。至泽以光大元年为皇太子。太建元年，袭封临海嗣王，寻为宣惠将军，置佐史。陈亡入长安。

高宗柳皇后讳敬言，河东解人也。曾祖世隆，齐侍中、司空、尚书令、贞阳忠武公。祖恽，有重名于梁代，官至秘书监，赠侍中、中护军。父偃，尚梁武帝女长城公主，拜驸马都尉。大宝中，为鄱阳太守，卒官。后时年九岁，干理家事，有若成人。侯景之乱，后与弟盼往江陵依梁元帝，元帝以长城公主之故，待遇甚厚。及高宗赴江陵，元帝以后配焉。承圣二年，后生后主于江陵。明年，江陵陷，高宗迁于关右，后与后主俱留穰城。天嘉二年，与后主还朝，后为安成王妃。高宗即位，立为皇后。

后美姿容，身长七尺二寸，手垂过膝。初，高宗居乡里，先娶吴兴钱氏女，及即位，拜为贵妃，甚有宠。后倾心下之，每尚方供奉之物，其上者皆推于贵妃，而已御其次焉。高宗崩，始兴王叔陵为乱，后主赖后与乐安君吴氏救而获免，事在叔陵传。后主即位，尊后为皇太后，宫曰弘范。当是之时，新失淮南之地，隋师临江，又国遭大丧，后主病疮不能听政，其诛叔陵、供大行丧事、边境防守及百司众务，虽假以后主之命，实皆决之于后。后主疮愈，乃归政焉。陈亡入长安。大业十一年，薨于东都，年八十三，葬洛阳之邙山。后性谦谨，未尝以宗族为请，虽衣食亦无所分遗。

弟盼，太建中尚世祖女富阳公主，拜驸马都尉。后主即位，以帝舅加散骑常侍。盼性愚戆，使酒，常因醉乘马入殿门，为有司所劾，坐免官。卒于家，赠侍中、中护军。后从祖弟庄，清警有鉴识。太建末，为太子洗马，掌东宫管记。后主即位，稍迁至散骑常侍、卫尉卿。祯明元年，转右卫将军，兼中书舍人，领雍州大中正。自盼卒后，太后宗属唯庄为近，兼素有名望，犹是深被恩遇。寻迁度支尚书。陈亡入隋，为岐州司马。

后主沈皇后讳婺华，仪同三司望蔡贞宪侯君理女也。母即高祖女会稽穆公主。主早亡，时后尚幼，而毁瘠过甚。及服毕，每至岁时朔望，恒独坐涕泣，哀动左右，内外咸敬异焉。太建三年，纳为皇太子妃。后主即位，立为皇后。

后性端静，寡嗜欲，聪敏强记，涉猎经史，工书翰。初，后主在东宫，而后父君理卒。后居忧，处于别殿，哀毁逾礼。后主遇后既薄，而张贵妃宠倾后宫，后宫之政并归之。后澹然未尝有所忌怨，而居处俭约，衣服无锦绣之饰，左右近侍才百许人，唯寻阅图史、诵佛经为事。陈亡与后主俱入长安。及后主薨，后自为哀辞，文甚酸切。隋炀帝每所巡幸，恒令从驾。及炀帝为宇文化及所害，后自广陵过江，还乡里，不知所终。

后无子，养孙姬子胤为己子。后宗族多有显官，事在君理传。后叔君公，自梁元帝败后，常在江陵。祯明中，与萧瓛、萧岩率众叛隋归朝，后主擢为太子詹事。君公博学有才辩，善谈论，后主深器之。陈亡，隋文帝以其叛己，命斩于建康。

　　后主张贵妃名丽华,兵家女也。家贫,父兄以织席为事。后主为太子,以选入宫。是时,龚贵嫔为良娣,贵妃年十岁,为之给使。后主见而说焉,因得幸,遂有娠,生太子深。后主即位,拜为贵妃。性聪惠,甚被宠遇。后主每引贵妃与宾客游宴,贵妃荐诸宫女预焉,宫等咸德之,竞言贵妃之善,由是爱倾后宫。又好厌魅之术,假鬼道以惑后主。置淫祀于宫中,聚诸妖巫,使之鼓舞,因参访外事。人间有一言一事,妃必先知之,以白后主,由是益重妃。内外宗族,多被引用。及隋军陷台城,妃与后主俱入于井。隋军出之,晋王广命斩贵妃,榜于青溪中桥。

　　史臣侍中郑国公魏征考览记书,参详故老,云后主初即位,以始兴王叔陵之乱,被伤卧于承香阁下。时诸姬并不得进,唯张贵妃侍焉。而柳太后犹居柏梁殿,即皇后之正殿也。后主沈皇后素无宠,不得侍疾,别居求贤殿。至德二年,乃于光照殿前起临春、结绮、望仙三阁。阁高数丈,并数十间,其窗牖、壁带、悬楣、栏槛之类,并以沈檀香木为之。又饰以金玉,间以珠翠,外施珠帘,内有宝床、宝帐,其服玩之属,瑰奇珍丽,近古所未有。每微风暂至,香闻数里,朝日初照,光映后庭。其下积石为山,引水为池,植以奇树,杂以花药。后主自居临春阁,张贵妃居结绮阁,龚、孔二贵嫔居望仙阁,并复道交相往来。又有王、李二美人、张、薛二淑媛、袁昭仪、何婕妤、江修容等七人,并有宠,递代以游其上。以宫人有文学者袁大舍等为女学士。后主每引宾客对贵妃等游宴,则使诸贵人及女学士与狎客共赋新诗,互相赠答,采其尤艳丽者以为曲词,被以新声。选宫女有容色者以千百数,令习而哥之,分部迭进,持以相乐。其曲有《玉树后庭花》、《临春乐》等,大指所归,皆美张贵妃、孔贵嫔之容色也。其略曰:“璧月夜夜满,琼树朝朝新。”而张贵妃发长七尺,鬓黑如漆,其光可鉴。特聪惠,有神采,进止闲暇,容色端丽。每瞻视盼睐,光采溢目,昭映左右。常于阁上靓妆,临于轩槛,宫中遥望,飘若神仙。才辩强记,善候人主颜色。是时,后主怠于政事,百司启奏,并因宦者蔡脱儿、李善度进请，后主置张贵妃于膝上共决之。李、蔡所不能记者，贵妃并为条疏，无所遗脱。由是益加宠异，冠绝后庭。而后宫之家，不遵法度，有挂于理者，但求哀于贵妃，贵妃则令李、蔡先启其事，而后从容为言之。大臣有不从者，亦因而谮之，所言无不听。于是张、孔之势，薰灼四方，大臣执政，亦从风而靡。阉宦便佞之徒，内外交结，转相引进，贿赂公行，赏罚无常，纲纪瞀乱矣。

　　史臣曰：《诗》表《关雎》之德，《易》箸《乾》《坤》之基，然夫妇之际，人道之大伦也。若夫作俪天则，变赞王化，则宣太后有其懿焉。

陈书卷八
列传第二

杜僧明　　周文育　子宝安
侯安都

　　杜僧明字弘照，广陵临泽人也。形儿眇小，而胆气过人，有勇力，善骑射。梁大同中，卢安兴为广州南江督护，僧明与兄天合及周文育，并为安兴所启，请与俱行。频征俚獠有功，为新州助防。天合亦有材干，预在征伐。安兴死，僧明复副其子子雄。及交州土豪李贲反，逐刺史萧谘，谘奔广州，台遣子雄与高州刺史孙冏讨贲。时春草已生，瘴疠方起，子雄请待秋讨之，广州刺史新渝侯萧映不听，萧谘又促之，子雄等不得已，遂行。至合浦，死者十六七，众并惮役溃散，禁之不可，乃引其余兵退还。萧谘启子雄及冏与贼交通，逗留不进，梁武帝敕于广州赐死。子雄弟子略、子烈并雄豪任侠，家属在南江。天合谋于众曰："卢公累代待遇我等，亦甚厚矣。今见枉而死，不能为报，非丈夫也。我弟僧明，万人之敌，若围州城，召百姓，谁敢不从。城破，斩二侯祭孙、卢，然后待台使至，束手诣廷尉，死犹胜生。纵其不捷，亦无恨矣。"众咸慷慨曰："是愿也，唯足下命之。"乃与周文育等率众结盟，奉子雄弟子略为主，以攻刺史萧映。子略顿城南，天合顿城北，僧明、文育分据东西。吏人并应之，一日之中，众至数万。高祖时在高要，闻事起，率众来讨，大破之，杀天合，生擒僧明及文育等，高祖并释之，引为主帅。

　　高祖征交址，及讨元景仲，僧明、文育并有功。侯景之乱，俱随高祖入援京师。高祖于始兴破兰裕，僧明为前锋，擒裕斩之。又与蔡路养战于南野，僧明马被伤，高祖驰往救之，以所乘马授僧明，僧明乘马与数十人复进，众皆披靡，因而乘之，大败路养。高州刺史李迁仕又据大皋，入赣石，以逼高祖。高祖遣周文育为前军，与僧明击走之。迁仕与宁都人刘孝尚并力，将袭南康。高祖又令僧明与文育等拒之，相持连战百余日，卒擒迁仕，送于高祖军。及高祖下南康，留僧明顿西昌，督安成、庐陵二郡军事。元帝承制授假节、清野将军、新州刺史、临江县子，邑三百户。侯景遣于庆等寇南江，高祖顿豫章，会僧明为前驱，所向克捷。高祖表僧明为长史，仍随东讨。军至蔡州，僧明率麾下烧贼水门大舰。及景平，以功除员外散骑常侍、明威将军、南兖州刺史，进爵为侯，增邑并前五百户，仍领晋陵太守。承圣二年，从高祖北围广陵，加使持节，迁通直散骑常侍、平北将军，余如故。荆州陷，高祖使僧明率吴明彻等随侯瑱西援，于江州病卒，时年四十六。赠散骑常侍，谥曰威。世祖即位，追赠开府仪同三司。天嘉二年，配享高祖庙庭。子晋嗣。

周文育字景德，义兴阳羡人也。少孤贫，本居新安寿昌县，姓项氏，名猛奴。年十一，能反覆游水中数里，跳高五六尺，与群儿聚戏，众莫能及。义兴人周荟为寿昌浦口戍主，见而奇之，因召与语。文育对曰："母老家贫，兄姊并长大，困于赋役。"荟哀之，乃随文育至家，就其母请文育养为己子，母遂与之。及荟秩满，与文育还都，见于太子詹事周舍，请制名字，舍因为立名文育，字景德，命兄子弘让教之书计。弘让善隶书，写蔡邕《劝学》及古诗以遗文育。文育不之省也，谓弘让曰："谁能学此，取富贵但有大槊耳。"弘让壮之，教之骑射，文育大悦。

司州刺史陈庆之与荟同郡，素相善，启荟为前军军主。庆之使荟将五百人，往新蔡悬瓠慰劳白水蛮，蛮谋执荟以入魏，事觉，荟与文育拒之。时贼徒甚盛，一日之中战数十合，文育前锋陷阵，勇冠军中。荟于阵战死，文育驰取其尸，贼不敢逼。及夕，各引去。文育身被九创,创愈,辞请还葬。庆之壮其节,厚加赗遗而遣之。葬讫,会卢安兴为南江督护,启文育同行。累征俚獠,所在有功,除南海令。安兴死后,文育与杜僧明攻广州,为高祖所败,高祖赦之,语在僧明传。

后监州王劢以文育为长流令,深被委任。劢被代,文育欲与劢俱下,至大庾岭诣卜者,卜者曰:"君北下不过作令长,南入则为公侯。"文育曰:"足钱便可,谁望公侯。"卜人又曰:"君须臾当暴得银至二千两,若不见信,以此为验。"其夕,宿逆旅,有贾人求与文育博,文育胜之,得银二千两。旦日辞劢,劢问其故,文育以告,劢乃遣之。高祖在高要,闻其还也,大喜,遣人迎之,厚加赏赐,分麾下配焉。

高祖之讨侯景,文育与杜僧明为前军,克兰裕,援欧阳頠,皆有功。高祖破蔡路养于南野,文育为路养所围,四面数重,矢石雨下,所乘马死,文育右手搏战,左手解鞍,溃围而出,因与杜僧明等相得,并力复进,遂大败之。高祖乃表文育为府司马。

李迁仕之据大皋,遣将杜平虏入赣石鱼梁作城。高祖命文育击之,平虏弃城走,文育据其城。迁仕闻平虏败,留老弱于大皋,悉选精兵自将,以攻文育,其锋甚锐,军人惮之。文育与战,迁仕稍却,相持未解,会高祖遣杜僧明来援,别破迁仕水军。迁仕众溃,不敢过大皋,直走新淦。梁元帝授文育假节、雄信将军、义州刺史。迁仕又与刘孝尚谋拒义军,高祖遣文育与侯安都、杜僧明、徐度、杜棱筑城于白口拒之。文育频出与战,遂擒迁仕。

高祖发自南康,遣文育将兵五千,开通江路。侯景将王伯丑据豫章,文育击走之,遂据其城。累前后功,除游骑将军、员外散骑常侍,封东迁县侯,邑五百户。高祖军至白茅湾,命文育与杜僧明常为军锋,平南陵、鹊头诸城。及至姑熟,与景将侯子鉴战,破之。景平,授通直散骑常侍,改封南移县侯,邑一千户,拜信义太守,累迁南丹阳、兰陵、晋陵太守,智武将军,散骑常侍。

高祖诛王僧辩,命文育督众军会世祖于吴兴,围杜龛,克之。又济江袭会稽太守张彪,得其郡城。及世祖为彪所袭,文育时顿城北香岩寺,世祖夜往趋之,因共立栅。顷之,彪又来攻,文育悉力苦战,彪不能克,遂破平彪。

高祖以侯瑱拥据温州,命文育讨之,仍除都督南豫州诸军之□□威将军、南豫州刺史,率兵袭溢城。未克,徐嗣徽引齐寇渡江据芜湖,诏征文育还京。嗣徽等列舰于青墩,至于七矶,以断文育归路。及夕,文育鼓噪而发,嗣徽等不能制。至旦,反攻嗣徽。嗣徽骁将鲍砰独以小舰殿军,文育乘单舴艋与战,跳入舰,斩砰,仍牵其舰而还。贼众大骇,因留船芜湖,自丹阳步上。时高祖拒嗣徽于白城,适与文育大会。将战,风急,高祖曰:"兵不逆风。"文育曰:"事急矣,当决之,何用古法!"抽槊上马,□而进,众军从之,风亦寻转,杀伤数百人。嗣徽等移营莫府□,文育徙顿对之。频战功最,加平西将军,进爵寿昌县公,并给鼓吹一部。

广州刺史萧勃举兵逾岭,诏文育督众军讨之。时新吴洞主余孝顷举兵应勃,遣其弟孝劢守郡城,自出豫章,据于石头。勃使其子孜将兵与孝顷相会,又遣其别将欧阳頠顿军苦竹滩,傅泰据蹠口城,以拒官军。官军船少,孝顷有舴艋三百艘、舰百余乘□上牢。文育遣军主焦僧度、羊柬潜军袭之,悉取而归,仍于豫章立栅。时官军食尽,并欲退还,文育不许。乃使人间行,遗周迪书,约为兄弟,并陈利害。迪得书甚喜,许馈粮饷。于是,文育分遣老小,乘故船舫,沿流俱下,烧豫章郡所立栅,伪退。孝顷望之,大喜,因不设备。文育由间道兼行,信宿达芊韶。芊韶上流则欧阳頠、萧勃,下流则傅泰、余孝顷,文育据其中间,筑城饷士,贼徒大骇。欧阳頠乃退入泥溪,作城自守。文育遣严威将军周铁武与长史陆山才袭頠,擒之。于是盛陈兵甲,与頠乘舟而宴,以巡傅泰城下,因而攻泰,克之。萧勃在南康闻之,众皆股栗,莫能自固。其将谭世远斩勃欲降,为人所害。世远军主夏侯明彻持勃首以降。萧孜、余孝顷犹据石头。高祖遣侯安都助文育攻之,孜降文育,孝顷退走新吴,广州平。文育还顿豫章,以功授镇南将军、开府仪同三司、都督江广衡交等州诸军事、江州刺史。

　　王琳拥据上流，诏命侯安都为西道都督，文育为南道都督，同会武昌。与王琳战于沌口，为琳所执，后得逃归，语在安都传。寻授使持节、散骑常侍、镇南将军、开府仪同三司、寿昌县公，给鼓吹一部。及周迪破余孝顷，孝顷子公飐、弟孝劢犹据旧栅，扇动南土。高祖复遣文育及周迪、黄示瓘等讨之。豫章内史熊昙朗亦率军来会。众且万人。文育遣吴明彻为水军，配周迪运粮，自率众军入象牙江，城于金口。公飐领五百人伪降，谋执文育，事觉，文育囚之，送于京师，以其部曲分隶众军。乃舍舟为步军，进据三陂。王琳遣将曹庆帅兵二千人以救孝劢。庆分遣主帅常众爱与文育相拒，自帅所领径攻周迪、吴明彻军。迪等败绩，文育退据金口。熊昙朗因其失利，谋害文育，以应众爱。文育监军孙白象颇知其事，劝令先之。文育曰：“不可，我旧兵少，客军多，若取昙朗，人人惊惧，亡立至矣，不如推心以抚之。”初，周迪之败也，弃船走，莫知所在。及得迪书，文育喜，赍示昙朗，昙朗害之于座，时年五十一。高祖闻之，即日举哀，赠侍中、司空，谥曰忠愍。

　　初，文育之据三陂，有流星坠地，其声如雷，地陷方一丈，中有碎炭数斗。又军市中忽闻小儿啼，一市并惊，听之在土下，军人掘得棺，长三尺，文育恶之。俄而迪败，文育见杀。天嘉二年，有诏配享高祖庙庭。子宝安嗣。文育本族兄景曜，因文育官至新安太守。

　　宝安字安民，年十余岁，便习骑射，以贵公子骄蹇游逸，好狗马，乐驰骋，靡衣偷食。文育之为晋陵，以征讨不遑之郡，令宝安监知郡事，尤聚恶少年，高祖患之。及文育西征败绩，縶于王琳，宝安便折节读书，与士君子游，绥御文育士卒，甚有威惠。除员外散骑侍郎。文育归，复除贞威将军、吴兴太守。文育为熊昙朗所害，徵宝安还。起为猛烈将军，领其旧兵，仍令南讨。

　　世祖即位，深器重之，寄以心膂，精卒利兵多配焉。及平王琳，颇有功。周迪之破熊昙朗，宝安南入，穷其余烬。天嘉二年，重除雄信将军、吴兴太守,袭封寿昌县公。三年,征留异,为侯安都前军。异平,除给事黄门侍郎、卫尉卿。四年,授持节、都督南徐州诸军事、贞毅将军、南徐州刺史。征为左卫将军,加信武将军。寻以本官领卫尉卿,又进号仁威将军。天康元年卒,时年二十九。赠侍中、左卫将军,谥曰成。

子翌嗣。宝安卒后,翌亦为偏将。征欧阳纥,平定淮南,并有功,封江安县伯,邑四百户。历晋陵、定远二郡太守。太建九年卒,时年二十四,赠电威将军。

侯安都,字成师,始兴曲江人也。世为郡著姓。父文捍,少仕州郡,以忠谨称,安都贵后,官至光禄大夫、始兴内史,秩中二千石。安都工隶书,能鼓琴,涉猎书传,为五言诗,亦颇清靡,兼善骑射,为邑里雄豪。梁始兴内史萧子范辟为主簿。

侯景之乱,招集兵甲至三千人。高祖入援京邑,安都引兵从高祖,攻蔡路养,破李迁仕,克平侯景,并力战有功。元帝授猛烈将军、通直散骑常侍,富川县子,邑三百户。随高祖镇京口,除兰陵太守。高祖谋袭王僧辩,诸将莫有知者,唯与安都定计。仍使安都率水军自京口趋石头,高祖自率马步从江乘罗落会之。安都至石头北,弃舟登岸,僧辩弗之觉也。石头城北接岗阜,雉堞不甚危峻,安都被甲带长刀,军人捧之投于女垣内,众随而入,进逼僧辩卧室。高祖大军亦至,与僧辩战于听事前,安都自内阁出,腹背击之,遂擒僧辩。

绍泰元年,以功授使持节、散骑常侍、都督南徐州诸军事、仁威将军、南徐州刺史。高祖东讨杜龛,安都留台居守。徐嗣徽、任约等引齐寇入据石头,游骑至于阙下。安都闭门偃旗帜,示之以弱,令城中曰:“登陴看贼者斩。”及夕,贼收军还石头,安都夜令士卒密营御敌之具。将旦,贼骑又至,安都率甲士三百人,开东、西掖门与战,大败之。贼乃退还石头,不敢复逼台城。及高祖至,以安都为水军,于中流断贼粮运。又袭秦郡,破嗣徽栅,收其家口并马驴辎重。得嗣徽所弹琵琶及所养鹰,遣信饷之曰:“昨至弟住处得此,今以相还。”

嗣徽等见之大惧，寻而请和，高祖听其还北。及嗣徽等济江，齐之余军犹据采石，守备甚严。又遣安都攻之，多所俘获。

明年春，诏安都率兵镇梁山，以备齐。徐□徽等复入丹阳，至湖熟。高祖追安都还，率马步拒之于高桥，又战于耕坛南。安都率十二骑突其阵，破之，生擒齐仪同乞伏无劳，又刺齐将东方老堕马，会贼骑至，救老获免。贼北渡蒋山，安都又与齐将王敬宝战于龙尾，使从弟晓、军主张纂前犯其阵。晓被枪坠马，张纂死之。安都驰往救晓，斩其骑士十一人，因取纂尸而还，齐军不敢逼。高祖与齐军战于莫府山，命安都领步骑千余人，自白下横击其后，齐军大败。安都又率所部追至摄山，俘获首虏，不可胜计。以功进爵为侯，增邑五百户，给鼓吹一部。又进号平南将军，改封西江县公。

仍都督水军出豫章，助豫州刺史周文育讨萧勃。安都未至，文育已斩勃，并擒其将欧阳頠、傅泰等。唯余孝顷与勃子孜犹据豫章之石头，作两城，孝顷与孜各据其一，又多设船舰，夹水而阵。安都至，乃衔枚夜烧其舰。文育率水军，安都领步骑，登岸结阵。孝顷俄断后路，安都乃令军士多伐松木，竖栅列营，渐进，频战屡克，孜乃降。孝顷奔归新吴，请入子为质，许之。师还，以功进号镇北将军，加开府仪同三司。

仍率众会于武昌，与周文育西讨王琳。将发，王公以下饯于新林，安都跃马渡桥，人马俱堕水中，又坐艒内坠于橹井，时以为不祥。到武昌，琳将樊猛弃城走，文育亦自豫章至。时两将俱行，不相统摄，因部下交争，稍不平。军至郢州，琳将潘纯陁于城中遥射官军，安都怒，进军围之，未能克。而王琳至于弇口，安都乃释郢州，悉众往沌口以御之，遇风不得进。琳据东岸，官军据西岸，相持数日，乃合战，安都等败绩。安都与周文育、徐敬成并为琳所囚。琳总以一长锁系之，置于艒下，令所亲宦者王子晋掌视之。琳下至溢城白水浦，安都等甘言许厚赂子晋。子晋乃伪以小船依艒而钓，夜载安都、文育、敬成上岸，入深草中，步投官军。还都自劾，诏并赦之，复其官爵。寻为丹阳尹，出为都督南豫州诸军事、镇西将军、南豫州刺史，令继周文育攻余孝劢及王琳将曹庆、常众爱等。安都自宫亭湖出松门，蹑众爱后。文育为熊昙朗所害，安都回取大舰，值琳将周炅、周协南归，与战，破之，生擒炅、协。孝劢弟孝猷率部下四千家欲就王琳，遇炅、协败，乃诣安都降。安都又进军于禽奇洲，破曹庆、常众爱等，焚其船舰。众爱奔于庐山，为村人所杀，余众悉平。

还军至南皖，而高祖崩。安都随世祖还朝，仍与群臣定议，翼奉世祖。时世祖谦让弗敢当，太后又以衡阳王故，未肯下令，群臣犹豫不能决。安都曰："今四方未定，何暇及远！临川王有功天下，须共立之。今日之事，后应者斩！"便按剑上殿，白太后出玺，又手解世祖发，推就丧次。世祖即位，迁司空，仍为都督南徐州诸军事、征北将军、南徐州刺史，给扶。

王琳下至栅口，大军出顿芜湖，时侯瑱为大都督，而指麾经略，多出安都。天嘉元年，增邑千户。及王琳败走入齐，安都进军溢城，讨琳余党，所向皆下。仍别奉中旨，迎衡阳献王昌。初，昌之将入也，致书于世祖，辞甚不逊。世祖不怿，乃召安都从容而言曰："太子将至，须别求一蕃，吾其老焉。"安都对曰："自古岂有被代天子？臣愚不敢奉诏。"因请自迎昌。昌济汉而薨。以功进爵清远郡公，邑四千户。自是威名甚重，群臣无出其右。安都父文捍，为始兴内史，卒于官。世祖征安都还京师，为发丧。寻起复本官，赠其父散骑常侍、金紫光禄大夫，拜其母为清远国太夫人，仍迎还都。母固求停乡里，上乃下诏，改桂阳之汝城县为卢阳郡，分衡州之始兴、安远二郡，合三郡为东衡州，以安都从弟晓为刺史，安都第三子秘年九岁，上以为始兴内史，安都第三子秘年九岁，上以为始兴内史，并令在乡侍养。其年，改封安都桂阳郡公。

王琳败后，周兵入据巴、湘，安都奉诏西讨。及留异拥据东阳，又奉诏东讨。异本谓台军由钱塘江而上，安都乃步由会稽之诸暨，出于永康。异大恐，奔桃枝岭，处岭谷间，于岩口坚栅，以拒王师。安都作连城攻异，躬自接战，为流矢所中，血流于踝，安都乘舆麾军，容止不变。因其山垅之势，迮而为堰。天嘉三年夏，潦，水涨满，安都引船入堰,起楼舰与异城等,放拍碎其楼雉。异与第二子忠臣脱身奔晋安,安都虏其妻子,尽收其人马甲仗,振旅而归。以功加侍中、征北大将军,增邑并前五千户,仍还本镇。其年,吏民诣阙,表请立碑,颂美安都功绩,诏许之。

自王琳平后,安都勋庸转大,又自以功安社稷,渐用骄矜,数招聚文武之士,或射驭驰骋,或命以诗赋,第其高下,以差次赏赐之。文士则褚介、马枢、阴铿、张正见、徐伯阳、刘删、祖孙登,武士则萧摩诃、裴子烈等,并为之宾客,斋内动至千人。部下将帅,多不遵法度,检问收摄,则奔归安都。世祖性严察,深衔之。安都弗之改,日益骄横,每有表启,封讫,有事未尽,乃开封自书之,云又启某事。及侍宴酒酣,或箕踞倾倚。尝陪乐游禊饮,乃白帝曰:“何如作临川王时?”帝不应。安都再三言之,帝曰:“此虽天命,抑亦明公之力。”宴讫,又启便借供帐水饰,将载妻妾于御堂欢会。世祖虽许其请,甚不怿。明日,安都坐于御坐,宾客居群臣位,称觞上寿。初,重云殿灾,安都率将士带甲入殿,帝甚恶之。自是阴为之备。又周迪之反,朝望当使安都讨之。帝乃使吴明彻讨迪,又频遣台使案问安都部下,检括亡叛,安都内不自安。三年冬,遣其别驾周弘实自托于舍人蔡景历,并问省中事。景历录其状具奏之,希旨称安都谋反。世祖虑其不受制,明年春,乃除安都为都督江、吴二州诸军事、征南大将军、江州刺史。自京口还都,部伍入于石头。世祖引安都宴于嘉德殿,又集其部下将帅会于尚书朝堂,于坐收安都囚于嘉德西省,又收其将帅,尽夺马仗而释之。因出舍人蔡景历表以示于朝,乃诏曰:“昔汉厚功臣,韩、彭肇乱,晋倚蕃牧,敦、约称兵。托六尺于庞萌,野心窃发;寄股肱于霍禹,凶谋潜构。追惟往代,挺逆一揆,永言自古,患难同规。侯安都素乏遥图,本惭令德,幸属兴运,预奉经纶,拔迹行间,假之毛羽,推于偏帅,委以驰逐。位极三槐,任居四岳,名器隆赫,礼数莫俦。而志唯矜己,气在陵上,招聚逋逃,穷极轻狡,无赖无行,不畏不恭。受脤专征,剽掠一逞,推毂所镇,哀敛无厌。寄以徐蕃,接邻齐境,贸迁禁货,鬻卖居民。椎埋发掘,毒流泉壤,睚眦僵尸,罔顾彝宪。朕以爱初缔构,颇著功绩,飞辔代邸,预定嘉谋,所以淹抑有司,每怀遵养,杜绝百辟,日望自新。款襟期于话言,推丹赤于造次,策马甲第,羽林息警,置酒高堂,陛戟无卫。何尝内隐片嫌,去柏人而勿宿,外协猜防,入成皋而不留?而勃戾不悛,骄暴滋甚,招诱文武,密怀异图。去年十二月十一日,获中书舍人蔡景历启,称侯安都去月十日遣别驾周弘实来景历私省宿,访问禁中,具陈反计。朕犹加隐忍,待之如初。爰自北门,迁授南服,受命经停,奸谋益露。今者欲因初镇,将行不轨。此而可忍,孰不可容?赖社稷之灵,近侍诚悫,丑情彰暴,逆节显闻。外可详案旧典,速正刑书,止在同谋,余无所问。"明日,于西省赐死,时年四十四。寻有诏宥其妻子家口,葬以士礼,丧事所须,务加资给。初,高祖在京城,尝与诸将宴,杜僧明、周文育、侯安都为寿,各称功伐。高祖曰:"卿等悉良将也,而并有所短。杜公志大而识暗,狎于下而骄于尊,矜其功不收其拙。周侯交不择人,而推心过差,居危履险,猜防不设。侯郎傲诞而无恢,轻佻肆志。并非全身之道。"卒皆如其言。

　　安都长子敦,年十二为员外散骑侍郎。天嘉二年,堕马卒,追谥桂阳国愍世子。太建三年,高宗追封安都为陈集县侯,邑五百户,子亶为嗣。安都从弟晓,累从安都征讨。有功,官至员外散骑常侍、明威将军、东衡州刺史,怀化县侯,邑五百户。天嘉三年卒,年四十一。

　　史臣曰:杜僧明、周文育并树功业,成于兴运,颇、牧、韩、彭,足可连类矣。侯安都情异向时,权逾曩日,因之以侵暴,加之以纵诞,苟曰非夫逆乱,奚用免于亡灭!昔汉高醢之为赐,宋武拉于坐右,良有以而然也。

陈书卷九
列传第三

侯瑱　欧阳頠 子纥　吴明彻
裴子烈

　　侯瑱字伯玉，巴西充国人也。父弘远，世为西蜀酋豪。蜀贼张文萼据白崖山，有众万人，梁益州刺史郡阳王萧范命弘远讨之。弘远战死，瑱固请复仇，每战必先锋陷阵，遂斩文萼。由是知名。因事范，范委以将帅之任，山谷夷獠不宾附者，并遣瑱征之。累功授轻车府中兵参军、晋康太守。范为雍州刺史，瑱除超武将军、冯翊太守。范迁镇合肥，瑱又随之。

　　侯景围台城，范乃遣瑱辅其世子嗣，入援京邑。京城陷，瑱与嗣退还合肥，仍随范徙镇溢城。俄而范及嗣皆卒，瑱领其众，依于豫章太守庄铁。铁疑之，瑱惧不自安，诈引铁谋事，因而刃之，据有豫章之地。侯景将于庆南略地至豫章，城邑皆下，瑱穷蹙，乃降于庆。庆送瑱于景，景以瑱与己同姓，托为宗族，待之甚厚。留其妻子及弟为质。遣瑱随庆平定蠡南诸郡。及景败于巴陵，景将宋子仙、任约等并为西军所获，瑱乃诛景党与，以应我军，景亦尽诛其弟及妻子。梁元帝授瑱武臣将军、南兖州刺史，郫县侯，邑一千户。仍随都督王僧辩讨景，恒为前锋，每战却敌。既复台城，景奔吴郡，僧辩使瑱率兵追之，与景战于吴松江，大败景，尽获其军实。进兵钱塘，景将谢答仁、吕子荣等皆降。以功除南豫州刺史，镇于姑熟。

　　承圣二年，齐遣郭元建出自濡须，僧辩遣瑱领甲士三千，筑垒于东关以捍之,大败元建。除使持节、镇北将军,给鼓吹一部,增邑二千户。西魏来寇荆州,王僧辩以瑱为前军赴援,未至而荆州陷。瑱之九江,因卫晋安王还都,承制以瑱为侍中、使持节、都督江晋吴齐四州诸军事、江州刺史,改封康乐县公,邑五千户,进号车骑将军。司徒陆法和据郢州,引齐兵来寇,乃使瑱都督众军西讨。未至,法和率其部北度入齐。齐遣慕容恃德镇于夏首,瑱控引西还,水陆攻之。恃德食尽请和,瑱还镇豫章。僧辩使其弟僧愔率兵,与瑱共讨萧勃,及高祖诛僧辩,僧愔阴欲图瑱而夺其军。瑱知之,尽收僧愔徒党,僧愔奔齐。

绍泰二年,以本号加开府仪同三司,余并如故。是时,瑱据中流,兵甚强盛,又以本事王僧辩,虽外示臣节,未有入朝意。初,余孝顷为豫章太守,及瑱镇豫章,乃于新吴县别立城栅,与瑱相拒。瑱留军人妻子于豫章,令从弟奰知后事,悉众以攻孝顷。自夏及冬,弗能克,乃长围守之,尽收其禾稼。奰与其部下俟方儿不协,方儿怒,率所部攻奰,虏掠瑱军府妓妾金玉,归于高祖。瑱既失根本,兵众皆溃,轻归豫章。豫章人拒之,乃趋湓城,投其将焦僧度。僧度劝瑱投齐,瑱以高祖有大量,必能容己,乃诣阙请罪。高祖复其爵位。

永定元年,授侍中、车骑将军。二年,进位司空。王琳至于沌口,周文育、侯安都并没,乃以瑱为都督西讨诸军事。瑱至于梁山,世祖即位,进授太尉,增邑千户。王琳至于栅口,又以瑱为都督,侯安都等并隶焉。瑱与琳相持百余日,未决。天嘉元年二月,东关春水稍长,舟舰得通,琳引合肥巢湖之众,舳舻相次而下,其势甚盛。瑱率军进兽槛洲,琳亦出船列于江西,隔洲而泊。明日合战,琳军少却,退保西岸。及夕,东北风大起,吹其舟舰,舟舰并坏,没于沙中,溺死者数十百人。浪大不得还浦,夜中又有流星坠于贼营。及旦,风静,琳入浦治船,以获船塞于浦口,又以鹿角绕岸,不敢复出。是时,西魏遣大将军史宁蹑其上流,瑱闻之,知琳不能持久,收军却据湖浦,以待其敝。及史宁至,围郢州,琳恐众溃,乃率船舰来下,去芜湖十里而泊,击柝闻于军中。明日,齐人遣兵数万助琳,琳引众向梁山,

欲越官军以屯险要。齐仪同刘伯球率兵万余人助琳水战，行台慕容
恃德子子会领铁骑二千，在芜湖西岸博望山南，为其声势。瑱令军
中晨炊蓐食，分捶荡顿芜湖洲尾以待之。将战，有微风至自东南，众
军施拍纵火。定州刺史章昭达乘平虏大舰，中江而进，发拍中于贼
舰，其余冒突、青龙，各相当值。又以牛皮冒蒙冲小船，以触贼舰，并
溶铁洒之。琳军大败，其步兵在西岸者，自相蹂践，马骑并淖于芦荻
中，弃马脱走以免者十二三。尽获其舟舰器械，并禽齐将刘伯球、慕
容子会，自余俘馘以万计。琳与其党潘纯陁等乘单舴艋，冒阵走至
湓城，犹欲收合离散，众无附者，乃与妻妾左右十余人入齐。

　　其年，诏以瑱为都督湘、巴、郢、江、吴等五州诸军事，镇湓城。
周将贺若敦、独孤盛等寇巴、湘，又以瑱为西讨都督，与盛战于西江
口，大败盛军，虏其人马器械不可胜数。以功授使持节、都督湘桂郢
巴武沅六州诸军事、湘州刺史，改封零陵郡公，邑七千户，余如故。
二年，以疾表求还朝。三月，于道薨，时年五十二，赠侍中、骠骑大将
军、大司马，加羽葆、鼓吹，班剑二十人，给东园秘器，谥曰壮肃。其
年九月，配享高祖庙庭。子净藏嗣。

　　净藏尚世祖第二女富阳公主，以公主除员外散骑侍郎。太建三
年，卒，赠司徒主簿。净藏无子，弟就袭封。

　　欧阳𬱖字靖世，长沙临湘人也。为郡豪族。祖景达，梁代为本
州治中。父僧宝，屯骑校尉。𬱖少质直，有思理，以言行笃信著闻于
岭表。父丧毁瘠甚至。家产累积，悉让诸兄。州郡频辟不应，乃庐
于麓山寺傍，专精习业，博通经史。

　　年三十，其兄逼令从宦，起家信武府中兵参军，迁平西邵陵王
中兵参军事。梁左卫将军兰钦之少也，与𬱖相善，故𬱖常随钦征讨。
钦为衡州，仍除清远太守，钦南征夷獠，擒陈文彻，所获不可胜计，
献大铜鼓，累代所无。𬱖预其功，还为直阁将军，仍除天门太守，伐
蛮左有功。刺史庐陵王萧续深嘉之，引为宾客。钦征交州，复启𬱖
同行。钦度岭以疾终，𬱖除临贺内史，启乞送钦丧还都，然后之任。

时湘、衡之界,五十余洞不宾,敕令衡州刺史韦粲讨之。粲委頠为都督,悉皆平殄。粲启梁武,称頠诚干,降诏褒赏,仍加超武将军,征讨广、衡二州山贼。

侯景构逆,粲自解还都征景,以頠监衡州。京城陷后,岭南互相吞并,兰钦弟前高州刺史裕,攻始兴内史萧绍基,夺其郡。裕以兄钦与頠有旧,遣招之,頠不从,乃谓使云:“高州昆季隆显,莫非国恩,今应赴难援都,岂可自为跋扈?”及高祖入援京邑,将至始兴,頠乃深自结托。裕遣兵攻頠,高祖援之。裕败,高祖以王怀明为衡州刺史,迁頠为始兴内史。高祖之讨蔡路养、李迁仕也,頠率兵度岭,以助高祖。及路养等平,頠有功,梁元帝承制以始兴郡为东衡州,以頠为持节、通直散骑常侍、都督东衡州诸军事、云麾将军、东衡州刺史,新丰县伯,邑四百户。

侯景平,元帝遍问朝宰:“今天下始定,极须良才,卿各举所知。”群臣未有对者。帝曰:“吾已得一人。”侍中王褒进曰:“未审为谁?”帝云:“欧阳頠公正有匡济之才,恐萧广州不肯□之。”乃授武州刺名,寻授郢州刺史,欲令出岭,萧勃留之,不获拜命。寻授使持节、散骑常侍、都督衡州诸军事、忠武将军、衡州刺史,进封始兴县侯。

时萧勃在广州,兵强位重,元帝深患之,遣王琳代为刺史。琳已至小桂岭,勃遣其将孙玚监州,尽率部下至始兴,避琳兵锋。頠别据一城,不往谒勃,闭门高垒,亦不拒战。勃怒,遣兵袭頠,尽收其赀财马仗。寻赦之,还复其所,复与结盟。荆州陷,頠委质于勃。及勃度岭出南康,以頠为前军都督,顿豫章之苦竹滩。周文育击破之,擒送于高祖。高祖释之,深加接待。萧勃死后,岭南扰乱,頠有声南土,且与高祖有旧,乃授頠使持节、通直散骑常侍、都督衡州诸军事、安南将军、衡州刺史,始兴县侯。未至岭南,頠子纥已克定始兴。及頠至岭南,皆慑伏,仍进广州,尽有越地。改授都督广交越成定明新高合罗爱建德宜黄利安石双十九州诸军事、镇南将军、平越中郎将、广州刺史,持节、常侍、侯并如故。节琳据有中流,頠自海道及东岭奉使不绝。永定三年，进授散骑常侍，增都督衡州诸军事，即本号开府仪同三司。世祖嗣位，进号征南将军，改封阳山郡公，邑一千五百户，又给鼓吹一部。

初，交州刺史袁昙缓密以金五百两寄颛，令以百两还合浦太守龚芳，四百两付儿智矩，余人弗之知也。颛寻为萧勃所破，赀财并尽，唯所寄金独在。昙缓亦寻卒，至是颛并依信还之，时人莫不叹伏。其重然诺如此。

时颛弟盛为交州刺史，次弟遥为衡州刺史，合门显贵，名振南土。又多致铜鼓、生口，献奉珍异，前后委积，颇有助于军国焉。颛以天嘉四年薨，时年六十六。赠侍中、车骑大将军、司空、广州刺史，谥曰穆。子纥嗣。

纥字奉圣，颇有干略。天嘉中，除黄门侍郎、员外散骑常侍，累迁安远将军、衡州刺史，袭封阳山郡公，都督交广等十九州诸军事、广州刺史。在州十余年，威惠著于百越。进号轻车将军。光大中，上流蕃镇并多怀贰，高宗以纥久在南服，颇疑之。太建元年，下诏征纥为左卫将军。纥惧，未欲就征，其部下多劝之反，遂举兵攻衡州刺史钱道戢。道戢告变，乃遣仪同章昭达讨纥。屡战兵败，执送京师，伏诛，时年三十三。家口籍没，子询以年幼免。

吴明彻字通昭，秦郡人也。祖景安，齐南谯太守。父树，梁右军将军。明彻幼孤，性至孝。年十四，感坟茔未备，家贫无以取给，乃勤力耕种。时天下亢旱，苗稼焦枯，明彻哀愤，每之田中号泣，仰天自诉。居数日，有自田还者云：“苗已更生。”明彻疑之，谓为给己，及往田所，竟如其言。秋而大获，足充葬用。时有伊氏者，善占墓，谓其兄曰：“君葬之日，必有乘白马逐鹿者，来经坟所，此是最小孝子大贵之征。”至时果有此应。明彻即树之最小子也。起家梁东宫直后。及侯景寇京师，天下大乱，明彻有粟麦三千余斛，而邻里饥馁，乃白诸兄曰：“当今草窃，人不图久，奈何有此，而不与乡家共之？”于是计口平分，同其丰俭，群盗闻而避焉，赖以存者甚众。

　　及高祖镇京口，深相要结，明彻乃诣高祖。高祖为之降阶，执手即席，与论当世之务。明彻亦微涉书史经传，就汝南周弘正学天文、孤虚、遁甲，略通其妙，颇以英雄自许。高祖深奇之。承圣三年，戎昭将军、安州刺史。绍泰初，随周文育讨杜龛、张彪等。东道平，授使持节、散骑常侍、安东将军、南兖州刺史，封安吴县侯。高祖受禅，拜安南将军，仍与侯安都、周文育将兵讨王琳。及众军败没，明彻自拔还京。世祖即位，诏以本官加右卫将军。王琳败，授都督武沅二州诸军事、安西将军、武州刺史，余并如故。周遣大将军贺若敦率马步万余人，奄至武陵，明彻众寡不敌，引军巴陵，仍破周别军于双林。天嘉三年，授安西将军。及周迪反临川，诏以明彻为安南将军、江州刺史，领豫章太守，总督众军以讨迪。明彻雅性刚直，统内不甚和。世祖闻之，遣安成王顼慰晓明彻，令以本号还朝。寻授镇前将军。五年，迁镇东将军、吴兴太守。及引辞之郡，世祖谓明彻曰："吴兴虽郡，帝乡之重，故以相授。君其勉之。"及世祖弗豫，征拜中领军。

　　废帝即位，授领军将军，寻迁丹阳尹。仍诏明彻以甲仗四十人出入殿省。到仲举之矫令出高宗也，毛喜知其谋。高宗疑惧，遣喜与明彻筹焉。明彻谓喜曰："嗣君谅阴，万机多阙，外邻强敌，内有大丧。殿下亲实周、邵，德冠伊、霍，社稷至重，愿留中深计，慎勿致疑。"及湘州刺史华皎阴有异志，诏授明彻使持节、散骑常侍、都督湘桂武三州诸军事、安南将军、湘州刺史，给鼓吹一部，仍与征南大将军淳于量等率兵讨皎。皎平，授开府仪同三司，进爵为公。太建元年，授镇南将军。四年，征为侍中、镇前将军，余并如故。

　　会朝议北伐，公卿互有异同，明彻决策请行。五年，诏加侍中、都督征讨诸军事，仍赐女乐一部。明彻总统众军十余万，发自京师，缘江城镇，相续降款。军至秦郡，克其水栅。齐遣大将尉破胡将兵为援，明彻破走之，斩获不可胜计，秦郡乃降。高宗以秦郡明彻旧邑，诏具太牢，令拜祠上冢，文武羽仪甚盛，乡里以为荣。进克仁州，授征北大将军，进爵南平郡公，增邑并前二千五百户。次平峡石岸二城,进逼寿阳,齐遣王琳将兵拒守。琳至,与刺史王贵显保其外郭。明彻以琳初入,众心未附,乘夜攻之,中宵而溃,齐兵退据相国城及金城。明彻令军中益修□攻具,又迮肥水以灌城。城中苦湿,多腹疾,手足皆肿,死者十六七。会齐遣大将军皮景和率兵数十万来援,去寿春三十里,顿军不进。诸将咸曰:“坚城未拔,大援在近,不审明公计将安出?”明彻曰:“兵贵在速,而彼结营不进,自挫其锋,吾知其不敢战明矣。”于是躬擐甲胄,四面疾攻,城中震恐,一鼓而克,生禽王琳、王贵显、扶风王可朱浑孝裕、尚书卢潜、左丞李骝驺,送京师。景和惶惧遁走,尽收其驼马辎重。琳之获也,其旧部曲多在军中,琳素得士卒心,见者皆歔欷不能仰视,明彻虑其有变,遣左右追杀琳,传其首。诏曰:“寿春者,古之都会,襟带淮、汝,控引河、洛,得之者安,是称要害。侍中、使持节、都督征讨诸军事、征北大将军、开府仪同三司、南平郡开国公明彻,雄图克举,宏略盖世,在昔屯夷,缔构皇业,乃掩衡、岳,用清氛沴,实吞云梦,即叙上游。今兹荡定,恢我王略,风行电扫,貔武争驰,月阵云梯,金汤夺险,威陵殊俗,惠渐边氓。惟功与能,元戎是属,崇麾广赋,茂典恒宜。可都督豫合建光朔北徐六州诸军事、车骑大将军、豫州刺史,增封并前三千五百户,余如故。”诏遣谒者萧淳风,就寿阳册明彻,于城南设坛,士卒二十万,陈旗鼓戈甲,明彻登坛拜受,成礼而退,将卒莫不踊跃焉。初,秦郡属南兖州,后隶谯州。至是,诏以谯之秦、盱眙、神农三郡还属南兖州,以明彻故也。

六年,自寿阳入朝,舆驾幸其第,赐钟磬一部,米一万斛,绢布二千匹。七年,进攻彭城。军至吕梁,齐遣援兵前后至者数万,明彻又大破之。八年,进位司空,余如故。又诏曰:“昔者军事建旌,交锋作鼓,顷日讹替,多乖旧章,至于行阵,不相甄别。今可给司空、大都督铁钺龙麾,其次将各有差。”寻授都督南北兖南北青谯五州诸军事、南兖州刺史。会周氏灭齐,高宗将事徐、兖,九年,诏明彻进军北伐,令其世子戎昭将军、员外散骑侍郎惠觉摄行州事。明彻军至吕梁,周徐州总管梁士彦率众拒战。明彻频破之,因退兵守城,不复敢出。明彻仍迮清水以灌其城，环列舟舰于城下，攻之甚急。周遣上大将军王轨将兵救之。轨轻行自清水入淮口，横流竖木，以铁锁贯车轮，遏断船路。诸将闻之，甚惶恐，议欲破堰拔军，以舫载马。马主裴子烈议曰："若决堰下船，船必倾倒，岂可得乎？不如前遣马出，于事为允。"适会明彻苦背疾甚笃，知事不济，遂从之，乃遣萧摩诃帅马军数千前还。明彻仍自决其堰，乘水势以退军，冀其获济。及至清口，水势渐微，舟舰并不得渡，众军皆溃。明彻穷蹙，乃就执。寻以忧愤遘疾，卒于长安，时年六十七。

至德元年，诏曰："李陵矢竭，不免请降，于禁水涨，犹且生获，固知用兵上术，世罕其人。故侍中、司空、南平郡公明彻，爰初蹑足，乞届元戎，百战百胜之奇，决机决死之勇，斯亦侔于古焉。及拓定淮、肥，长驱彭、汴，覆勍寇如举毛，扫锐师同沃雪，风威慑于异俗，功效著于同文。方欲息驾阴山，解鞍浣海，既而师出已老，数亦终奇，不就结缨之功，无辞入褚之屈，望封崤之为易，冀平翟之非难，虽志在屈伸，而奄中霜露，埋恨绝域，甚可嗟伤。斯事已往，累逢肆赦，凡厥罪戾，皆蒙洒濯，独此孤魂，未沾宽惠，遂使爵土湮没，飨醊无主。弃瑕录用，宜在兹辰。可追封邵陵县开国侯，食邑一千户，以其息惠觉为嗣。"

惠觉历黄门侍郎，以平章大宝功，授丰州刺史。明彻兄子超，字逸世。少倜傥，以干略知名。随明彻征伐，有战功，官至忠毅将军、散骑常侍、桂州刺史，封汝南县侯，邑一千户。卒，赠广州刺史，谥曰节。

裴子烈字大士，河东闻喜人，梁员外散骑常侍猗之子。子烈少孤，有志气。遇梁末丧乱，因习武艺，以骁勇闻。频从明彻征讨，所向必先登陷阵。官至电威将军、北谯太守、岳阳内史，海安县伯，邑三百户。至德四年，卒。

史臣曰：高祖拨乱创基，光启天历，侯瑱、欧阳颁并归身有道，位贵鼎司，美矣。吴明彻居将帅之任，初有军功，及吕梁败绩，为失算也。斯以勇非韩、白，识异孙、吴，遂使蹙境丧师，金陵虚弱，祯明沦覆，盖由其渐焉。

　　《侯瑱传》"分捶荡顿芜湖洲尾"，或本作"分顿"，疑。"吴明彻字通昭"，或本作"通炤"，疑。

陈书卷一〇
列传第四

周铁虎　程灵洗 子文季

周铁虎，不知何许人也，梁世南渡。语音伧重，膂力过人，便马槊。事梁河东王萧誉，以勇敢闻，誉板为府中兵参军。誉为广州刺史，以铁虎为兴宁令。誉迁湘州，又为临蒸令。侯景之乱，元帝于荆州遣世子方等代誉，且以兵临之。誉拒战，大捷，方等死，铁虎功最，誉委遇甚重。及王僧辩讨誉，于阵获铁虎。僧辩命烹之，铁虎呼曰："侯景未灭，奈何杀壮士。"僧辩奇其言，乃宥之，还其麾下。

及侯景西上，铁虎从僧辩克任约，获宋子仙，每战皆有功。元帝承制授仁威将军、潼州刺史，封沌阳县子，邑三百户。又从僧辩克定京邑，降谢答仁，平陆纳于湘州。承圣二年，以前后战功，进爵为侯，增邑并前五百户。仍为散骑常侍，领信义太守，将军如故。高祖诛僧辩，铁虎率所部降，因复其本职。

徐嗣徽引齐寇渡江，铁虎于板桥浦破其水军，尽获甲仗船舸。又攻历阳，袭齐寇步营，并皆克捷，嗣徽平。绍泰二年，迁散骑常侍、严威将军、太子左卫率。寻随周文育于南江拒萧勃，恒为前军。文育又命铁虎偏军，于苦竹滩袭勃前军欧阳颁。又随文育西征王琳，于沌口败绩，铁虎与文育、侯安都并为琳所擒。琳引见诸将，与之语，唯铁虎辞气不屈。故琳尽宥文育之徒，独铁虎见害，时年四十九。高祖闻之，下诏曰："天地之宝，所贵曰生，形魄之徒，所重唯命。至如捐生立节，效命酬恩，追远怀昔，信宜加等。散骑常侍、严威将军、太子左卫率、潼州刺史、领信义太守沌阳县开国侯铁虎，器局沈厚，风力勇壮，北讨南征，竭忠尽力。推锋江夏，致陷凶徒，神气弥雄，肆言无挠。岂直温序见害，方其理须，庞德临危，犹能瞋目。忠贞如此，恻怆兼深。可赠侍中、护军将军、青冀二州刺史，加封一千户，并给鼓吹一部，侯如故。”天嘉五年，世祖又诏曰：“汉室功臣，形写宫观，魏朝猛将，名配宗祧，功烈所以长存，世代因之不朽。故侍中、护军将军、青冀二州刺史、沌阳县开国侯铁虎，诚节梗亮，力用雄敢，王业初基，行间累及，垂翅贼垒，正色寇庭，古之遗烈，有识同壮。陨身不屈，虽隆荣等，营魂易远，言追嘉惜。宜仰陪堨寝，恭颂飨奠。可配食高祖庙庭。”子瑜嗣。

时有盱眙马明，字世朗，梁世事鄱阳嗣王萧范。侯景之乱，据庐江之东界，拒贼临城栅。元帝授散骑常侍、平北将军、北兖州刺史，领庐江太守。荆州陷没，归于高祖。绍泰中，复官位，封西华县侯，邑二千户。亦随文育西征王琳，于沌口军败，明力战死之。赠使持节、征西将军、郢州刺史。

程灵洗字玄涤，新安海宁人也。少以勇力闻，步行日二百余里，便骑善游。梁末，海宁、黟、歙等县及鄱阳、宣城郡界多盗贼，近县苦之。灵洗素为乡里所畏伏，前后守长，恒使召募少年，逐捕劫盗。

侯景之乱，灵洗聚徒据黟、歙以拒景。景军据有新安，新安太守湘西乡侯萧隐奔依灵洗，灵洗奉以主盟。梁元帝于荆州承制，又遣使间道奉表。刘神茂自东阳建义拒贼，灵洗攻下新安，与神茂相应。元帝授持节、通直散骑常侍、都督新安郡诸军事、云麾将军、谯州刺史资，领新安太守，封巴丘县侯，邑五百户。神茂为景所破，景偏帅吕子荣进攻新安，灵洗退保黟、歙。及景败，子荣退走，灵洗复据新安。进军建德，擒贼帅赵桑乾。以功授持节、散骑常侍、都督青冀二州诸军事、青州刺史，增邑并前一千户，将军、太守如故。

仍令灵洗率所部下扬州，助王僧辩镇防。迁吴兴太守，未行，僧辩命灵洗从侯瑱西援荆州。荆州陷，还都。高祖诛僧辩，灵洗率所领来援，其徒力战于石头西门，军不利，遣使招谕，久之乃降。高祖深义之。绍泰元年，授使持节、信武将军、兰陵太守，常侍如故，助防京口。及平徐嗣徽，灵洗有功，除南丹阳太守，封遂安县侯，增邑并前一千五百户，仍镇采石。

随周文育西讨王琳，于沌口败绩，为琳所拘。明年，与侯安都等逃归。兼丹阳尹，出为高唐、太原二郡太守，仍镇南陵。迁太子左卫率。高祖崩，王琳前军东下，灵洗于南陵破之，虏其兵士，并获青龙十余乘。以功授持节、都督南豫州缘江诸军事、信武将军、南豫州刺史。侯瑱等败王琳于栅口，灵洗乘胜逐北，据有鲁山。征为左卫将军，余如故。天嘉四年，周迪重寇临川，以灵洗为都督，自鄱阳别道击之，迪又走山谷间。五年，迁中护军，常侍如故。出为使持节、都督郢巴武三州诸军事、宣毅将军、郢州刺史。废帝即位，进号云麾将军。华皎之反也，遣使招诱灵洗。灵洗斩皎使，以状闻，朝廷深嘉其忠，增其守备，给鼓吹一部，因推心待之，使其子文季领水军助防。是时，周遣其将长胡公拓跋定率步骑二万，助皎攻围灵洗。灵洗婴城固守。及皎退，乃出军蹑定，定不获济江，以其众降。因进攻周沔州，克之，擒其刺史裴宽。以功进号安西将军，改封重安县公，增邑并前二千户。

灵洗性严急，御下甚苛刻，士卒有小罪，必以军法诛之，造次之间，便加捶挞，而号令分明，与士卒同甘苦，众亦以此依附。性好播植，躬勤耕稼，至于水陆所宜，刈获早晚，虽老农不能及也。伎妾无游手，并督之纺绩。至于散用赏财，亦弗俭吝。光大二年，卒于州，时年五十五。赠镇西将军、开府仪同三司，谥曰忠壮。太建四年，诏配享高祖庙庭。子文季嗣。

文季字少卿，幼习骑射，多干略，果决有父风。弱冠从灵洗征讨，必前登陷阵。灵洗与周文育、侯安都等败于沌口，为王琳所执。高祖召陷贼诸将子弟厚遇之，文季最有礼容，深为高祖所赏。永定中，累迁通直散骑侍郎、句容令。世祖嗣位，除宣惠始兴王府限内中直兵参军。是时，王为扬州刺史，镇冶城，府中军事，悉以委之。

天嘉二年，除贞毅将军、新安太守，仍随侯安都东讨留异。异党向文政据有新安，文季率精甲三百，轻往攻之。文政遣其兄子瓒来拒，文季与战，大破瓒军，文政乃降。三年，始兴王伯茂出镇东州，复以文季为镇东府中兵参军，带剡令。四年，陈宝应与留异连结，又遣兵随周迪更出临川，世祖遣信义太守余孝顷自海道袭晋安，文季为之前军，所向克捷。陈宝应平，文季战功居多，还，转府谘议参军，领中直兵。出为临海太守。寻乘金翅助父镇郢城。华皎平，灵洗及文季并有捍御之功。及灵洗卒，文季尽领其众，起为超武将军，仍助防郢州。文季性至孝，虽军旅夺礼，而毁瘠甚至。太建二年，为豫章内史，将军如故。服阕，袭封重安县公。

随都督章昭达率军往荆州征萧岿。岿与周军多造舟舰，置于青泥水中。时水长漂疾，昭达乃遣文季共钱道戢轻舟袭之，尽焚其舟舰。昭达因萧岿等兵稍息，又遣文季夜入其外城，杀伤甚众，既而周兵大出，巴陵内史雷道勤拒战死之，文季仅以身免。以功加通直散骑常侍、安远将军，增邑五百户。

五年，都督吴明彻北讨秦郡。秦郡前江浦通涂水，齐人并下大柱为杙，栅水中，乃前遣文季领骁勇拔开其栅，明彻率大军自后而至，攻秦郡克之。又别遣文季图泾州，屠其城。进攻盱眙，拔之。仍随明彻围寿阳。

文季临事谨急，御下严整，前后所克城垒，率皆迮水为堰，土木之功，动逾数万。每置阵役人，文季必先诸将，夜则早起，迄暮不休，军中莫不服其勤干。每战恒为前锋，齐军深惮之，谓为程兽。以功除散骑常侍、明威将军，增邑五百户，又带新安内史，进号武毅将军。八年，为持节、都督谯州诸军事、安远将军、谯州刺史。其年，又督北徐仁州诸军事、北徐州刺史，余并如故。九年，又随明彻北讨于吕梁，作堰，事见明彻传。

十年春，败绩，为周所囚，仍授开府仪同三司。十一年，自周逃归，至涡阳为边吏所执，还送长安，死于狱中。后主是时既与周绝，不之知也。至德元年，后主始知之，追赠散骑常侍。寻又诏曰："故散骑常侍、前重安县开国公文季，纂承门绪，克荷家声。早岁出军，虽非元帅，启行为最，致果有闻，而覆丧车徒，允从黜削。但灵洗之立功捍御，久而见思，文季之埋魂异域，有足可悯。言念劳旧，伤兹废绝，宜存庙食，无使馁而。可降封重安县侯，邑一千户，以子飨袭封。"

史臣曰：程灵洗父子并御下严苛，治兵整肃，然与众同其劳苦，匪私财利，士多依焉，故临戎克办矣。

陈书卷一一
列传第五

黄法氍　淳于量　章昭达

　　黄法氍字仲昭，巴山新建人也。少劲捷有胆力，步行日三百里，距跃三丈。颇便书疏，闲明簿领，出入郡中，为乡闾所惮。

　　侯景之乱，于乡里合徒众。太守贺诩下江州，法氍监知郡事。高祖将逾岭入援建业，李迁仕作梗中途。高祖命周文育屯于西昌，法氍遣兵助文育。时法氍出顿新淦县，景遣行台于庆至豫章。庆分兵来袭新淦，法氍拒战，败之。高祖亦遣文育进军讨庆，文育疑庆兵强未敢进，法氍率众会之，因进克笙屯，俘获甚众。

　　梁元帝承制授超猛将军、交州刺史资，领新淦县令，封巴山县子，邑三百户。承圣三年，除明威将军、游骑将军，进爵为侯，邑五百户。贞阳侯僭位，除左骁骑将军。敬帝即位，改封新建县侯，邑如前。太平元年，割江州四郡置高州，以法氍为使持节、散骑常侍、都督高州诸军事、信武将军、高州刺史，镇于巴山。萧勃遣欧阳颁攻法氍，法氍与战，破之。永定二年，王琳遣李孝钦、樊猛、余孝顷攻周迪，且谋取法氍，法氍率兵援迪，擒孝顷等三将，进号宣毅将军，增邑并前一千户，给鼓吹一部。又以拒王琳功，授平南将军、开府仪同三司。熊昙朗于金口反，害周文育，法氍共周迪讨平之，语在昙朗传。世祖嗣位，进号安南将军。天嘉二年，周迪反，法氍率兵会都督吴明彻，讨迪于工塘。迪平，法氍功居多，征为使持节、散骑常侍、都督南徐州诸军事、镇北大将军、南徐州刺史，仪同、鼓吹并如故。未拜，寻又改授都督江吴二州诸军事、镇南大将军、江州刺史。六年，征为中卫大将军。废帝即位，进爵为公，给扶。光大元年，出为使持节、都督南徐州诸军事、镇北将军、南徐州刺史。二年，徙为都督郢巴武三州诸军事、镇西将军、郢州刺史，持节如故。太建元年，进号征西大将军。二年，征为侍中、中权大将军。四年，出为使持节、散骑常侍、都督南豫州诸军事、征南大将军、南豫州刺史。

五年，大举北伐，都督吴明彻出秦郡，以法氍为都督，出历阳。齐遣其历阳王步骑五万来援，于小岘筑城，法氍遣左卫将军樊毅分兵于大岘御之，大破齐军，尽获人马器械。于是乃为拍车及步舰，竖拍以逼历阳。历阳人窘蹙乞降，法氍缓之，则又坚守。法氍怒，亲率士卒攻城，施拍加其楼堞。时又大雨，城崩，克之，尽诛戍卒。进兵合肥，望旗降款，法氍不令军士侵掠，躬自抚劳，而与之盟，并放还北。以功加侍中，改封义阳郡公，邑二千户。

其年，迁都督合霍二州诸军事、征西大将军、合州刺史，增邑五百户。七年，徙都督豫建光朔合北徐六州诸军事、豫州刺史，镇寿阳，侍中、散骑常侍、持节、将军、仪同、鼓吹、扶并如故。八年十月，薨，时年五十九。赠侍中、中权大将军、司空，谥曰威。子玩嗣。

淳于量字思明。其先济北人也，世居京师。父文成，仕梁为将帅，官至光烈将军、梁州刺史。量少善自居处，伟姿容，有干略，便弓马。

梁帝为荆州刺史，文成分量人马，令往事焉。起家湘东王国常侍，兼西中郎府中兵参军。累迁府佐、常兼中兵、直兵者十余载，兵甲士卒，盛于府中。

荆、雍之界，蛮左数反，山帅文道期积为边患，中兵王僧辩征之，频战不利，遣量助之。量至，与僧辩并力，大破道期，斩其酋长，俘虏万计。以功封广晋县男，邑三百户，授涪陵太守。历为新兴、武宁二郡太守。

侯景之乱，梁元帝凡遣五军入援京邑，量预其一。台城陷，量还荆州。元帝承制以量为假节、通直散骑常侍、都督巴州诸军事、信威将军、巴州刺史。侯景西上攻巴州，元帝使都督王僧辩入据巴陵。量与僧辩并力拒景，大败景军，擒其将任约。进攻郢州，获宋子仙。仍随僧辩克平侯景。承圣元年，以功授左卫将军，封谢沐县侯，邑五百户。寻出为持节、都督桂定东西宁等四州诸军事、信威将军、安远护军、桂州刺史。

荆州陷，量保据桂州。王琳拥割湘、郢，累遣召量，量外虽与琳往来，而别遣使从间道归于高祖。高祖受禅，授持节、散骑常侍、平西大将军，给鼓吹一部，都督、刺史并如故。寻进号镇南将军，仍授都督、镇西大将军、开府仪同三司。世祖嗣位，进号征南大将军。王琳平后，频请入朝。天嘉五年，征为中抚大将军，常侍、仪同、鼓吹并如故。量所部将帅，多恋本土，并欲逃入山谷，不愿入朝。世祖使湘州刺史华皎征衡州界黄洞，且以兵迎量。天康元年，至都，以在道淹留，为有司所奏，免仪同，余并如故。光大元年，给鼓吹一部。华皎构逆，以量为使持节、征南大将军、西讨大都督，总率大舰自郢州樊浦拒之。皎平，并降周将长胡公拓跋定等。以功授侍中、中军大将军、开府仪同三司，进封醴陵县公，增邑一千户。未拜，出为使持节、都督南徐州诸军事、镇北将军、南徐州刺史，侍中、仪同、鼓吹并如故。太建元年，进号征北大将军，给扶。三年，坐就江阴王萧季卿买梁陵中树，季卿坐免，量免侍中。寻复加侍中。五年，征为中护大将军，侍中、仪同、鼓吹、扶并如故。

吴明彻之西伐也，量赞成其事，遣第六子岑率所领从军。淮南克定，宣改封始安郡公，增邑一千五百户。六年，出为使持节、都督郢巴南司定四州诸军事、征西大将军、郢州刺史，侍中、仪同、鼓吹、扶并如故。七年，征为中军大将军、护军将军。九年，以公事免侍中。寻复加侍中。十年，吴明彻陷没，加量使持节、都督水陆诸军事，仍授散骑常侍、都督南北兖谯三州诸军事、车骑将军、南兖州刺史，余并如故。十三年，加左光禄大夫，增邑五百户，余并如故。十四年四月，薨，时年七十二。赠司空。

章昭达字伯通,吴兴武康人也。祖道盖,齐广平太守。父法尚,梁扬州议曹从事。昭达性倜傥,轻财尚气。少时尝遇相者,谓昭达曰:"卿容貌甚善,须小亏损,则当富贵。"梁大同中,昭达为东宫直后,因醉坠马,鬓角小伤。昭达喜之,相者曰"未也"。及侯景之乱,昭达率募乡人援台城,为流矢所中,眇其一目。相者见之,曰:"卿相善矣,不久当贵。"

京城陷,昭达还乡里,与世祖游,因结君臣之分。侯景平,世祖为吴兴太守,昭达杖策来谒世祖。世祖见之大喜,因委以将帅,恩宠优渥,超于侪等。及高祖讨王僧辩,令世祖还长城,招聚兵众,以备杜龛,频使昭达往京口,禀承计画。僧辩诛后,龛遣其将杜泰来攻长城,世祖拒之,命昭达总知城内兵事。及杜泰退走,因从世祖东进,军吴兴,以讨杜龛。龛平,又从世祖东讨张彪于会稽,克之。累功除明威将军、定州刺史。是时,留异拥据东阳,私署守宰。高祖患之,乃使昭达为长山县令,居其心腹。永定二年,除武康令。世祖嗣位,除员外散骑常侍。天嘉元年,追论长城之功,封欣乐县侯,邑一千户。寻随侯安都等拒王琳于沌口,战于芜湖。昭达乘平虏大舰,中流而进,先锋发拍中于贼舰。王琳平,昭达册勋第一。二年,除使持节、散骑常侍、都督郢巴武沅四州诸军事、智武将军、郢州刺史,增邑并前千五百户。寻进号平西将军。

周迪据临川反,诏令昭达便道征之。及迪败走,征为护军将军,给鼓吹一部,改封邵武县侯,增邑并前二千户,常侍如故。四年,陈宝应纳周迪,复共寇临川。又以昭达为都督讨迪。至东兴岭,而迪又退走。昭达仍逾岭,顿于建安,以讨陈宝应。宝应据建安、晋安二郡之界,水陆为栅,以拒官军。昭达与战不利,因据其上流,命军士伐木带枝叶为筏,施拍于其上,缀以大索,相次列营,夹于两岸。宝应数挑战,昭达按甲不动。俄而暴雨,江水大长,昭达放筏冲突宝应水栅,水栅尽破。又出兵攻其步军。方大合战,会世祖遣余孝顷出自海道,适至,因并力乘之。宝应大溃,遂克定闽中,尽擒留异、宝应等。以功授镇前将军、开府仪同三司。

初，世祖尝梦昭达升于台铉，及旦，以梦告之。至是，侍宴，世祖顾昭达曰："卿忆梦不？何以偿梦？"昭达对曰："当效犬马之用，以尽臣节，自余无以奉偿。"寻又出为使持节、都督江郢吴三州诸军事、镇南将军、江州刺史，常侍、仪同、鼓吹如故。废帝即位，迁侍中、征南将军，改封邵陵郡公。华皎之反也，其移书文檄，并假以昭达为辞，又频遣使招之。昭达尽执其使，送于京师。皎平，进号征南大将军，增邑并前二千五百户。秩满，征为中抚大将军，侍中、仪同、鼓吹如故。高宗即位，进号车骑大将军。以还朝迟留，为有司所劾，降号车骑将军。

欧阳纥据有岭南反，诏昭达都督众军讨之。昭达倍道兼行，达于始兴。纥闻昭达奄至，惶扰不知所为，乃出顿洭口，多聚沙石，盛以竹笼，置于水栅之外，用遏舟舰。昭达居其上流，装舻造拍，以临贼栅。又令军人衔刀潜行水中，以斫竹笼，笼篾皆解。因纵大舰随流突之，贼众大败，因而擒纥，送于京师，广州平。以功进车骑大将军，迁司空，余并如故。

太建二年，率师征萧岿于江陵。时萧岿与周军大蓄舟舰于青泥中，昭达分遣偏将钱道戢、程文季等，乘轻舟袭之，焚其舟舰。周兵又于峡下南岸筑垒，名曰安蜀城，于江上横引大索，编苇为桥，以度军粮。昭达乃命军士为长戟，施于楼船之上，仰割其索。索断粮绝，因纵兵以攻其城，降之。三年，遘疾，薨，时年五十四。赠大将军，增邑五百户，给班剑二十人。

昭达性严刻，每奉命出征，必昼夜倍道。然有所克捷，必推功将帅，厨膳饮食，并同于群下，将士亦以此附之。每饮会，必盛设女伎杂乐，备尽羌胡之声，音律姿容，并一时之妙，虽临对寇敌，旗鼓相望，弗之废也。四年，配享世祖庙庭。

子大宝袭封邵陵郡公，累官至散骑常侍、护军，出为丰州刺史。在州贪纵，百姓怨酷，后主以太仆卿李晕代之。至德三年四月，晕将到州，大宝乃袭杀晕，举兵反，遣其将杨通寇建安。建安内史吴慧觉据郡城拒之。通累攻不克，官军稍近，人情离异。大宝计穷，乃与通俱逃。台军主陈景详率兵追蹑大宝。大宝既入山，山路阻险，不复能行，通背负之，稍进。寻为追兵所及，生擒送都，于路死，传首枭于朱雀航，夷三族。

史臣曰：黄法氍、淳于量值梁末丧乱，刘、项未分，其有辩明暗、见是非者盖鲜。二公达向背之理，位至鼎司，亦其智也。昭达与世祖乡壤惟旧，义等邓、萧，世祖篡历，委任隆重，至于战胜攻取，累平寇难，斯亦良臣良将，一代之吴、耿矣。

陈书卷一二
列传第六

胡颖　徐度 子敬成　杜棱
沈恪

胡颖字方秀，吴兴迁人也。其先寓居吴兴，土断为民。

颖伟姿容，性宽厚。梁世仕至武陵国侍郎，东宫直前。出番禺，征讨俚洞，广州西江督护高祖在广州，颖仍自结高祖。高祖与其同郡，接遇甚隆。及南征交址，颖从行役，余诸将帅，皆出其下。及平李贲，高祖旋师，颖隶在西江，出兵多以颖留守。

侯景之乱，高祖克元景仲，仍渡岭援台，平蔡路养、李迁仕，颖皆有功。历平固、遂兴二县令。高祖进军顿西昌，以颖为巴丘县令，镇大皋，督粮运。下至豫章，以颖监豫章郡。高祖率众与王僧辩会于白茅湾，同讨侯景，以颖知留府事。

梁承圣初，元帝授颖假节、铁骑将军、罗州刺史，封汉阳县侯，邑五百户。寻除豫章内史，随高祖镇京口。齐遣郭元建出关，都督侯瑱率师御之。高祖选府内骁勇三千人配颖，令随瑱，于东关大破之元建。三年，高祖围广陵，齐人东方光据宿预请降，以颖为五原太守，随杜僧明援光，不克，退还，除曲阿令。寻领马军，从高祖袭王僧辩。又随周文育于吴兴讨杜龛。绍泰元年，除假节、都督南豫州诸军事、轻车将军、南豫州刺史。太平元年，除持节、散骑常侍、仁威将军，寻兼丹阳尹。

高祖受禅，兼左卫将军，余如故。永定三年，随侯安都征王琳，于宫亭破贼帅常众爱等。世祖嗣位，除侍中、都督吴州诸军事、宣惠将军、吴州刺史。不行，寻为义兴太守，将军如故。天嘉元年，除散骑常侍、吴兴太守。其年六月，卒，时年五十四。赠侍中、中护军，谥曰壮。二年，配享高祖庙庭。子六同嗣。

颖弟铄，亦随颖将军。颖卒，铄统其众。历东海、豫章二郡守，迁员外散骑常侍。随章昭达南平欧阳纥，为广州东江督护。还预北伐，除雄信将军、历阳太守。太建六年，卒，赠桂州刺史。

徐度字孝节，安陆人也，世居京师。少倜傥，不拘小节。及长，姿貌环伟，嗜酒好博，恒使僮仆屠酤为事。

梁始兴内史萧介之郡，度从之，将领士卒，征诸山洞，以骁勇闻。高祖征交址，厚礼招之，度乃委质。侯景之乱，高祖克定广州，平蔡路养，破李迁仕，计画多出于度。兼统兵甲，每战有功。归至白茅湾，梁元帝授宁朔将军、合州刺史。侯景平后，追录前后战功，加通直散骑常侍，封广德县侯，邑五百户。迁散骑常侍。高祖镇朱方，除信武将军、兰陵太守。高祖遣衡阳献王平荆州，度率所领从焉。江陵陷，间行东归。高祖平王僧辩，度与侯安都为水军。绍泰元年，高祖东讨杜龛，奉敬帝幸京口，以度领宿卫，并知留府事。徐嗣徽、任约等来寇，高祖与敬帝还都。时贼已据石头城，市廛居民并在南路，去台遥远，恐为贼所乘，乃使度将兵镇于冶城寺，筑垒以断之。贼悉众来攻，不能克。高祖寻亦救之，大败约等。明年，嗣徽等又引齐寇济江，度随众军破之于北郊坛。以功除信威将军、郢州刺史，兼领吴兴太守。寻迁镇右将军、领军将军、徐州缘江诸军事、镇北将军、南徐州刺史，给鼓吹一部。周文育、侯安都等西讨王琳，败绩，为琳所拘。乃以度为前军都督，镇于南陵。世祖嗣位，迁侍中、中抚军将军、开府仪同三司，进爵为公。未拜，出为使持节、散骑常侍、镇东将军、吴郡太守。天嘉元年，增邑千户。以平王琳功，改封湘东郡公，邑四千户。秩满，为侍中、中军将军。出为使持节、都督会稽东阳临海永嘉新安新宁信安晋安建安九郡诸军事、镇东将军、会稽太守。未行，而太尉侯瑱薨于湘州，乃以度代瑱为都督湘沅武巴郢桂六州诸军事、镇南将军、湘州刺史。秩满，为侍中、中军大将军，仪同、鼓吹并如故。世祖崩，度预顾命，以甲仗五十人入殿省。废帝即位，进位司空。华皎据湘州反，引周兵下至沌口，与王师相持。乃加度持节、车骑将军，总督步军自安成郡由岭路出于湘东，以袭湘州，尽获其所留军人家口以归。

光大二年，薨，时年六十。赠太尉，给班剑二十人，谥曰忠肃。太建四年，配享高祖庙庭。子敬成嗣。

敬成幼聪慧，好读书，少机警，善占对，结交文义之士，以识鉴知名。起家著作郎。永定元年，领度所部士卒，随周文育、侯安都征王琳，于沌口败绩，为琳所絷。二年，随文育、安都得归，除太子舍人，迁洗马。敬成父度为吴郡太守，以敬成监郡。天嘉二年，迁太子中舍人，拜湘东郡公世子。四年，度自湘州还朝，士马精锐，敬成尽领其众。随章昭达征陈宝应，晋安平，除贞威将军、豫章太守。光大元年，华皎谋反，以敬成为假节、都督巴州诸军事、云旗将军、巴州刺史。寻诏为水军，随吴明彻征华皎。皎平，还州。太建二年，以父忧去职。寻起为持节、都督南豫州诸军事、壮武将军、南豫州刺史。四年，袭爵湘东郡公，授太子右卫率。五年，除贞威将军、吴兴太守。其年，随都督吴明彻北讨，出秦郡，别遣敬成为都督，乘金翅自欧阳引埭上溯江由广陵。齐人皆城守，弗敢出。自繁梁湖下淮，围淮阴城。仍监北兖州。淮、泗义兵相率响应，一二日间，众至数万，遂克淮阴、山阳、盐城三郡，并连口、朐山二戍。仍进攻郁州，克之。以功加通直散骑常侍、云旗将军，增邑五百户。又进号壮武将军，镇朐山。坐于军中辄科订，并诛新附，免官。寻复为持节、都督安元潼三州诸军事、安州刺史，将军如故，镇宿预。七年卒，时年三十六。赠散骑常侍，谥曰思。子敞嗣。

杜棱字雄盛，吴郡钱塘人也，世为县大姓。棱颇涉书传，少落泊，不为当世所知。遂游岭南，事梁广州刺史新渝侯萧映。映卒，从高祖，恒典书记。

侯景之乱，命棱将领，平蔡路养、李迁仕，皆有功。军至豫章，梁元年承制授棱仁威将军、石州刺史，上陌县侯，邑八百户。侯景平，高祖镇朱方，棱监义兴、琅邪二郡。高祖诛王僧辩，引棱与侯安都等共议，棱难之。高祖具其泄己，乃以手巾绞棱，棱闷绝于地，因闭于别室。军发，召与同行。及僧辩平后，高祖东征杜龛等，留棱与安都居守。徐嗣徽、任约引齐寇济江攻台城，安都与棱随方抗拒，棱昼夜巡警，绥抚士卒，未常解带。贼平，以功除通直散骑常侍、右卫将军、丹阳尹。永定元年，加侍中、忠武将军。寻迁中领军，侍中、将军如故。三年，高祖崩，世祖在南皖。时内无嫡嗣，外有强敌，侯瑱、侯安都、徐度等并在军中，朝廷宿将，唯棱在都，独典禁兵。乃与蔡景历等秘不发丧，奉迎世祖。事见景历传。世祖即位，迁领军将军。天嘉元年，以预建立之功，改封永城县侯，增邑五百户。出为云麾将军，晋陵太守，加秩中二千石。二年，征为侍中、领军将军。寻迁翊左将军、丹阳尹。废帝即位，迁镇右将军、特进，侍中、尹如故。光大元年，解尹，量置佐史，给扶，重授领军将军。太建元年，出为散骑常侍、镇东将军、吴兴太守，秩中二千石。二年，征为侍中、镇右将军。寻加特进、护军将军。三年，以公事免侍中、护军。四年，复为侍中、右光禄大夫，并给鼓吹一部，将军、佐史、扶并如故。

棱历事三帝，并见恩宠，末年不预征役，优游京师，赏赐优洽。顷之，卒于官，时年七十。赠开府仪同三司，丧事所须，并令资给，谥曰成。其年配享高祖庙庭。子安世嗣。

沈恪字子恭，吴兴武康人也。深沈有干局。

梁新渝侯萧映为郡将，召为主簿。映迁北徐州，恪随映之镇。映迁广州，以恪兼府中兵参军，常领兵讨伐俚洞。卢子略之反也，恪拒战有功，除中兵参军。高祖与恪同郡，情好甚昵。萧映卒后，高祖南讨李贲，仍遣妻子附恪还乡。寻补东宫直后，以岭南勋，除员外散骑侍郎，仍令招集宗从子弟。侯景围台城，恪率所领入台，随例加右军将军。贼起东西二土山，以逼城，城内亦作土山以应之。恪为东土山主，昼夜拒战。以功封东兴县侯，邑五百户。迁员外散骑常侍。京城陷，恪间行归乡里。高祖之讨侯景，遣使报恪，乃于东起兵相应。贼平，恪谒高祖于京口，即日授都军副。寻为府司马。及高祖谋讨王僧辩，恪预其谋。时僧辩女婿杜龛镇吴兴，高祖乃使世祖还长城，立栅备龛，又使恪还武康，招集兵众。及僧辩诛，龛果遣副将杜泰率众袭世祖于长城。恪时已率兵士出县，诛龛党与，高祖寻遣周文育来援长城。文育至，泰乃遁走。世祖仍与文育进军出郡，恪军亦至，屯于郡南。及龛平，世祖袭东扬州刺史张彪，以恪监吴兴郡。太平元年，除宣猛将军、交州刺史。其年，迁永嘉太守。不拜，复令监吴兴郡。自吴兴入朝。

　　高祖受禅，使中书舍人刘师知引恪，令勒兵入辞，因卫敬帝如别宫。恪乃排闼入见高祖，叩头谢曰："恪身经事萧家来，今日不忍见许事，分受死耳，决不奉命。"高祖嘉其意，乃不复逼，更以荡主王僧志代之。高祖践祚，除吴兴太守。永定二年，徙监会稽郡，会余孝顷谋应王琳，出兵临川攻周迪，以恪为壮武将军，率兵逾岭以救迪。余孝顷闻恪至，退走。三年，迁使持节、通直散骑常侍、智武将军、吴州刺史，便道之鄱阳。寻有诏追还，行会稽郡事。其年，除散骑常侍、忠武将军、会稽太守。世祖嗣位，进督会稽、东阳、新安、临海、永嘉、建安、晋安、新宁、信安九郡诸军事，将军、太守如故。天嘉元年，增邑五百户。二年，征为左卫将军，俄出为都督郢武巴定四州诸军事、军师将军、郢州刺史。六年，征为中护军，寻迁护军将军。光大二年，迁使持节、都督荆武佑三州诸军事、平西将军、荆州刺史。未之镇，改为护军将军。高宗即位，加散骑常侍、都督广衡东衡交越成定新合罗爱德宜黄利安石双等十八州诸军事、镇南将军、平越中郎将、广州刺史。恪未至岭，前刺史欧阳纥举兵拒险，恪不得进。朝廷遣司空章昭达督众军讨纥。纥平，乃得入州。州罹兵荒，所在残毁，恪绥怀安缉，被以恩惠，岭表赖之。太建四年，征为领军将军。及代还，以途远不时至，为有司所奏，免。十一年，起为散骑常侍、卫尉卿。其年,授平北将军、假节、监南兖州。十二年,改授散骑常侍、翊右将军、监南徐州。又遣电威将军裴子烈领马五百匹,助恪缘江防戍。明年,入为卫尉卿,常侍、将军如故。寻加侍中,迁护军将军。

后主即位,以疾改授散骑常侍、特进、金紫光禄大夫。其年,卒,时年七十四。赠翊左将军,诏给东园秘器,仍出举哀,丧事所须,并令资给,谥曰元。子法兴嗣。

史臣曰:胡颖、徐度、杜棱、沈恪并附骐骥而腾跃,依日月之光辉,始觏王佐之才,方悟公辅之量,生则肉食,终以配飨。盛矣哉!

陈书卷一三
列传第七

徐世谱　　鲁悉达　　周敷
荀郎　　子法尚　　周炅

徐世谱字兴宗，巴东鱼复人也。世居荆州，为主帅，征伐蛮、蜓。至世谱，尤敢勇有膂力，善水战。

梁元帝之为荆州刺史，世谱将领乡人事焉。侯景之乱，因预征讨，累迁至员外散骑常侍。寻领水军，从司徒陆法和讨景，与景战于赤亭湖。时景军甚盛，世谱乃别造楼船、拍舰、火舫、水车以益军势。将战，又乘大舰居前，大败景军，生擒景将任约。景退走。因随王僧辩攻郢州。世谱复乘大舰临其仓门，贼将宋子仙据城降。以功除使持节、信武将军、信州刺史，封鱼复县侯，邑五百户。仍随僧辩东下，恒为军锋。又破景将侯鉴于湖熟。侯景平后，以功除通直散骑常侍、衡州刺史资，领河东太守，增邑并前一千户。西魏来寇荆州，世谱镇马头岸，据有龙洲。元帝授侍中、使持节、都督江南诸军事、镇南将军、护军将军，给鼓吹一部。江陵陷没，世谱东下依侯瑱。绍泰元年，征为侍中、左卫将军。高祖之拒王琳，其水战之具，悉委世谱。世谱性机巧，谙解旧法，所造器械，并随机损益，妙思出人。永定二年，迁护军将军。世祖嗣位，加特进，进号安右将军。天嘉元年，增邑五百户。二年，出为使持节、散骑常侍、都督宣城郡诸军事、安西将军、宣城太守，秩中二千石。还为安前将军、右光禄大夫。寻以疾失明，谢病不朝。四年，卒，时年五十五。赠本官，谥曰桓侯。

世谱从弟世休，随世谱自梁征讨，亦有战功，官至员外散骑常侍、安远将军，枳县侯，邑八百户。光大二年，隶都督淳于量征华皎。卒，赠通直散骑常侍，谥曰壮。

鲁悉达字志通，扶风郿人也。祖斐，齐通直散骑常侍、安远将军、衡州刺史，阳塘侯。父益之，梁云麾将军、新蔡义阳二郡太守。

悉达幼以孝闻，起家为梁南平嗣王中兵参军。侯景之乱，悉达纠合乡人，保新蔡，力田蓄谷。时兵荒饥馑，京都及上川饿死者十八九，有得存者，皆携老幼以归焉。悉达分给粮廪，其所济活者甚众。仍于新蔡置顿以居之，招集晋熙等五郡，尽有其地。使其弟广达领兵随王僧辩讨侯景。景平，梁元帝授持节、仁威将军、散骑常侍、北江州刺史。敬帝即位，王琳据有上流，留异、余孝顷、周迪等所在锋起。悉达抚绥五郡，甚得民和，士卒皆乐为之用。琳授悉达镇北将军，高祖亦遣赵知礼授征西将军、江州刺史，各送鼓吹、女乐。悉达两受之，迁延顾望，皆不就。高祖遣安西将军沈泰潜师袭之，不能克。齐遣行台慕容绍宗以众三万来攻郁口诸镇，兵甲甚盛，悉达与战，败齐军，绍宗仅以身免。王琳欲图东下，以悉达制其中流，恐为己患，频遣使招诱，悉达终不从。琳不得下，乃连结于齐，共为表里，齐遣清河王高岳助之。相持岁余，会裨将梅天养等惧罪，乃引齐军入城，悉达勒麾下数千人，济江而归高祖。高祖见之甚喜，曰："来何迟也？"悉达对曰："臣镇抚上流，愿为蕃屏，陛下授臣以官，恩至厚矣，沈泰袭臣，威亦深矣，然臣所以自归于陛下者，诚以陛下豁达大度，同符汉祖故也。"高祖叹曰："卿言得之矣。"授平南将军、散骑常侍、北江州刺史，封彭泽县侯。世祖即位，进号安左将军。

悉达虽仗气任侠，不以富贵骄人，雅好词赋，招礼才贤，与之赏会。迁安南将军、吴州刺史。遭母忧，哀毁过礼，因遘疾卒，时年三十八。赠安左将军、江州刺史，谥曰孝侯。子览嗣。弟广达，别有传。

周敷字仲远，临川人也，为郡豪族。敷形貌眇小，如不胜衣，而胆力劲果，超出时辈。性豪侠，轻财重士，乡党少年任气者，咸归之。

侯景之乱，乡人周续合徒众，以讨贼为名，梁内史始兴藩王萧毅以郡让续。续所部内有欲侵掠于毅，敷拥护之，亲率其党捍卫，送至豫章。时观宁侯萧永、长乐侯萧基、丰城侯萧泰避难流寓，闻敷信义，皆往依之。敷愍其危惧，屈体崇敬，厚加给恤，送之西上。俄而续部下将帅争权，复反，杀续以降周迪。迪素无簿阀，恐失众心，倚敷族望，深求交结。敷未能自固，事迪甚恭，迪大凭仗之，渐有兵众。迪据临川之工塘，敷镇临川故郡。侯景平，梁元帝授敷使持节、通直散骑常侍、信武将军、宁州刺史，封西丰县侯，邑一千户。

高祖受禅，王琳据有上流，余孝顷与琳党李希钦等，共围周迪，敷大致人马，以助于迪。迪擒孝顷等，敷功居多。熊昙朗之杀周文育，据豫章，将兵万余人袭敷，径至城下。敷与战，大败之，追奔五十余里，昙朗单马获免，尽收其军实。昙朗走巴山郡，收合余党，敷因与周迪、黄法氍等进兵围昙朗，屠之。王琳平，授散骑常侍、平西将军、豫章太守。是时，南江酋帅并顾恋巢窟，私署令长，不受召，朝廷未遑致讨，但羁縻之，唯敷独先入朝。天嘉二年，诣阙，进号安西将军，给鼓吹一部，赐以女乐，令还镇豫章。周迪以敷素出己下，超致显贵，深不平，乃举兵反，遣弟方兴以兵袭敷。敷与战，大破方兴。仍率众从都督吴明彻攻迪，破之，擒其弟方兴并诸渠帅。诏以敷为安西将军、临川太守，余并如故。寻征为持节、都督南豫北江二州诸军事、镇南将军、南豫州刺史，增邑五百户，常侍、鼓吹如故。五年，迪又收合余众，还袭东兴。世祖遣都督章昭达征迪，敷又从军。至定川县，与迪相对。迪绐敷曰：“吾昔与弟戮力同心，宗从匪他，岂规相害。今愿伏罪还朝，因弟披露心腑，先乞挺身共立盟誓。”敷许之，方登坛，为迪所害，时年三十五。诏曰：“使持节、散骑常侍、都督南豫州缘江诸军事、镇南将军、南豫州刺史、西丰县开国侯敷，受任退征，淹时违律，虚衿奸诡，遂贻丧仆。但夙著勤诚，亟劳戎旅，犹深恻怆，愍悼于怀。可存其茅赋，量所赙恤，还葬京邑。”谥曰脱。子智安嗣。敷兄象，共敷据本乡，亦授临川太守。

荀朗字深明,颍川颍阴人也。祖延祖,梁颍川太守,父伯道,卫尉卿。朗少慷慨,有将帅大略,起家梁庐陵王行参军。

侯景之乱,朗招率徒旅,据巢湖间,无所属。台城陷后,简文帝密诏授朗云麾将军、豫州刺史,令与外藩讨景。景使仪同宋子仙、任约等频往征之,朗据山立砦自守,子仙不能克。时京师大饥,百姓皆于江外就食,朗更招致部曲,解衣推食,以相赈赡,众至数万人。侯景败于巴陵,朗出自濡须,截景,破其后军。王僧辩东讨,朗遣其将范宝胜及弟晓领兵二千助之。侯景平后,又别破齐将郭元建于踟蹰山。梁承圣二年,率部曲万余家济江,入宣城郡界立顿。梁元帝授朗持节、通直散骑常侍、安南将军、都督南兖州诸军事、南兖州刺史。未行而荆州陷。高祖入辅,齐遣萧轨、东方老等来寇,据石头城。朗自宣城来赴,因与侯安都等大破齐军。永定元年,赐爵兴宁县侯,邑二千户,以朗兄昂为左卫将军,弟晷为太子右卫率。寻遣朗随世祖拒王琳于南皖。高祖崩,宣太后与舍人蔡景历秘不发丧。朗弟晓在都,微知之,乃谋率其家兵袭台。事觉,景历杀晓,仍系其兄弟。世祖即位,并释之,因厚抚慰朗,令与侯安都等共拒王琳。琳平,迁使持节、安北将军、散骑常侍、都督霍晋合三州诸军事、合州刺史。天嘉六年,卒,时年四十八。赠南豫州刺史,谥曰壮。子法尚嗣。

法尚少倜傥,有文武干略,起家江宁令,袭爵兴宁县侯。太建五年,随吴明彻北伐,寻授通直散骑侍郎,除泾令,历梁、安城太守。祯明中,为都督郢巴武三州诸军事、郢州刺史。及隋军济江,法尚降于汉东道元帅秦王。入隋,历邵、观、绵、丰四州刺史,巴东、燉煌二郡太守。

周炅字文昭,汝南安城人也。祖强,齐太子舍人,梁州刺史。父灵起,梁通直散骑常侍,庐桂二州刺史,保城县侯。炅少豪侠任气,有将帅才。

梁大同中,为通直散骑侍郎、朱衣直阁。太清元年,出为弋阳太守。侯景之乱，元帝承制改授西阳太守，封西陵县伯。景遣兄子思穆据守齐安，炅率骁勇袭破思穆，擒斩之。以功授持节、高州刺史。是时，炅据武昌、西阳二郡，招聚卒徒，甲兵甚盛。景将任约来据樊山，炅与宁州长史徐文盛击约，斩其部将叱罗子通、赵迦娄等，因乘胜追之，频克，约众殆尽。承圣元年，迁使持节、都督江定二州诸军事、戎昭将军、江州刺史，进爵为侯，邑五百户。

高祖践祚，王琳拥据上流，炅以州从之。及王琳遣其将曹庆等攻周迪，仍使炅将兵掎角而进，为侯安都所败，擒炅送都。世祖释炅，授戎威将军、定州刺史，带西阳、武昌二郡太守。天嘉二年，留异据东阳反，世祖召炅还都，欲令讨异。未至而异平，炅还本镇。天康元年，预平华皎之功，授员外散骑常侍。太建元年，迁持节、龙骧将军、通直散骑常侍。五年，进授使持节、西道都督安蕲江衡司定六州诸军事、安州刺史，改封龙源县侯，增邑并前一千户。其年，随都督吴明彻北讨，所向克捷，一月之中，获十二城。齐遣尚书左丞陆骞以众二万出自巴、蕲，与炅相遇。炅留赢弱辎重，设疑兵以当之，身率精锐由间道邀其后，大败骞军，虏获器械马驴不可胜数。进攻巴州，克之。于是江北诸城及谷阳士民，并诛渠帅以城降。进号和戎将军、散骑常侍，增邑并前一千五百户。仍敕追炅入朝。初，萧督定州刺史田龙升以城降，诏以为振远将军、定州刺史，封赤亭王。及炅入朝，龙升以江北六州七镇叛入于齐，齐遣历阳王高景安帅师应之。于是，令炅为江北道大都督，总统众军，以讨龙升。龙升使弋阳太守田龙琰率众二万阵于亭川，高景安于水陵、阴山为其声援，龙升引军别营山谷。炅乃分兵各当其军，身率骁勇，先击龙升。龙升大败，龙琰望尘而奔，并追斩之，高景安遁走，尽复江北之地。以功增邑并前二千户，进号平北将军，定州刺史，持节、都督如故，仍赐女妓一部。太建八年卒官，时年六十四。赠司州刺史，封武昌郡公，谥曰壮。子法僧嗣，官至宣城太守。

史臣曰：彼数子者，或驱驰前代，或拥据故乡，并识运知归，因机景附，位升列牧，爵致通侯，美矣。昔张耳、陈余自同于至戚，周敷、周迪亦誓等昵亲，寻锋刃而诛残，斯甚夫胡越矣。仇隙因于势利,何其鄙欤?

陈书卷一四
列传第八

衡阳献王昌
南康愍王昙朗　子方泰　方庆

衡阳献王昌字敬业，高祖第六子也。梁太清末，高祖南征李贲，命昌与宣后随沈恪还吴兴。及高祖东讨侯景，昌与宣后、世祖并为景所囚。景平，拜长城国世子、吴兴太守，时年十六。昌容貌伟丽，神情秀朗，雅性聪辩，明习政事。高祖遣陈郡谢哲、济阳蔡景历辅昌为郡，又遣吴郡杜之伟授昌以经书。昌读书，一览便诵，明于义理，剖析如流。寻与高宗俱往荆州，梁元帝除员外散骑常侍。荆州陷，又与高宗俱迁关右，西魏以高祖故，甚礼之。

高祖即位，频遣使请高宗及昌，周人许之，而未遣。及高祖崩，乃遣之。是时王琳梗于中流，昌未得还，居于安陆。王琳平后，天嘉元年二月，昌发自安陆，由鲁山济江，而巴陵王萧沇等率百僚上表曰：

臣闻宗子维城，隆周之懋轨；封建藩屏，有汉之弘规，是以卜世斯永，实资邢、卫，鼎命灵长，实赖河、楚。

伏惟陛下神猷光大，圣德钦明，道高日月，德侔造化。往者王业惟始，天步方艰，参奉权谟，匡合义烈，威略外举，神武内定，故以再康禹迹，大庇生民者矣。及圣武升遐，王师远次，皇嗣夐隔，继业靡归，宗祧危殆，缀旒非喻。既而传车言反，公卿定策，纂我洪基，光昭景运，民心有奉，园寝克宁，后来其苏，复在兹日，物情天意，皎然可求。王琳逆命，遘诛岁久，今者连结犬羊，乘流纵衅，舟旗野阵，绵江蔽陆，兵疲民弊，杼轴用空，中外骚然，蕃篱罔固。乃旰食当朝，凭流授律，苍兕既驰，长蛇自翦，廓清四表，澄涤八纮，雄图遐举，仁声远畅，德化所覃，风行草偃，故以功深于徽禹，道大于惟尧，岂直社稷用宁，斯乃黔黎是赖。

第六皇弟昌，近以妙年出质，提契寇手，偏隔关徼，旋踵未由。陛下天伦之爱既深，克让之怀常切。伏以大德无私，至公有在，岂得徇匹夫之恒情，忘王业之大计。宪章故实，式遵典礼，钦若姬、汉，建树贤戚。湘中地维形胜，控带川阜，捍城之寄，匪亲勿居。宜启服衡疑，兼崇徽饰。臣等参议，以昌为使持节、散骑常侍、都督湘州诸军事、骠骑将军、湘州牧，封衡阳郡王，邑五千户，加给皂轮三望车，后部鼓吹一部，班剑二十人。启可奉行。

诏曰"可"。三月，入境，诏令主书舍人缘道迎接。景子，济江，于中流船坏，以溺薨。四月庚寅，丧柩至京师，上亲出临哭。乃下诏曰：

夫宠章所以嘉德，礼数所以崇亲，乃历代之通规，固前王之令典。新除使持节、散骑常侍、都督湘州诸军事、骠骑将军、湘州牧衡阳王昌，明哲在躬，圭璋早秀，孝敬内湛，聪睿外宣。梁季艰虞，宗社颠坠，西京沦覆，陷身关陇。及鼎业初基，外蕃逆命，聘问斯阻，音介莫通，眷彼机桥，将邻乌白。今者群公戮力，多难廓清，轻传入郢，无劳假道。周朝敦其继好，骖驾归来，欣此朝闻，庶欢昏定。报施徒语，曾莫辅仁，人之云亡，殄悴斯在，奄焉薨殒，倍增伤悼。津门之恸空在，桓岫之切不追，静言念之，心焉如割。宜隆懋典，以协徽猷。可赠侍中、假黄钺、都督中外诸军事、太宰、扬州牧。给东园温明秘器，九旒鸾辂，黄屋左纛，武贲班剑百人，辒辌车，前后部羽葆鼓吹。葬送之仪，一依汉东平宪王、齐豫章文献王故事。仍遣大司空持节迎护丧事，大鸿胪副其羽卫。殡送所须，随由备办。

谥曰献。无子，世祖以第七皇子伯信为嗣。

南康愍王昙朗，高祖母弟忠壮王休先之子也。休先少倜傥，有大志，梁简文之在东宫，深被知遇。太清中，既纳侯景，有事北方，乃使休先召募得千余人，授文德主帅。顷之，卒。高祖之有天下也，每称休先曰："此弟若存，河洛不足定也。"梁敬帝即位，追赠侍中、使持节、骠骑将军、南徐州刺史，封武康县公，邑一千户。高祖受禅，追赠侍中、车骑大将军、司徒，封南康郡王，邑二千户，谥曰忠壮。

昙朗少孤，尤为高祖所爱，宠逾诸子。有胆力，善绥御。侯景平后，起家为著作佐郎。高祖北济江，围广陵，宿预人东方光据乡建义，乃遣昙朗与杜僧明自淮入泗应赴之。齐援大至，昙朗与僧明筑垒抗御。寻奉命班师，以宿预义军三万家济江。高祖诛王僧辩，留昙朗镇京口，知留府事。绍泰元年，除中书侍郎，监南徐州。

二年，徐嗣徽、任约引齐寇攻逼京邑，寻而请和，求高祖子侄为质。时四方州郡并多未宾，京都虚弱，粮运不继，在朝文武咸愿与齐和亲。高祖难之，而重违众议，乃言于朝曰："孤谬辅王室，而使蛮夷猾夏，不能裁殄，何所逃责。今在位诸贤，且欲息肩偃武，与齐和好，以静边疆，若违众议，必谓孤惜子侄，今决遣昙朗，弃之寇庭。且齐人无信，窥觎不已，谓我浸弱，必当背盟。齐寇若来，诸君须为孤力斗也。"高祖虑昙朗惮行，或奔窜东道，乃自率步骑往京口迎之，以昙朗还京师，仍使为质于齐。齐果背约，复遣萧轨等随嗣徽渡江，高祖与战，大破之，虏萧轨、东方老等。齐人请割地并入马牛以赎之，高祖不许。及轨等诛，齐人亦害昙朗于晋阳，时二十八。是时既与齐绝，弗之知也。高祖践祚，犹以昙朗袭封南康郡王，奉忠壮王祀，礼秩一同皇子。天嘉二年，齐人结好，方始知之。世祖诏曰："夫追远慎终，抑闻前诰。南康王昙朗，明哲懋亲，蕃维是属，入质北齐，用纾时难。皇运兆兴，未获旋反，永言践予，日夜不忘。齐使始至，凶问奄及，追怀痛悼，兼倍常情。宜隆宠数，以光恒序。可赠侍中、安东将军、开府仪同三司、南徐州刺史。谥曰愍。"乃遣兼郎中令随聘使江德藻、刘师知迎昙朗丧柩，以三年春至都。

初，昙朗未质于齐，生子方泰、方庆。及将适齐，以二妾自随，在北又生两子方华、方旷，亦同得还。

方泰少粗犷，与诸恶少年群聚，游逸无度。世祖以南康王故，特宽贳之。天嘉元年，诏曰："南康王昙朗，出隔齐庭，反身莫测，国庙方修，奠飨须主，可以长男方泰为南康世子，嗣南康王。"后闻昙朗薨，于是袭爵南康嗣王。寻为仁威将军、丹阳尹，置佐史。太建四年，迁使持节、都督广衡交越成定明新合罗德宜黄利安建石崖十九州诸军事、平越中郎将、广州刺史。为政残暴，为有司所奏，免官。寻起为仁威将军，置佐史。六年，授持节、都督豫章郡诸军事、豫章内史。在郡不修民事，秩满之际，屡放部曲为劫，又纵火延烧邑居，因行暴掠，驱录富人，征求财贿。代至，又淹留不还。至都，诏以为宗正卿，将军、佐史如故。未拜，为御史中丞宗元饶所劾，免官，以王还第。

十一年，起为宁远将军，直殿省。寻加散骑常侍，量置佐史。其年八月，高宗幸大壮观，因大阅武，命都督任忠领步骑十万陈于玄武湖，都督陈景领楼舰五百出于瓜步江，高宗登玄武门观，宴群臣以观之。因幸乐游苑，设丝竹会。仍重幸大壮观，集众军振旅而还。是时，方泰当从，启称所生母疾，不行，因与亡命杨钟期等二十人，微服往民间，淫人妻，为州所录，又率人仗抗拒，伤禁司，为有司所奏。上大怒，下方泰狱。方泰初但承行淫，不承拒格禁司，上曰"不承则上测"，方泰乃投列承引。于是，兼御史中丞徐君敷奏曰："臣闻王者之心，匪漏网而私物；至治之本，无屈法而申慈。谨案南康王陈方泰，宗属虽远，幸托葭莩，刺举莫成，共治罕绩。圣上弘以悔往，许其录用，宫闱寄切，宿卫是尸。岂有金门旦启，玉舆晓跸，百司驰骛，千队腾骧，惮此翼从之劳，妄兴晨昏之请？翻以危冠淇上，袨服桑中，臣子之愆，莫斯为大。宜从霜简，允寘冬官。臣等参议，请依见事，解方泰所居官，下宗正削爵土。谨以白简奏闻。"上可其奏。寻复本官爵。

祯明初,迁侍中,将军如故。三年,隋师济江,方泰与忠武将军、南豫州刺史樊猛、左卫将军蒋元逊领水军于白下,往来断遏江路。隋遣行军元帅长史高颎领船舰溯流当之,猛及元逊并降,方泰所部将士离散,乃弃船走。及台城陷,与后主俱入关。隋大业中,为掖令。

方庆少清警,涉猎书传。及长,有干略。天嘉中,封临汝县侯,寻为给事中、太子洗马,权兼宗正卿,直殿省。太建九年,出为轻车将军、假节、都督定州诸军事、定州刺史。秩满,又为散骑常侍,兼宗正卿。至德二年,进号智武将军、武州刺史。初,广州刺史马靖久居岭表,大得人心,士马强盛,朝廷疑之。至是,以方庆为仁威将军、广州刺史,以兵袭靖。靖诛,进号宣毅将军。方庆性清谨,甚得民和。四年,进号云麾将军。祯明三年,隋师济江,衡州刺史王勇遣高州刺史戴智烈将五百骑迎方庆,欲令承制总督征讨诸军事。是时,隋行军总管韦洸帅兵度岭,宣隋文帝救云:“若岭南平定,留勇与丰州刺史郑万顷且依旧职。”方庆闻之,恐勇卖己,乃不从,率兵以拒智烈。智烈与战,败之,斩方庆于广州,虏其妻子。

王勇,太建中为晋陵太守,在职有能名。方庆之袭马靖也,朝廷以勇为超武将军、东衡州刺史,领始兴内史,以为方庆声势。靖诛,以功封龙阳县子。及隋军临江,诏授勇使持节、光胜将军、总督衡广交桂武等二十四州诸军事、平越中郎将,仍入援。会京城陷,勇因移檄管内,征兵据守,使其同产弟邓皓将兵五千,顿于岭上。又遣使迎方庆,欲假以为名,而自执兵要。及方庆败绩,虏其妻子,收其赀产,分赏将帅。又令其将王仲宣、曾孝武迎西衡州刺史衡阳王伯信。伯信惧,奔于清远郡,孝武追杀之。是时韦洸兵已上岭,丰州刺史郑万顷据州不受勇召,而高梁女子洗氏举兵以应隋军,攻陷傍郡。勇计无所出,乃以其众降。行至荆州,道病卒。隋赠大将军、宋州刺史,妇仁县公。

郑万顷,荥阳人,梁司州刺史绍叔之族子也。父旻,梁末入魏。万顷通达有材干,周武帝时,为司城大夫,出为温州刺史。至德中,与司马消难来奔。寻拜散骑常侍、昭武将军、丰州刺史。在州甚有惠政，吏民表请立碑，诏许焉。初，万顷之在周，深被隋文帝知遇。及隋文践祚，常思还北。及王勇之杀方庆，万顷乃率州兵拒勇，遣使由间道降于隋军，拜上仪同。寻卒。

史臣曰：献、愍二王，联华霄汉，或壤子之昵，或犹子之宠，而机桥为阻，骖驾无由，有隔于休辰，终之以早世。悲夫！

陈书卷一五
列传第九

陈拟　陈详　陈慧纪

陈拟字公正，高祖疏属也。少孤贫，性质直，强记。

高祖南征交址，拟从焉。及进讨侯景，至豫章，以拟为罗州刺史，与胡颖共知后事，并应接军粮。高祖作镇朱方，拟除步兵校尉、曲阿令。绍泰元年，授贞威将军、义兴太守。二年，入知卫尉事。除员外散骑常侍、明威将军、雍州刺史资，监南徐州。高祖践祚，诏曰："维城宗子，实固有周，盘石懿亲，用隆大汉。故会盟则异姓为后，启土则非刘勿王，所以纠合枝干，广树蕃屏，前王懋典，列代恒规。从子持节、员外散骑常侍、明威将军、雍州刺史、监南徐州拟，持节、通直散骑侍郎、贞威将军、北徐州刺史褒，从子晃、炅，从孙假节、员外散骑常侍、明威将军诐，假节、信威将军、北徐州刺史吉阳县开国侯喧，假节、通直散骑侍郎、信武将军祏，假节、散骑侍郎、雄信将军、青州刺史、广梁太守详，贞威将军、通直散骑侍郎慧纪，从孙敬雅、敬泰，并枝戚密近，劬劳王室，宜列河山，以光利建。拟可永修县开国侯，褒钟陵县开国侯，晃建城县开国侯，炅上饶县开国侯，诐虔化县开国侯，喧仍前封，祏豫章县开国侯，详遂兴县开国侯，慧纪宜黄县开国侯，敬雅宁都县开国侯，敬泰平固县开国侯，各邑五百户。"拟寻除轻车将军，兼南徐州刺史，常侍如故。其年，授通直散骑常侍、中领军。三年，复以本官监南徐州。世祖嗣位，除丹阳尹，常侍如故。坐事，又以白衣知郡。寻复本职。天嘉元年，卒，时年五十八。

赠领军将军。凶事所须,并官资给。谥曰定。二年,配享高祖庙廷。子党嗣。

陈详字文几,少出家为桑门,善书记,谈论清雅。

高祖讨侯景,召详,令反初服,配以兵马,从定京邑。高祖东征杜龛,详别下安吉、原乡、故鄣三县。龛平,以功授散骑侍郎、假节、雄信将军、青州刺史资,割故鄣、广德置广梁郡,以详为太守。高祖践祚,改广梁为陈留,又以为陈留太守。永定二年,封遂兴县侯,食邑五百户。其年,除明威将军、通直散骑常侍。三年,随侯安都破王琳将常众爱于宫亭湖。世祖嗣位,除宣城太守,将军如故。王琳下据栅口,详随吴明彻袭湓城,取琳家口,不克,因入南湖,自鄱阳步道而归。琳平,详与明彻并无功。天嘉元年,随例增邑并前一千五百户。仍除通直散骑常侍,兼右卫将军。三年,出为假节、都督吴州诸军事、仁威将军、吴州刺史。周迪据临川举兵,详自州从他道袭迪于濡城别营,获其妻子。迪败走,详还复本镇。五年,周迪复出临川,乃以详为都督,率水步讨迪。军至南城,与贼相遇,战败,死之。时年四十二。以所统失律,无赠谥。子正理嗣。

陈慧纪字元方,高祖之从孙也,涉猎书史,负才任气。

高祖平侯景,慧纪从焉,寻配以兵马。景平,从征杜龛,除贞威、通直散骑常侍。高祖践祚,封宜黄县侯,邑五百户,除黄门侍郎。世祖即位,出为安吉县令,迁明威将军、军副。司空章昭达征安蜀城,慧纪为水军都督,于荆州烧青泥船舻。光大元年,以功除持节、通直散骑常侍、宣远将军、丰州刺史,增邑并前一千户。太建十年,吴明彻北讨败绩,以慧纪为持节、智武将军、缘江都督、兖州刺史,增邑并前二千户,余如故。周军乘胜据有淮南,江外骚扰。慧纪收集士卒,自海道还都。寻除使持节、散骑常侍、宣毅将军、都督郢巴二州诸军事、郢州刺史,增邑并前二千五百户。至德二年,迁使持节、散骑常侍、云麾将军、都督荆信二州诸军事、荆州刺史,赐女伎一部,增邑并前三千户。祯明元年,萧琮尚书左仆射安平王萧岩、晋熙王瓛等,率其部众男女二万余口,诣慧纪请降,慧纪以兵迎之。其年,以应接之功,加侍中、金紫光禄大夫、开府仪同三司、征西将军,增邑并前六千户,余如故。及隋师济江,元帅清河公杨素下自巴硖,慧纪遣其将吕忠肃、陆伦等拒之,战败,素进据马头。是时,隋将韩擒虎及贺若弼等已济江,据蒋山,慧纪闻之,留其长史陈文盛等居守,身率将士三万人、楼船千余乘沿江而下,欲趣台城。至汉口,为秦王军所拒,不得进,因与湘州刺史晋熙王叔文、巴州刺史毕宝等请降。入隋,依例授仪同三司。顷之,卒。子正平,颇有文学。

史臣曰:《诗》云"宗子维城,无俾城坏"。又曰"绵绵瓜瓞,葛藟累之"。西京皆丰沛故人,东都亦南阳多显,有以哉。

陈书卷一六
列传第一○

赵知礼　蔡景历　刘师知
谢岐

赵知礼字齐旦，天水陇西人也。父孝穆，梁候官令。知礼涉猎文史，善隶书。

高祖之讨元景仲也，或荐之，引为记室参军。知礼为文赡速，每占授军书，下笔便就，率皆称旨。由是恒侍左右，深被委任，当时计画莫不预，知礼亦多所献替。高祖平侯景，军至白茅湾，上表于梁元帝，及与王僧辩论述军事，其文并知礼所制。侯景平，授中书侍郎，封始平县子，邑三百户。高祖为司空，以为从事中郎。高祖入辅，迁给事黄门侍郎，兼卫尉卿。高祖受命，迁通直散骑常侍，直殿省。寻迁散骑常侍，守太府卿，权知领军事。天嘉元年，进爵为伯，增邑通前七百户。王琳平，授持节、督吴州诸军事、明威将军、吴州刺史。知礼沈静有谋谟，每军国大事，世祖辄令玺书问之。秩满，为明威将军、太子右卫率。迁右卫将军，领前军将军。六年，卒，时年四十七。诏赠侍中，谥曰忠。子允恭嗣。

蔡景历字茂世，济阳考城人也。祖点，梁尚书左民侍郎。父大同，轻车岳阳王记室参军，掌京邑行选。景历少俊爽，有孝行，家贫好学，善尺牍，工草隶。解褐诸王府佐，出为海阳令，为政有能名。

侯景乱梁，简文帝为景所幽。景历与南康嗣王萧会理谋，欲挟简文出奔。事泄见执，贼党王伟保护之，获免。因客游京口。侯景平，高祖镇朱方，素闻其名，以书要之。景历对使人答书，笔不停缀，文不重改，曰：

蒙降札书，曲垂引逮，伏览循回，载深欣畅。窃以世求名骏，行地能致千里，时爱奇宝，照车遂有径寸。但《云》《咸》斯奏，自辍《巴渝》，杞梓方雕，岂盼樗枥。

仰惟明将军使君侯节下，英才挺茂，雄姿秀拔，运属时艰，志匡多难，振衡岳而绥五岭，涤赣源而澄九派，带甲十万，强弩数千，誓勤王之师，总义夫之力，鲸鲵式剪，役不逾时，氛雾廓清，士无血刃。虽汉诛禄、产，举朝实赖绛侯，晋讨约、峻，中外一资陶牧，比事论功，彼奚足算。加以抗威兖服，冠盖通于北门，整旆徐方，咏歌溢于东道，能使边亭卧鼓，行旅露宿，巷不拾遗，市无异价，洋洋乎功德政化，旷古未俦，谅非肤浅所能殚述。是以天下之人，向风慕义，接踵披衿，杂还而至矣。或帝室英贤，贵游令望，齐、楚秀异，荆、吴岐嶷。武夫则猛气纷纭，雄心四据，陆拔山岳，水断虬龙，六钧之弓，左右驰射，万人之剑，短兵交接，攻垒若文鸯，焚舰如黄盖，百战百胜，貔貅为群。文人则通儒博识，英才伟器，雕丽晖焕，摛掞绚藻，子云不能抗其笔，元瑜无以高其记，尺翰驰而聊城下，清谈奋而嬴军却。复有三河辩客，改哀乐于须臾，六奇谋士，断变反于倏忽。治民如子贱，践境有成，折狱如仲由，片辞从理。直言如毛遂，能厉主威，衔使若相如，不辱君命。怀忠抱义，感恩徇己，诚断黄金，精贯白日，海内雄贤，牢笼斯备。明将军御鞍下马，推案止食，申爵以荣之，筑馆以安之，轻财重气，卑躬厚士，盛矣哉！盛矣哉！

抑又闻之，战国将相，咸推引宾游，中代岳牧，并盛延僚友，济济多士，所以成将军之贵。但量能校实，称才任使，员行方止，各尽其宜，受委责成，谁不毕力？至如走贱，安庸人耳。秋冬读书，终惭专学，刀笔为吏，竟阙异等。衡门衰素，无所闻达，薄宦轻资，焉能远大。自阳九遘屯，天步艰阻，同彼贵仕，溺于巨寇，亟邻危殆，备践薄冰。今王道中兴，慇忧启运，获存微命，足为幸甚，方欢饮啄，是谓来苏。然皇銮未反，宛、洛芜旷，四壁固三军之余，长夏无半菽之产，遨游故人，聊为借贷，属此乐土，洵美忘归。窃服高义，暂谒门下，明将军降以颜色，二三士友假其余论，菅蒯不弃，折简赐留，欲以鸡鹜厕鸳鸿于池沼，将移瓦砾参金碧之声价。昔折胁游秦，忽逢盼采，檐簦入赵，便致留连。今虽羁旅，方之非匹，樊林之贲，何用克堪。但眇眇纤萝，凭乔松以自耸，蠢蠢轻蚋，托骥尾而远骛。窃不自涯，愿备下走，且为腹背之毛，脱充鸣吠之数，增荣改观，为幸已多。海不厌深，山不让高，敢布心腹，惟将军览焉。

高祖得书，甚加钦赏，仍更赐书报答。即日，板征北府中记室参军，仍领记室。

衡阳献王时为吴兴郡，昌年尚少，吴兴王之乡里，父老故人，尊卑有数。高祖恐昌年少，接对乖礼，乃遣景历辅之。承圣中，授通直散骑侍郎，还掌府记室。高祖将讨王僧辩，独与侯安都等数人谋之，景历弗之知也。部分既毕，召令草檄，景历援笔立成，辞义感激，事皆称旨。僧辩诛，高祖辅政，除从事中郎，掌记室如故。绍泰元年，迁给事黄门侍郎，兼掌相府记府。高祖受禅，迁秘书监、中书通事舍人，掌诏诰。永定二年，坐妻弟刘淹诈受周宝安饷马，为御史中丞沈炯所劾，降为中书侍郎，舍人如故。

三年，高祖崩，时外有强寇，世祖镇于南皖，朝无重臣。宣后呼景历及江大权、杜棱定议，乃秘不发丧，疾召世祖。景历躬共宦者及内人，密营敛服。时既暑热，须治梓宫，恐斤斧之声或闻于外，仍以蜡为秘器。文书诏诰，依旧宣行。世祖即位，复为秘书监，舍人如故。以定策功，封新丰县子，邑四百户。累迁散骑常侍。世祖诛侯安都，景历劝成其事。天嘉三年，以功迁太子左卫率，进爵为侯，增邑百户，常侍、舍人如故。六年，坐妻兄刘洽依倚景历权势，前后奸讹，并受欧阳武威饷绢百匹，免官。废帝即位，起为镇东鄱阳王谘议参军，兼太舟卿。华皎反，以景历为武胜将军、吴明彻军司。皎平，明彻于

军中戮安成内史杨文通,又受降人马仗有不分明,景历又坐不能匡
正,被收付治。久之,获宥,起为镇东鄱阳王谘议参军。高宗即位,
迁宣惠豫章王长史,带会稽郡守,行东扬州府事。秩满,迁戎昭将
军、宣毅长沙王长史、寻阳太守,行江州府事,以疾辞,遂不行。入为
通直散骑常侍、中书通事舍人,掌诏诰,仍复封邑。迁太子左卫率,
常侍、舍人如故。

　　太建五年,都督吴明彻北伐,所向克捷,与周将梁士彦战于吕
梁,大破之,斩获万计,方欲进图彭城。是时,高宗锐意河南,以为指
麾可定,景历谏称师老将骄,不宜过穷远略。高宗恶其沮众,大怒,
犹以朝廷旧臣,不深罪责,出为宣远将军、豫章内史。未行,为飞章
所劾,以在省之日,赃污狼藉。章令有司按问,景历但承其半。于是
御史中丞宗元饶奏曰:“臣闻士之行己,忠以事上,廉以持身,苟违
斯道,刑兹罔赦。谨按宣远将军、豫章内史新丰县开国侯景历,因藉
多幸,豫奉兴王,皇运权舆,颇参缔构。天嘉之世,赃贿狼藉,圣恩录
用,许以更鸣,裂壤崇阶,不远斯复。不能改节自励,以报曲成,遂乃
专擅贪污,彰于远近。一则已甚,其可再乎?宜寘刑书,以明秋宪。
臣等参议,以见事免景历所居官,下鸿胪削爵土。谨奉白简以闻。”
诏曰:“可”。于是徙居会稽。及吴明彻败,帝思景历前言,即日追还,
复以为征南鄱阳王谘议参军。数日,迁员外散骑常侍,兼御史中丞,
复本封爵,入守度支尚书。旧式拜官在午后,景历拜日,适值舆驾幸
玄武观,在位皆侍宴。帝恐景历不豫,特令早拜,其见重如此。

　　是岁,以疾卒官,时年六十。赠太常卿,谥曰敬。十三年,改葬,
重赠中领军。祯明元年,配享高祖庙庭。二年,舆驾亲幸其宅,重赠
景历侍中、中抚将军,谥曰忠敬,给鼓吹一部,并于墓所立碑。景历
属文,不尚雕靡,而长于叙事,应机敏速,为当世所称。有文集三十
卷。

　　刘师知,沛国相人也,家世素族。祖奚之,齐晋安王谘议参军、
淮南太守,有能政,齐武帝手诏频褒赏。父景彦,梁尚书左丞、司农

卿。师知好学,有当世才,博涉书史,工文笔,善仪体,台阁故事,多所详悉。

梁世,历王府参军。绍泰初,高祖入辅,以师知为中书舍人,掌诏诰。是时兵乱之后,礼仪多阙,高祖为丞相,及加九锡,并受禅,其仪注并师知所定焉。高祖受命,仍为舍人。性疏简,与物多忤,虽位宦不迁,而委任甚重,其所献替,皆有弘益。

及高祖崩,六日成服,朝臣共议大行皇帝灵座侠御人所服衣服吉凶之制,博士沈文阿议,宜服吉服。师知议云:"既称成服,本备丧礼,灵筵服物,皆悉缟素。今虽无大行侠御官事,按梁昭明太子薨,成服侠侍之官,悉着缞斩,唯着铠不异,此即可拟。愚谓六日成服,侠灵座须服缞绖。"中书舍人蔡景历亦云:"虽不悉准,按山陵有凶吉羽仪,成服唯凶无吉,文武侠御,不容独鸣玉珥貂,情礼二三,理宜缞斩。"中书舍人江德藻、谢岐等,并同师知议。文阿重议云:"检晋、宋《山陵仪》:'灵舆梓宫降殿,各侍中奏。'又《成服仪》称:'灵舆梓宫容侠御官及香橙。'又检《灵舆梓宫进止仪》称:'直灵侠御吉服,在吉卤簿中。'又云:'梓宫侠御缞服,在凶卤簿中。'是则在殿吉凶两侠御也。"时以二议不同,乃启取左丞徐陵决断。陵云:"梓宫祔山陵,灵筵祔宗庙,有此分判,便验吉凶。按《山陵卤簿》吉部位中,公卿以下导引者,爰及武贲、鼓吹、执盖、奉车,并是吉服,岂容侠御独为缞绖邪?断可知矣。若言公卿胥吏并服缞苴,此与梓宫部伍有何差别?若言文物并吉,司事者凶,岂容社绖而奉华盖,缞衣而升玉辂邪?同博士议。"师知又议曰:"左丞引梓宫祔山陵,灵筵祔宗庙,必有吉凶二部,成服不容上凶,博士犹执前断,终是山陵之礼。若龙驾启殡,銮舆兼设,吉凶之仪,由来本备,准之成服,愚有未安。夫丧礼之制,自天子达。按王文宪《丧服明记》云:'官品第三,侍灵人二十。官品第四,下达士礼,侍灵之数并有十人。皆白布裤褶,著白绢帽。内丧女侍数如外,而著齐缞。或问内外侍灵是同,何忽缞服有异?答云:若依君臣之礼,则外侍斩,内侍齐。顷世多故,礼随事省。诸侯以下,臣吏盖微,至于侍奉,多出义附,君臣之节不全,缞冠之费实阙，所以因其常服，止变帽而已。妇人侍者，皆是卑隶，君妾之道既纯，服章所以备矣。'皇朝之典，犹自不然，以此而推，是知服斩。彼有侍灵，则犹侠御，既著白帽，理无彤服。且梁昭明《仪注》，今则见存，二文显证，差为成准。且礼出人情，可得消息。凡人有丧，既陈筵机，穗帷灵屏，变其常仪，芦箔草庐，即其凶礼。堂室之内，亲宾具来，齐斩麻緦，差池哭次，玄冠不吊，莫非素服。岂见门生故吏，绡縠间趋，左姬右姜，红紫相糅？况四海遏密，率土之情是同，三军缟素，为服之制斯壹。遂使千门旦启，非涂垩于彤闱，百僚庶止，变服粗于朱韨，而耀金在列，鸣玉节行，求之怀抱，固为未惬，准以礼经，弥无前事。岂可成服之仪，譬以山陵之礼？葬既始终已毕，故有吉凶之仪，所谓成服，本成丧礼，百司外内，皆变吉容，侠御独不，何谓成服？若灵无侠御则已，有则必应缞服。"谢岐议曰："录筵祔宗庙，梓宫祔山陵，实如左丞议。但山陵卤簿，备有吉凶，从灵舆者仪服无变，从梓宫者皆服苴缞，爰至士礼，悉同此制。此自是山陵之仪，非关成服。今谓梓宫灵宸，共在西阶，称为成服，亦无卤簿，直是爰自胥吏，上至王公，四海之内，必备缞绖。案梁昭明太子薨，略是成例，岂容凡百士庶，悉皆服重，而侍中至于武卫，最是近官，反鸣玉纡青，与平吉不异？左丞既推以山陵事，愚意或谓与成服有殊。若尔日侠御，文武不异，维侍灵之人，主书、宣传、齐干、应敕，悉应不故。"蔡景历又议云："侠御之官，本出五百，尔日备服居庐，仍于本省引上登殿，岂应变服貂玉？若别摄余官，以充簪珥，则尔日便有不成服者。山陵自有吉凶二议，成服凶而不吉，犹依前议，同刘舍人。"德藻又议云："愚谓祖葬之辰，始终永毕，达官有追赠，须表恩荣，有吉卤簿，恐由此义。私家放羧，因以成俗。上服本变吉为凶，理不应犹袭纨绮。刘舍人引王卫军《丧仪》及检梁昭明故事，此明据已审。博士、左丞乃各尽事衷，既未取证，须更询详。宜谘八座、詹事、太常、中丞孔中庶诸通袁枢、张种、周弘正、弘让、沈炯、孔奂。"时八座以下并请："案群议，斟酌旧仪，梁昭明太子《丧成服仪注》，明文见存，足为准的。成服日，侍官理不容犹从吉礼。其葬礼分吉，自是山陵之时,非关成服之日。愚谓刘舍人议,于事为允。"陵重答云:"老病属纩,不能多说,古人争议,多成怨府,傅玄见尤晋代,王商取陷汉朝,谨自参缄,敬同高命。若万一不死,犹得展言,庶与朝贤更申扬榷。"文阿犹执所见,众议不能决,乃具录二议奏闻。从师知议。

寻迁鸿胪卿,舍人如故。天嘉元年,坐事免。初,世祖敕师知撰《起居注》,自永定二年秋至天嘉元年冬,为十卷。起为中书舍人,复掌诏诰。天康元年,世祖不豫,师知与尚书仆射至仲举等入侍医药。世祖崩,预受顾命。及高宗为尚书令,入辅,光大元年,师知与仲举等遣舍人殷不佞矫诏令高宗还东府。事觉,于北狱赐死。

谢岐,会稽山阴人也。父达,梁太学博士。岐少机警,好学,见称于梁世。为尚书金部郎,山阴令。侯景乱,岐流寓东阳。景平,依于张彪。彪在吴郡及会稽,庶事一以委之。彪每征讨,恒留岐监郡知后事。彪败,高祖引岐参预机密,以为兼尚书右丞。时军旅屡兴,粮储多阙,岐所在干理,深被知遇。永定元年,为给事黄门侍郎、中书舍人,兼右丞如故。天嘉二年,卒,赠通直散骑常侍。岐弟峤,笃学,为世通儒。

史臣曰:高祖开基创业,克定祸乱,武猛固其立功,文翰亦乃展力。赵知礼、蔡景历早识攀附,预缔构之臣焉。刘师知博涉多通,而暗于机变,虽欲存乎节义,终陷极刑,斯不智矣。

《刘师知传》"孔中庶诸通",疑。

陈书卷一七
列传第一一

王冲　　王通 弟劢　　袁敬 兄子枢

王冲字长深，琅邪临沂人也。祖僧衍，齐侍中。父茂璋，梁给事黄门侍郎。冲母，梁武帝妹新安穆公主，卒于齐世，武帝以冲偏孤，深所钟爱。

年十八，起家梁秘书郎。寻为永嘉太守，入为太子舍人。以父忧去职，服阕，除太尉临川王府外兵参军、东宫领直，累迁太子洗马、中舍人。出为招远将军、衡阳内史，迁武威将军安成嗣王长史、长沙内史，将军如故。王薨于湘州，仍以冲监湘州事。入为太子庶子，迁给事黄门侍郎。大同三年，以帝甥赐爵安东亭侯，邑一百五十户。历明威将军、南郡太守，太子中庶子、侍中。出监吴郡，满岁即真，征为通直散骑常侍，兼左民尚书。出为明威将军、轻车当阳公府长史、江夏太守，行郢州事。迁平西邵陵王长史，转骠骑庐陵王长史、南郡太守。王薨，行州府事。梁元帝镇荆州，为镇西长史，将军、太守如故。

冲性和顺，事上谨肃，习于法令，政在平理，佐藩莅人，鲜有失德，虽无赫赫之誉，久而见思，由是推重，累居二千石。又晓音乐，习歌舞，善与人交，贵游之中，声名藉甚。

侯景之乱，梁元帝于荆州承制，冲求解南郡，以让王僧辩，并献女妓十人，以助军赏。元帝授持节、督衡桂成合四州诸军事、云麾将军、衡州刺史。元帝第四子元良为湘州刺史，仍以冲行州事，领长沙内史。侯景平,授翊左将军、丹阳尹。武陵王举兵至峡口,王琳偏将陆纳等据湘州应之,冲为纳所拘。纳降,重授侍中、中权将军,量置佐史,尹如故。江陵陷,敬帝为太宰,承制以冲为左长史。绍泰中,累迁左光禄大夫、尚书右仆射,迁左仆射、开府仪同三司,侍中、将军如故。寻复领丹阳尹、南徐州大中正,给扶。高祖受禅,解尹,以本官领左光禄大夫。未拜,改领太子少傅。文帝嗣位,解少傅,加特进、左光禄大夫。寻又以本官领丹阳尹,参撰律令。废帝即位,给亲信十人。

初,高祖以冲前代旧臣,特申长幼之敬。文帝即位,益加尊重,尝从文帝幸司空徐度宅,宴筵之上,赐以几,其见重如此。光大元年,薨,时年七十六。赠侍中、司空。谥曰元简。冲有子三十人,并致通官。第十二子场,别有传。

王通字公达,琅邪临沂人也。祖份,梁左光禄大夫。父琳,司徒左长史。琳,齐代娶梁武帝妹义兴长公主,有子九人,并知名。

通,梁世起家国子生,举明经,为秘书郎、太子舍人。以帝甥封武阳亭侯。累迁王府主簿、限外记室参军、司徒主簿、太子中庶子、骠骑庐陵王府给事中郎、中权何敬容府长史、给事黄门侍郎,坐事免。侯景之乱,奔于江陵。元帝以为散骑常侍,迁守太常卿,自侯景乱后,台内宫室,并皆焚烬,以通兼起部尚书,归于京师,专掌缮造。江陵陷,敬帝承制以通为吏部尚书。绍泰元年,加侍中,尚书如故。寻为尚书右仆射,吏部如故。高祖受禅,迁左仆射,侍中如故。文帝嗣位,领太子少傅。天康元年,为翊右将军、右光禄大夫,量置佐史。废帝即位,号安右将军,又领南徐州大中正。太建元年,迁左光禄大夫。六年,加特进,侍中、将军、光禄、佐史并如故。未拜,卒,时年七十二。诏赠本官,谥曰成,葬日给鼓吹一部。弟劢、弟固,各有传。

劢字公济,通之弟也,美风仪,博涉书史,恬然清简,未尝以利欲干怀。

梁世为国子《周易》生,射策举高第,除秘书郎、太子舍人、宣惠武陵王主簿、轻车河东王功曹史。王出镇京口，勔将随之藩。范阳张缵时典选举，勔造缵言别，缵嘉其风采，乃曰："王生才地，岂可游外府乎！"奏为太子洗马。迁中舍人、司徒左西属。出为南徐州别驾从事史。大同末，梁武帝谒园陵，道出朱方，勔随例迎候，敕勔令从辇侧，所经山川，莫不顾问，勔随事应对，咸有故实。又从登北顾楼，赋诗，辞义清典，帝甚嘉之。时河东王为广州刺史，乃以勔为冠军河东王长史、南海太守。王至岭南，多所侵掠，因惧罪称疾，委州还朝，勔行广州府事。越中饶沃，前后守宰，例多贪纵，勔独以清白著闻。入为给事黄门侍郎。侯景之乱，西奔江陵，元帝承制以为太子中庶子，掌相府管记。出为宁远将军、晋陵太守。时兵饥之后，郡中凋弊，勔为政清简，吏民便安之。征为侍中，迁五兵尚书。及西魏寇江陵，元帝征湘州刺史宜丰侯萧循入援，以为监湘州。江陵陷，敬帝承制以为中书令。绍泰元年，加侍中。高祖为司空，以勔兼司空长史，高祖为丞相，为兼丞相长史，侍中、中书令并如故。时吴中遭乱，民多乏绝，乃以勔监吴兴郡。及萧勃平后，又以勔旧在岭表，早有政勚，乃授使持节，都督广州等二十州诸军事、平南将军、平越中郎将、广州刺史。未行，改为衡州刺史，持节、都督并如故。王琳据有上流，衡、广携贰，勔不得之镇，留于大庾岭。天嘉元年，征为侍中、都官尚书。未拜，复为中书令，迁太子詹事，行东宫事，侍中并如故。加金紫光禄大夫，领度支尚书。废帝即位，加散骑常侍。太建元年，迁常书右仆射。时东境大水，百姓饥馑，以勔为仁武将军、晋陵太守，在郡甚有威惠，郡人表请立碑，颂勔政绩，诏许之。征为中书监，重授尚书右仆射，领右军将军。四年五月，卒，时年六十七。赠侍中、中书监。谥曰温。

　　袁敬字子恭，陈郡阳夏人也。祖颛，宋侍中、吏部尚书、雍州刺史。父昂，梁侍中、司空，谥穆公。敬纯孝有风格，幼便笃学，老而无倦。

　　释褐秘书郎，累迁太子舍人、洗马、中舍人。江陵沦覆，流寓岭表。高祖受禅，敬在广州依欧阳颁。及颁卒，其子纥据州，将有异志。敬累谏纥，为陈逆顺之理，言甚切至，纥终不从。高宗即位，遣章昭达率众讨纥。纥将败之时，恨不纳敬言，朝廷义之。其年，征为太子中庶子、通直散骑常侍。俄转司徒左长史。寻迁左民尚书，转都官尚书，领豫州大中正。累适太常卿、散骑常侍、金紫光禄大夫，加特进。至德三年，卒，时年七十九。赠左光禄大夫，谥曰靖德。子元友嗣。弟泌自有传。兄子枢。

枢字践言，梁吴郡太守君正之子也。美容仪，性沉静，好读书，手不释卷。家世显贵，资产充积，而枢独居处率素，傍无交往，端坐一室，非公事未尝出游，荣利之怀淡如也。

起家梁秘书郎。历太子舍人、轻车河东王主簿，安前邵陵王、中军宣成王二府功曹史。侯景之乱，枢往吴郡省父，因丁父忧。时四方扰乱，人求苟免，枢居丧以至孝闻。王僧辩平侯景，镇京城，衣冠争往造请，枢独杜门静居，不求闻达。绍泰元年，征为给事黄门侍郎。未拜，除员外散骑常侍，兼侍中。二年，兼吏部尚书。其年，出为吴兴太守。永定二年，征为左民尚书，未至，改侍中，掌大选事。三年，迁都官尚书，掌选如故。

枢博闻强识，明悉旧章。初，高祖长女永世公主先适陈留太守钱蔵，生子岊，主及岊并卒于梁世。高祖受命，唯公主追封。至是将葬，尚书主客请详议，欲加蔵驸马都尉，并赠岊官。枢议曰："昔王姬下嫁，必适诸侯，同姓为王，闻于《公羊》之说，车服不系，显于诗人之篇。汉氏初兴，列侯尚主，自斯以后，降嫔素族。驸马都尉，置□汉武，或以假诸功臣，或以加于戚属，是以魏曹植表驸马、奉车趣为一号。《齐职仪》曰：'凡尚公主，必拜驸马都尉，魏晋以来，因为瞻准。'盖以王姬之重，庶姓之轻，若不加其等级，宁可合卺而酳？所以假驸马之位，乃崇于皇女也。今公主早薨，伉俪已绝，既无礼数致疑，何须驸马之授？案杜预尚晋宣帝第二女高陵宣公主，晋武践祚，而主已亡，泰始中，追赠公主，元凯无复驸马之号。梁之帝女新安穆公主早薨，天监初，王氏无追拜之事。远近二例，足以据明。公主所生,既未及成人之礼,无劳此授,今宜追赠亭侯。"时以枢议为长。

天嘉元年,守吏部尚书。三年,即真。寻领右军将军,又领丹阳尹,本官如故。五年,以葬父,拜表□解,诏赐绢布五十匹,钱十万,令葬讫停宅视郡事。葬服阕,还复本职。其年秩满,解尹,加散骑常侍,将军、尚书并如故。是时,仆射到仲举虽参掌选事,铨衡汲引,并出于枢,其所举荐,多会上旨。谨慎周密,清白自居,文武职司,鲜有游其门者。废帝即位,迁尚书左仆射。光大元年,卒,时年五十一。赠侍中、左光禄大夫,谥曰简懿。有集十卷行于世。弟宪,自有传。

史臣曰:王冲、王通并以贵游早升清贯,而允蹈礼节,笃诚奉上,斯为美焉。王劢之襟神夷澹,袁枢之端操沉冥,虽拘放为异,而胜概一揆。古所谓名士者,盖在其人乎!

陈书卷一八
列传第一二

沈众　袁泌　刘仲威
陆山才　王质　韦载 族弟翙

沈众字仲师，吴兴武康人也。祖约，梁特进。父旋，梁给事黄门侍郎。

众好学，颇有文词，起家梁镇卫南平王法曹参军、太子舍人。是时，梁武帝制《千字诗》，众为之注解。与陈郡谢景同时召见于文德殿，帝令众为《竹赋》。赋成，奏，帝善之，手敕答曰："卿文体翩翩，可谓无忝尔祖。"当阳公萧大心为郢州刺史，以众为限内记室参军。寻除镇南湘东王记室参军。迁太子中舍人，兼散骑常侍，聘魏。还，迁骠骑庐陵王谘议参军，舍人如故。侯景之乱，众表于梁武，称家代所录故义部曲，并在吴兴，求还召募以讨贼，梁武许之。及景□□城，众率宗族及义附五千余人，入援京邑，顿于小航，对贼东府置阵，军容甚整，景深惮之。梁武于城内遥授众为太子右卫率。京城陷，众降于景。景平，西上荆州。元帝以为太子中庶子、本州大中正。寻迁司徒左长史。江陵陷，为西魏所虏，寻而逃还。敬帝承制授御史中丞。绍泰元年，除侍中，迁左民尚书。高祖受命，迁中书令，中正如故。高祖以众州里知名，甚敬重之，赏赐优渥，超于时辈。

众性吝啬，内治产业，财帛以亿计，无所分遗。其自奉养甚薄，每于朝会之中，衣裳破裂，或躬提冠屦。永定二年，兼起部尚书，监起太极殿。恒服布袍芒屩，以麻绳为带，又携干鱼蔬菜饭独啖之，朝

□共诮其所为。众性狷急，于是忿恨，遂历诋公卿，非毁朝廷。高祖大怒，以众素有令望，不欲显诛之，后因其休假还武康，遂于吴中赐死，时年五十六。

袁泌字文洋，左光禄大夫敬之弟也。清正有干局，容体魁岸，志行修谨。释褐员外散骑侍郎，历诸王府佐。

侯景之乱，泌欲求为将。是时泌兄君正为吴郡太守，梁简文板泌为东宫领直，令往吴中召募士卒。及景围台城，泌率所领赴援。京城陷，退保东阳，景使兵追之，乃自会稽东岭出溢城，依于鄱阳嗣王萧范。范卒，泌乃降景。

景平，王僧辩表泌为富春太守，兼丹阳尹。贞阳侯僭位，以泌为侍中，奉使于齐。高祖受禅，王琳据有上流，泌自齐从梁永嘉王萧庄达琳所。及庄□立，以泌为侍中、□相长史。天嘉二年，泌与琳辅庄至于栅口。琳□□，众皆奔散，唯泌独乘轻舟送庄达于北境，属庄于御史中丞刘仲威，令共入齐，然后拜辞而归，诣阙请罪。文帝深义之。寻授宁远始兴王府法曹参军，转谘议参军。除通直散骑常侍，兼侍中，领豫州大中正，聘于周。使还，授散骑常侍、御史中丞，其中正如故。高宗入辅，以泌为云旗将军、司徒左长史。光大元年，卒，年五十八。临终戒其子蔓华曰："吾于朝廷素无功绩，瞑目之后，敛手足旋葬，无得辄受赠谥。"其子述泌遗意，表请之。朝廷不许，赠金紫光禄大夫，谥曰质。

刘仲威，南阳涅阳人也。祖虬，齐世以国子博士征，不就。父之遴，荆州治中从事史。仲威少有志气，颇涉文史。梁承圣中，为中书侍郎。萧庄伪署御史中丞，随庄入齐，终于邺中。

仲威从弟广德，亦好学，负才任气。父之亨，梁安西湘东王长史、南郡太守。广德，承圣中，以军功官至给事黄门侍郎、湘东太守。荆州陷后，依于王琳。琳平，文帝以广德为宁远始兴王府限外记室参军，仍领其旧兵。寻为太尉侯瑱湘州府司马。历乐山、豫章二郡太守,新安内史。光大中,假节、员外散骑常侍、云旗将军、河东太守。太建元年,卒于郡,时年四十三。赠左卫将军。

陆山才字孔章,吴郡吴人也。祖翁宝,梁尚书水部郎。父泛,散骑常侍。山才少倜傥,好尚文史。范阳张续,续弟绾,并钦重之。

起家王国常侍,迁外兵参军。寻以父疾,东归侍养。承圣元年,王僧辩授山才仪同府西曹掾。高祖诛僧辩,山才奔会稽依张彪。彪败,乃归高祖。绍泰中,都督周文育出镇南豫州,不知书疏,乃以山才为长史,政事悉以委之。文育南讨克萧勃,擒欧阳頠,计画多出山才。及文育西征王琳,留山才监江州事,仍镇豫章。文育与侯安都于沌口败绩,余孝顷自新林来寇豫章,山才收合余众依于周迪。擒余孝顷、李孝钦等,遣山才自都阳之乐安岭东道送于京师。除中书侍郎。复由乐安岭缓抚南川诸郡。文育重镇豫章金口,山才复为贞威将军、镇南长史、豫章太守。文育为熊昙朗所害,昙朗囚山才等,送于王琳。未至,而侯安都败琳将常众爱于宫亭湖,由是山才获反,除贞威将军、新安太守。为王琳未平,留镇富阳,以捍东道。入为员外散骑常侍,迁宣惠始兴王长史,行东扬州事。侯安都讨留异,山才率王府之众从焉。异平,除明威将军、东阳太守,入为镇东始兴王长史,带会稽郡丞,行东扬州事。未拜,改授散骑常侍,兼度支尚书,满岁为真。高宗南征周迪,以山才为军司。迪平,复职。余孝顷自海道袭晋安,山才又以本官之会稽,指授方略。还朝,坐侍宴与蔡景历言语过差,为有司所奏,免官。寻授散骑常侍,迁云旗将军、西阳武昌二郡太守。天康元年,卒,时年五十八。赠右卫将军,谥曰简子。

王质字子贞,右光禄大夫通之弟也。少慷慨,涉猎书史。

梁世以武帝甥封甲口亭侯,补国子《周易》生,射策高第。起家秘书郎,太子舍人,尚书殿中郎。遭母忧,居丧以孝闻。服阕,除太子洗马、东宫领直。累迁中舍人、庶子。太清元年,除假节、宁远将军,领东宫兵从贞阳侯北伐。及贞阳败绩,质脱身逃还。侯景于寿阳构逆，质又领舟师随众军拒之。景军济江，质便退走，寻领步骑顿于宣阳门外。景军至京师，质不战而溃，乃剪发为桑门，潜匿人间。及柳仲礼等会援京邑，军据南岸，质又收合余众从之。京城陷后，西奔荆州，元帝承制以质为右长史，带河东太守。俄迁侍中。寻出为持节、都督吴州诸军事、宁远将军、吴州刺史，领鄱阳内史。荆州陷，侯瑱镇于溢城，与质不协，遣偏将羊亮代质，且以兵临之。质率所部度信安岭，依于留异。文帝镇会稽，以兵助质，令镇信安县。永定二年，高祖命质率所部逾岭出豫章，随都督周文育以讨王琳。质与琳素善，或谮云于军中潜信交通。高祖命周文育杀质，文育启请救之，获免。寻授散骑常侍、晋陵太守。文帝嗣位，征守五兵尚书。高宗为扬州刺史，以质为仁威将军、骠骑府长史。天嘉二年，除晋安太守。高宗辅政，以为司徒左长史，将军如故。坐公事免官。寻为通直散骑常侍，迁太府卿、都官尚书。太建二年，卒，时年六十。赠本官，谥曰安子。

韦载字德基，京兆杜陵人也。祖睿，梁开府仪同三司，永昌严公。父政，梁黄门侍郎。载少聪惠，笃志好学。年十二，随叔父棱见沛国刘显。显问《汉书》十事，载随问应答，曾无疑滞。及长，博涉文史，沉敏有器局。

起家梁邵陵王法曹参军，迁太子舍人、尚书三公郎。侯景之乱，元帝承制以为中书侍郎，寻为建威将军、寻阳太守，随都督王僧辩东讨侯景。是时，僧辩军于溢城，而鲁悉达、樊俊等，各拥兵保境，观望成败。元帝以载为假节、都督太原高唐新蔡三郡诸军事、高唐太守，仍衔命喻悉达等，令出军讨景。及大军东下，载率三郡兵自焦湖出栅口，与僧辩会于梁山。景平，除寇军将军、琅邪太守，寻奉使往东阳、晋安，招抚留异、陈宝应等。仍授信武将军、义兴太守。

高祖诛王僧辩，乃遣周文育轻兵袭载。未至，而载先觉，乃婴城自守。文育攻之甚急，载所属县卒并高祖旧兵，多善用弩。载收得数十人，系以长锁，命所亲监之，使射文育军。约曰"十发不两中者则死",每以辄中,所中皆毙,文育军稍却。因于城外据水立栅,相持数旬。高祖闻文育军不利,乃自将征之,克其水栅,仍遣载族弟翙,赍书喻载以诛王僧辩意,拜奉梁敬帝敕载解兵。载得书,乃以其众降于高祖。高祖厚加抚慰,即以其族弟翙监义兴郡,所部将帅并随才任使。引载恒置左右,与之谋议。

徐嗣徽、任约等引齐军济江,据石头城。高祖问计于载,载曰:"齐军若分兵先据三吴之路,略地东境,则时事去矣。今可急于淮南即侯景故垒筑城,以通东道转输,别命轻兵绝其粮运,使进无所虏,退无所资,则齐将之首,旬日可致。"高祖从其计。永定元年,除和戎将军、通直散骑常侍。二年,进号轻车将军。寻加散骑常侍、太子右卫率,将军如故。天嘉元年,以疾去官。载有田十余顷,在江乘县之白山。至是,遂筑室而居,屏绝人事,吉凶庆吊,无所往来,不入篱门者几十载。太建中,卒于家,时年五十八。载族弟翙。

翙字子羽,少有志操。祖爱,梁辅国将军。父乾向,汝阴太守。翙弱冠丧父,哀毁甚至,养母,抚孤兄弟子,以仁孝著称。高祖为南徐州刺史,召为征北参军。寻监义兴郡。永定元年,授贞毅将军、步兵校尉,迁骁骑将军,领朱衣直阁。骁骑之职,旧领营兵,兼统宿卫。自梁代以来,其任逾重,出则羽仪清道,入则与二卫通直,临轩则升殿侠侍。翙素有名望,每大事恒令侠侍左右,时人荣之,号曰"侠御将军"。寻出为宣城太守。天嘉二年,预平王琳之功,封清源县侯,邑二百户。太建中,卒官。赠明霍罗三州刺史。子宏,字德礼,有文学,历官至永嘉王府谘议参军。陈亡入隋。

史臣曰:昔邓禹基于文学,杜预出自儒雅,卒致军功,名著前代。晋氏丧乱,播迁江左,顾荣、郗鉴之辈,温峤、谢玄之伦,莫非巾褐书生,搢绅素誉,抗敌以卫社稷,立勋而升台鼎。自斯以降,代有其人。但梁室沸腾,懦夫立志,既身逢际会,见仗于时主,美矣!·

陈书卷一九
列传第一三

沈炯　虞荔 弟寄　马枢

沈炯字礼明,吴兴武康人也。祖瑀,梁寻阳太守。父续,王府记室参军。炯少有隽才,为当时所重。

释褐王国常侍,迁为尚书左民侍郎,出为吴令。侯景之难,吴郡太守袁君正入援京师,以炯监郡。京城陷,景将宋子仙据吴兴,遣使召炯,委以书记之任,炯固辞以疾。子仙怒,命斩之,炯解衣将就戮,碍于路间桑树,乃更牵往他所,或遽救之,仅而获免。子仙爱其才,终逼之令掌书记。及子仙为王僧辩所败,僧辩素闻其名,于军中购得之,酬所获者铁钱十万,自是羽檄军书皆出于炯。及简文遇害,四方岳牧皆上表于江陵劝进,僧辩令炯制表,其文甚工,当时莫有逮者。高祖南下,与僧辩会于白茅湾,登坛设盟,炯为其文。及侯景东奔至吴郡,获炯妻虞氏,子行简,并杀之,炯弟携其母逃而获免。侯景平,梁元帝悯其妻子婴戮,特封原乡县侯,邑五百户。僧辩为司徒,以炯为从事中郎。梁元帝征为给事黄门侍郎,领尚书左丞。

荆州陷,为西魏所虏,魏人甚礼之,授炯仪同三司。炯以母老在东,恒思归国,恐魏人爱其文才而留之,恒闭门却扫,无所交游。时有文章,随即弃毁,不令流布。尝独行经汉武通天台,为表奏之,陈己思归之意。其辞曰:“臣闻乔山虽掩,鼎湖之灵可祠,有鲁既荒,大庭之迹无泯。伏惟陛下降德猗兰,纂灵丰谷。汉道既登,神仙可望,射之罘于海浦,礼日观而称功,横中流于汾、河,指柏梁而高宴,何其乐也,岂不然欤!既而运属上仙,道穷晏驾,甲帐珠帘,一朝零落,茂陵玉碗,宛出人间,陵云故基,共原田而肮肮,别风余趾,对陵阜而茫茫,羁旅缧臣,能不落泪。昔承明既厌,严助东归,驷马可乘,长卿西返,恭闻故实,窃有愚心。黍稷非馨,敢忘徽福。"奏讫,其夜炯梦见有宫禁之所,兵卫甚严,炯便以情事陈诉,闻有人言:"甚不惜放卿还,几时可至。"少日,便与王克等并获东归。绍泰二年,至都,除司农卿,迁御史中丞。

高祖受禅,加通直散骑常侍,中丞如故。以母老,表请归养,诏不许。文帝嗣位,又表曰:"臣婴生不幸,弱冠而孤,母子零丁,兄弟相长。谨身为养,仕不择官,宦成梁朝,命存乱世,冒危履险,自死轻生,妻息诛夷,昆季冥灭,余臣母子,得逢兴运。臣母姜刘,今年八十有一,臣叔母姜丘,七十有五,臣门弟侄故自无人,姜丘儿孙,又久亡泯,两家侍养,余臣一人。前帝知臣之孤茕,养臣以州里,不欲使顿居草莱,又复矜臣温清,所以一年之内,再三休沐。臣之屡披丹款,频冒宸鉴,非欲苟违朝廷,远离畿辇。一者以年将六十,汤火居必,每跪读家书,前惧后喜,温枕扇席,无复成童。二者职居彝宪,邦之司直,若自亏身礼,何问国章?前德绸缪,始许哀放,内侍近臣,多悉此旨。正以选贤与能,广求明哲,趑趄茌苒,未始取才。而上玄降戾,奄至今日,德音在耳,坟土遽干,悠悠昊天,哀此罔极。兼臣私心煎切,弥迫近时,悾悾之祈,转忘尘触。伏惟陛下睿哲聪明,嗣兴下武,刑于四海,弘此孝治。寸管求天,仰归帷扆,有感必应,实望圣明。特乞霈然申其私礼,则王者之德,覃及无方,矧彼翔沈,孰非涵养。"诏答曰:"省表具怀。卿誉弛咸、雒,情深宛、沛。日者理切倚门,言归异域,复牵时役,遂乖侍养。虽周生之思,每欲弃官,《戴礼》垂文,得遗从政,前朝光宅四海,劬劳万机,以卿才为独步,职居专席,方深委任,屡屈情礼。朕嗣奉洪基,思弘景业,顾兹寡薄,兼缠哀疚,实赖贤哲,同致雍熙,岂便释简南闱,解绂东路。当令冯亲入舍,苟母从官,用睹朝荣,不亏家礼,寻敕所由,相迎尊累,使卿公私得所,并无废也。"初,高祖尝称炯宜居王佐,军国大政,多预谋谟。文帝又重其才用，欲宠贵之。会王琳入寇大雷，留异拥据东境，帝欲使炯因是立功，乃解中丞，加明威将军，遣还乡里，收合徒众。以疾卒于吴中，时年五十九。文帝闻之，即日举哀，并遣吊祭。赠侍中，谥曰恭子。有集二十卷，行于世。

虞荔字山披，会稽余姚人也。祖权，梁廷尉卿、永嘉太守。父检，平北始兴王谘议参军。荔幼聪敏，有志操。年九岁，随从伯阐候太常陆倕，倕问五经凡有十事，荔随问辄应，无有遗失，倕甚异之。又尝诣征士何胤，时太守衡阳王亦造焉，胤言之于王，王欲见荔，荔辞曰："未有板刺，无容拜谒。"王以荔有高尚之志，雅相钦重，还郡，即辟为主薄。荔又辞以年小，不就。及长，美风仪，博览坟籍，善属文。

释褐梁西中郎行参军。寻署法曹外兵参军，兼丹阳诏狱正。梁武帝于城西置士林馆，荔乃制碑奏上，帝命勒之于馆，仍用荔为士林学士。寻为司文郎，迁通直散骑侍郎，兼中书舍人。时左右之任，多参权轴，内外机务，互有带掌，唯荔与顾协淡然靖退，居于西省，但以文史见知，当时号为清白。寻领大著作。及侯景之乱，荔率亲属入台，除镇西谘议参军，舍人如故。台城陷，逃归乡里。侯景平，元帝征为中书侍郎，贞阳侯授扬州别驾，并不就。张彪之据会稽也，荔时在焉。及文帝平彪，高祖遗荔书曰："丧乱以来，贤哲凋散，君才用有美，声闻许、洛，当今朝廷惟新，广求英隽，岂可栖迟东土，独善其身？今令兄子将接出都，想必副朝廷虚迟也。"文帝又与书曰："君东南有美，声誉洽闻，自应翰飞京许，共康时弊，而刻迹丘园，保兹独善，岂使称空谷之望邪？必愿便尔俶装，且为出都之计。唯迟披观，在于兹日。"迫切之，不得已，乃应命至都。高祖崩，文帝嗣位，除太子中庶子，仍侍太子读书。寻领大著作、东扬扬州二州大中正，庶子如故。初，荔母随荔入台，卒于台内，寻而城陷，情礼不申。由是终身蔬食布衣，不听音乐，虽任遇隆重，而居止俭素，淡然无营。文帝深器之，常引在左右，朝夕顾访。荔性沈密，少言论，凡所献替，莫有见其际者，故不列于后焉。

时荔第二弟寄寓于闽中,依陈宝应,荔每言之辄流涕。文帝哀而谓曰:"我亦有弟在远,此情甚切,他人岂知。"乃敕宝应求寄,宝应终不遣。荔因以感疾,帝数往临视,令荔将家口入省。荔以禁中非私居之所,乞停城外,文帝不许,乃令住于兰台,乘舆再三临问,手敕中使,相望于道。又以荔蔬食积久,非羸疾所堪,乃敕曰:"能敦布素,乃当为高,卿年事已多,气力稍减,方欲仗委,良须克壮,今给卿鱼肉,不得固从所执也。"荔终不从。天嘉二年,卒,时年五十九。文帝甚伤惜之,赠侍中,谥曰德子。及丧枢还乡里,上亲出临送,当时荣之。子世基、世南,并少知名。

寄字次安,少聪敏。年数岁,客有造其父者,遇寄于门,因嘲之曰:"郎君姓虞,必当无智。"寄应声答曰:"文字不辨,岂得非愚?"客大惭,入谓其父曰:"此子非常人,文举之对,不是过也。"及长,好学,善属文,性冲静,有栖遁之志。

弱冠举秀才,对策高第,起家梁宣城王国左常侍。大同中,尝骤雨,殿前往往有杂色宝珠,梁武观之,甚有喜色,寄因上《瑞雨颂》。帝谓寄兄荔曰:"此《颂》典裁清拔,卿家之士龙也。将如何擢用?"寄闻之,叹曰:"美盛德之形容,以申击壤之情耳。吾岂买名求仕者乎?"乃闭门称疾,唯以书籍自娱。岳阳王为会稽太守,引寄为行参军,迁记室参军,领郡五官掾,又转中记室,掾如故。在职简略烦苛,务存大体,曹局之内,终日寂然。

侯景之乱,寄随兄荔入台,除镇南湘东王谘议参军,加贞威将军。京城陷,遁还乡里。及张彪往临川,强寄俱行。寄与彪将郑玮同舟而载,玮尝忤彪意,乃劫寄奔于晋安。时陈宝应据有闽中,得寄甚喜。高祖平侯景,寄劝令自结,宝应从之,乃遣使归诚。承圣元年,除和戎将军、中书侍郎。宝应爱其才,托以道阻不遣,每欲引寄为僚属,委以文翰,寄固辞获免。及宝应结婚留异,潜有逆谋,寄微知其意,言说之际,每陈逆顺之理,微以讽谏,宝应辄引说他事以拒之。又尝令左右诵《汉书》,卧而听之,至蒯通说韩信曰"相君之背,贵不可言",宝应蹶然起曰:"可谓智士!"寄正色曰:"覆郦骄韩,未足称

智,岂若班彪《王命》,识所归乎?"寄知宝应不可谏,虑祸及已,乃为
居士服以拒绝之。常居东山寺,伪称脚疾,不复起。宝应以为假托,
使烧寄所卧屋,寄安卧不动。亲近将扶寄出,寄曰:"吾命有所悬,避
欲安往?"所纵火者,旋自救之。宝应自此方信。及留异称兵,宝应
资其部曲,寄乃因书极谏曰:

　　东山虞寄致书于明将军使君节下:寄流离世故,飘寓贵
乡,将军待以上宾之礼,申以国士之眷,意气所感,何日忘之。
而寄沈痼弥留,喝阴将尽,常恐卒填沟壑,涓尘莫报,是以敢布
腹心,冒陈丹款,愿将军留须臾之虑,少思察之,则瞑目之日,
所怀毕矣。

　　夫安危之兆,祸福之机,□独天时,亦由人事。失之毫厘,
差以千里。是以明智之士,据重位而不倾,执大节而不失,岂惑
于浮辞哉?将军文武兼资,英威不世,往因多难,杖剑兴师,援
旗誓众,抗威千里,岂不以四郊多垒,共谋王室,匡时报主,宁
国庇民乎?此所以五尺童子皆愿荷戟而随将军者也。及高祖
武皇肇基草昧,初济□难,于时天下沸腾,民无定主,豺狼当
道,鲸鲵横击,海内业业,未知所从。将军运动微之鉴,折从衡
之辩,策名委质,自托宗盟,此将军妙算远图,发于衷诚者也。
及主上继业,钦明睿圣,选贤与能,群臣辑睦,结将军以维城之
重,崇将军以裂土之封。岂非宏谟庙略,推赤心于物也?屡申
明诏,款笃殷勤,君臣之分定矣,骨肉之恩深矣。不意将军惑于
邪说,遽生异计,寄所以疾首痛心,泣尽继之以血。万全之策,
窃为将军惜。寄虽疾侵耄及,言无足采,千虑一得,请陈愚
算。愿将军少戢雷霆,赊其晷刻,使得尽狂瞽之说,披肝胆之
诚,则虽死之日,由生之年也。

　　自天厌梁德,多难荐臻,寰宇分崩,英雄互起,不可胜纪,
人人自以为得之。然夷凶剪乱,拯溺扶危,四海乐推,三灵眷
命,揖让而居南面者,陈氏也。岂非历数有在,惟天所授,当璧
应运?其事甚明,一也。主上入基,明德远被,天纲再张,地维

重纽。夫以王琳之强,侯瑱之力,进足以摇荡中原,争衡天下,退足以屈强江外,雄张偏隅。然或命一旅之师,或资一士之说,琳则瓦解冰泮,投身异域,瑱则厥角稽颡,委命阙廷。斯又天假之威,而除其患。其事甚明,二也。今将军以藩戚之重,东南之众,尽忠奉上,戮力勤王,岂不勋高窦融,宠过吴芮,析珪判野,南面称孤?其事甚明,三也。且圣朝弃瑕忘过,宽厚得人,改过自新,咸加叙擢。至于余孝顷、潘纯陀、李孝钦、欧阳頠等,悉委以心腹,任以爪牙,胸中豁然,曾无纤芥。况将军峁非张绣,罪异毕谌,当何虑于危亡,何失于富贵?此又其事甚明,四也。方今周、齐邻睦,境外无虞,并兵一向,匪朝伊夕,非刘、项竞逐之机,楚、赵连从之势,何得雍容高拱,坐论西伯?其事甚明,五也。且留将军狼顾一隅,亟经摧衄,声实亏丧,胆气衰沮。高瓛、向文政、留瑜、黄子玉,此数人者,将军所知,首鼠两端,唯利是视。其余将帅,亦可见矣。孰能被坚执锐,长驱深入,系马埋轮,奋不顾命,以先士卒者乎?此又其事甚明,六也。且将军之强,孰如侯景?将军之众,孰如王琳?武皇灭侯景于前,今上摧王琳于后,此乃天时,非复人力。且兵革已后,民皆厌乱,其孰能弃坟墓,捐妻子,出万死不顾之计,从将军于白刃之间乎?此又其事甚明,七也。历观前古,鉴之往事,子阳、季孟,倾覆相寻,馀善、石渠,危亡继及,天命可畏,山川难恃。况将军欲以数郡之地,当天下之兵,以诸侯之资,拒天子之命,强弱逆顺,可得侔乎?此又其事甚明,八也。且非我族类,其心必异。不爱其亲,岂能及物?留将军身縻国爵,子尚王姬,犹且弃天属而弗顾,背明君而孤立,危急之日,岂能同忧共患,不背将军者乎?至于师老力屈,惧诛利赏,必有韩、智晋阳之谋,张、陈井陉之势。此又其事甚明,九也。且北军万里远斗,锋不可当,将军自战其地,人多顾后。梁安背向为心,修昕匹夫之力,众寡不敌,将帅不侔,师以无名而出,事以无机而动,以此称兵,未知其利。夫以汉朝吴、楚,晋室颖、颙,连城数十,长戟百万,拔本塞源，自图家国，其有成功者乎？此又其事甚明，十也。

为将军计者，莫若不远而复，绝亲留氏，秦郎、快郎，随遣入质，释甲偃兵，一遵诏旨。且朝廷许以铁券之要，申以白马之盟，朕弗食言，誓之宗社。寄闻明者鉴未形，智者不再计。此成败之效，将军勿疑。吉凶之几，间不容发。方今藩维尚少，皇子幼冲，凡预宗枝，皆蒙宠树。况以将军之地，将军之才，将军之名，将军之势，而能克修藩服，北面称臣，宁与刘泽同年而语其功业哉？岂不身与山河等安，名与金石相敝？愿加三思，虑之无忽。寄气力绵微，余阴无几，感恩怀德，不觉狂言，铁钺之诛，甘之如荠。

宝应览书大怒。或谓宝应曰："虞公病势渐笃，言多错谬。"宝应意乃小释，亦为寄有民望，且优容之。及宝应败走，夜至蒲田，顾谓其子扞秦曰："早从虞公计，不至今日。"扞秦但泣而已。宝应既擒，凡诸宾客微有交涉者，皆伏诛，唯寄以先识免祸。初，沙门慧摽涉猎有才思，及宝应起兵，作五言诗以送之，曰："送马犹临水，离旗稍引风，好看今夜月，当入紫微宫。"宝应得之甚悦。慧摽赍以示寄，寄一览便止，正色无言。摽退，寄谓所亲曰："摽公既以此始，必以此终。"后竟坐是诛。

文帝寻敕都督章昭达以理发遣，令寄还朝。及至，即日引见，谓寄曰："管宁无恙。"其慰劳之怀若此。顷之，文帝谓到仲举曰："衡阳王既出阁，虽未置府僚，然须得一人旦夕游处，兼掌书记，宜求宿士有行业者。"仲举未知所对，文帝曰："吾自得之。"乃手敕用寄。寄入谢，文帝曰："所以暂屈卿游藩者，非止以文翰相烦，乃令以师表相事也。"寻兼散骑常侍，聘齐，寄辞老疾，不行，除国子博士。顷之，又表求解职归乡里，文帝优旨报答，许其东还。仍除东扬州别驾，寄又以疾辞。高宗即位，征授扬州治中及尚书左丞，并不就。乃除东中郎建安王谘议，加戎昭将军，又辞以疾，不任旦夕陪列。王于是特令停王府公事，其有疑议，就以决之，但朔望笺修而已。太建八年，加太中大夫，将军如故。十一年，卒，时年七十。

寄少笃行，造次必于仁厚，虽僮竖未尝加以声色，至于临危执节，则辞气凛然，白刃不惮也。自流寓南土，与兄荔隔绝，因感气病，每得荔书，气辄奔剧，危殆者数矣。前后所居官，未尝至秩满，才期年数月，便自求解退。常曰：“知足不辱，吾知足矣。”及谢病私庭，每诸王为州将，下车必造门致礼，命释鞭板，以几杖侍坐。常出游近寺，闾里传相告语，老幼罗列望拜道左。或言誓为约者，但指寄便不欺，其至行所感如此。所制文笔，遭乱多不存。

马枢字要理，扶风郿人也。祖灵庆，齐竟陵王录事参军。枢数岁，而父母俱丧，为其姑所养。六岁，能诵《孝经》、《论语》、《老子》。及长，博极经史，尤善佛经及《周易》、《老子》义。

梁邵陵王纶为南徐州刺史，素闻其名，引为学士。纶时自讲《大品经》，令枢讲《维摩》、《老子》、《周易》，同日发题，道俗听者二千人。王欲极观优劣，乃谓众曰：“与马学士论义，必使屈伏，不得空立主客。”于是，数家学者，各起问端。枢乃依次剖判，开其宗旨，然后枝分流别，转变无穷，论者拱默听受而已。纶甚嘉之，将引荐于朝廷。寻遇侯景之乱，纶举兵援台，乃留书二万卷以付枢。枢肆志寻览，殆将周遍，乃喟然叹曰：“吾闻贵爵位者以巢、由为桎梏，爱山林者以伊、吕为管库，束名实则刍芥柱下之言，玩清虚则糠秕席上之说，稽之笃论，亦各从其好也。然支父有让王之介，严子有傲帝之规，千载美谈，所不废也。比求志之士，望涂而息，岂天之不惠高尚，何山林之无闻甚乎？”乃隐乎茅山，有终焉之志。天嘉元年，文帝征为度支尚书，辞不应命。时枢亲故，并居京口，每秋冬之际，时往游焉。及鄱阳王为南徐州刺史，钦其高尚，鄙不能致，乃卑辞厚意，令使者邀之，前后数反，枢固辞以疾。门人或进曰：“鄱阳王待以师友，非关爵位，市朝之间，何妨静默。”枢不得已，乃行。王别筑室以处之，枢恶其崇丽，乃于竹林间自营茅茨而居焉。每王公馈饷，辞不获已者，率十分受一。

枢少属乱离，每所居之处，盗贼不入，依托者常数百家。目精洞黄，难视暗中物，常有白燕一双，巢其庭树，驯狎榈庑，时集几案，春来秋去,几三十年。太建十三年,卒,时年六十。撰《道觉论》二十卷,行于世。

史臣曰:沈炯仕于梁室,年在知命,冀郎署之薄官,止邑宰之卑职,及下笔盟坛,属辞劝表,激扬旨趣,信文人之伟者欤!虞荔之献筹沈密,尽其诚款,可谓有益明时矣。

陈书卷二○
列传第一四

到仲举　韩子高　华皎

　　到仲举字德言,彭城武原人也。祖坦,齐中书侍郎。父洽,梁侍中。仲举无他艺业,而立身耿正。

　　释褐著作佐郎、太子舍人、王府主簿。出为长城令,政号廉平。文帝居乡里,尝诣仲举,时天阴雨,仲举独坐斋内,闻城外有箫鼓之声,俄而文帝至,仲举异之,乃深自结托。文帝又尝因饮,夜宿仲举帐中,忽有神光五彩照于室内,由是祗承益恭。侯景之乱,仲举依文帝。及景平,文帝为吴兴郡守,以仲举为郡丞,与颍川庾持俱为文帝宾客。文帝为宣毅将军,以仲举为长史,寻带山阴令。文帝嗣位,授侍中,参掌选事。天嘉元年,守都官尚书,封宝安县侯,邑五百户。三年,除都官尚书。其年,迁尚书右仆射、丹阳尹,参掌并如故。寻改封建昌县侯。仲举既无学术,朝章非所长,选举引用,皆出自袁枢。性疏简,不干涉世务,与朝士无所亲狎,但聚财酤饮而已。六年,秩满,解尹。是时,文帝积年寝疾,不亲御万机,尚书中事,皆使仲举断决。天康元年,迁侍中,尚书仆射,参掌如故。文帝疾甚,入侍医药。及文帝崩,高宗受遗诏,为尚书令入辅,仲举与左丞王暹、中书舍人刘师知、殷不佞等,以朝望有归,乃遣不佞矫宣旨遣高宗还东府。事发,师知下北狱赐死,暹、不佞并付治,乃以仲举为贞毅将军、金紫光禄大夫。初,仲举子郁尚文帝妹信义长公主,官至中书侍郎。出为宣城太守,文帝配以士马。是年,迁为南康内史,以国哀未之任。

仲举既废居私宅，与郁皆不自安。时韩子高在都，人马素盛，郁每乘小舆、蒙妇人衣与子高谋。子高军主告言其事，高宗收子高、仲举及郁并付廷尉。诏曰："到仲举庸劣小才，坐叨显贵，受任前朝，荣宠隆赫，父参王政，子据大邦，礼盛外姻，势均戚里。而肆此骄暗，凌傲百司，遏密之初，擅行国政，排黜懿亲，欺蔑台衮。韩子高蕞尔细微，擢自卑末，入参禁卫，委以腹心，蜂虿有毒，敢行反噬。仲举、子高共为表里，阴构奸谋，密为异计。安成王，朕之叔父，亲莫重焉，受命导扬，禀承顾托，以朕冲弱，属当保佑。家国安危，事归宰辅，伊、周之重，物无异议，将相旧臣，咸知宗仰。而率聚凶徒，欲相掩袭，屯据东城，进逼崇礼，规树仲举，以执国权，陵斥司徒，意在专政，潜结党附，方危社稷。赖祖宗之灵，奸谋显露。前上虞令陆昉等，具告其事，并有据验，并克今月七日，纵其凶谋。领军将军明彻，左卫将军、卫尉卿宝安及诸公等，又并知其事。二三衅迹，彰于朝野，反道背德，事骇闻见。今大憝克殄，罪人斯得，并可收付廷尉，肃正刑书。罪止仲举父子及子高三人而已，其余一从旷荡，并所不问。"促举及郁并于狱赐死，时年五十一。郁诸男女，以帝甥获免。

韩子高，会稽山阴人也。家本微贱。侯景之乱，寓在京都。景平，文帝出守吴兴。子高年十六，为总角，容貌美丽，状似妇人，于淮渚附部伍寄载欲还乡。文帝见而问之曰："能事我乎？"子高许诺。子高本名蛮子，文帝改名之。性恭谨，勤于侍奉，恒执备身刀及传酒炙。文帝性急，子高恒会意旨。及长，稍习骑射，颇有胆决，愿为将帅。及平杜龛，配以士卒。文帝甚宠爱之，未尝离于左右。文帝尝梦见骑马登山，路危欲坠，子高推捧而升。文帝之讨张彪也，沈泰等先降，文帝据有州城，周文育镇北郭香严寺。张彪自剡县夜还袭城，文帝自北门出，仓卒暗夕，军人扰乱，文育亦未测文帝所在，唯子高在侧。文帝乃遣子高自乱兵中往见文育，反命，酬答于暗中，又往慰劳众军。文帝散兵稍集，子高引导入文育营，因共立栅。明日，与彪战。彪将申缙复降，彪奔松山，浙东平。文帝乃分麾下多配子高。子高亦轻财礼士,归之者甚众。文帝嗣位,除右军将军。天嘉元年,封文招县子,邑三百户。王琳至于栅口,子高宿卫台内。及琳平,子高所统益多,将士依附之者,子高尽力论进,文帝皆任使焉。二年,迁员外散骑常侍、壮武将军、成州刺史,及征留异,随侯安都顿桃支岭岩下。时子高兵甲精锐,别御一营,单马入阵,伤项之左,一髻半落。异平,除假节、贞毅将军、东阳太守。五年,章昭达等自临川征晋安,子高自安泉岭会于建安,诸将中人马最为强盛。晋安平,以功迁通直散骑常侍,进爵为伯,增邑并前四百户。六年,征为右卫将军,至都,镇领军府。文帝不豫,入侍医药。废帝即位,迁散骑常侍,右卫如故,移顿于新安寺。高宗入辅,子高兵权过重,深不自安,好参访台阁,又求出为衡、广诸镇。光大元年八月,前上虞县令陆昉及子高军主告其谋反。高宗在尚书省,因召文武在位议立皇太子,子高预焉。平旦入省,执之,送廷尉,其夕与到仲举同赐死。时年三十。父延庆及子弟并原宥。延庆因子高之宠,官至给事中、山阴令。

华皎,晋陵暨阳人,世为小吏。

皎,梁代为尚书□部令史。侯景之乱,事景党王伟。高祖南下,文帝为景所囚,皎遇文帝甚厚。景平,文帝为吴兴太守,以皎为都录事,军府谷帛,多以委之。皎聪慧,勤于簿领。及文帝平杜龛,仍配以人马甲仗,犹为都录事。御下分明,善于抚养。时兵荒之后,百姓饥馑,皎解衣推食,多少必均。因稍擢为暨阳、山阴二县令。文帝即位,除开远将军、左军将军。天嘉元年,封怀仁县伯,邑四百户。王琳东下,皎随侯瑱拒之。琳平,镇溢城,知江州事。时南州守宰多乡里酋豪,不遵朝宪,文帝令皎以法驭之。王琳奔散,将卒多附于皎。三年,除假节、通直散骑常侍、仁武将军、新州刺史资,监江州。寻诏督寻阳太原高唐南北新蔡五郡诸军事、寻阳太守,假节、将军、州资、监如故。周迪谋反,遣其兄子伏甲于船中,伪称贾人,欲于溢城袭皎。未发,事觉,皎遣人逆击之,尽获其船仗。其年,皎随都督吴明彻征迪。迪平,以功授散骑常侍、平南将军、临川太守,进爵为侯,增封并前五百户。未拜，入朝，仍授使持节、都督湘巴等四州诸军事、湘州刺史，常侍、将军如故。皎起自下吏，善营产业。湘川地多所出，所得并入朝廷，粮运竹木，委输甚众，至于油蜜脯菜之属，莫不营办。又征伐川洞，多致铜鼓、生口，并送于京师。废帝即位，进号安南将军，改封重安县侯，食邑一千五百户。文帝以湘州出杉木舟，使皎营造大舰金翅等二百余艘，并诸水战之具，欲以入汉及峡。

韩子高诛后，皎内不自安，缮甲聚徒，厚礼所部守宰。高宗频命皎送大舰金翅等，推迁不至。光大元年，密启求广州，以观时主意。高宗伪许之，而诏书未出，皎亦遣使句引周兵，又崇奉萧岿为主，士马甚盛。诏乃以吴明彻为湘州刺史，实欲以轻兵袭之。是时，虑皎先发，乃前遣明彻率众三万乘金翅直趋郢州，又遣抚军大将军淳于量率众五万乘大舰以继之，又令假节、寇武将军杨文通别从安城步道出茶陵，又令巴山太守黄法慧别从宜阳出沣陵，往掩袭，出其不意，并与江州刺史章昭达、郢州刺史程灵洗等参谋讨贼。是时，萧岿遣水军为皎声援，周武又遣其弟卫国公宇文直率众屯鲁山，又遣其柱国长胡公拓跋定率人马三万攻围郢州，萧岿授皎司空，巴州刺史戴僧朔，衡阳内史任蛮奴，巴陵内史潘智虔，岳阳太守章昭裕，杜阳太守曹宣，湘东太守钱明，并隶于皎。又长沙太守曹庆等本隶皎下，因为之用。帝恐上流宰守并为皎扇惑，乃下诏曰："贼皎舆皂微贱，特逢奖擢，任据藩牧，属当宠寄，背斯造育，兴构奸谋，树立萧氏，盟约彭露，鸩毒存心，志危宗社，扇结边境，驱逼士庶，蚁聚巴、湘，豕突鄢、郢，逆天反地，人神忿嫉。征南将军量、安南将军明彻、郢州刺史灵洗，受律专征，备尽心力，抚劳骁雄，舟师俱进，义烈争奋，凶恶奔殄，献捷相望，重氛载廓，言念泣罪，思与惟新。可曲赦湘、巴二州，凡厥为贼所逼制，预在凶党，悉皆不问，其贼主帅节相，并许开恩出首，一同旷荡。"先是，诏又遣司空徐度与杨文通等自安成步出湘东，以袭皎后。时皎阵于巴州之白螺，列舟舰与王师相持未决，及闻徐度趋湘州，乃率兵自巴、郢因便风下战。淳于量、吴明彻等募军中小舰，多赏金银，令先出当贼大舰，受其拍。贼舰发拍皆尽，然后官军以大舰拍之，贼舰皆碎，没于中流。贼又以大舰载薪，因风放火，俄而风转自焚，贼军大败。皎乃与戴僧朔单舸走，过巴陵，不敢登城，径奔江陵。拓跋定等无复船渡，步趋巴陵。巴陵城邑为官军所据，乃向湘州。至水口，不得济，食且尽，诣军请降。俘获万余人，马四千余匹，送于京师。皎党曹庆、钱明、潘智虔、鲁闲、席慧略等四十余人并诛，唯任蛮奴、章昭裕、曹宣、刘广业获免。

戴僧朔，吴郡钱塘人也，有膂力，勇健善战。族兄右将军僧锡甚爱之。僧锡年老，征讨恒使僧朔领众。平王琳有功。僧锡卒，仍代为南丹阳太守，镇采石。从征留异，侯安都于岩下出战，为贼斫伤，僧朔单刀步援。以功除壮武将军，北江州刺史，领南陵太守。又从征周迪有功，迁巴州刺史、假节，将军如故。至是，同皎为逆，伏诛于江陵。曹庆本王琳将，萧庄伪署左卫将军、吴州刺史，部领亚于潘纯陀。琳败，文帝以配皎，官至长沙太守。钱明本高祖主帅，后历湘州诸郡守。潘智虔，纯陀之子，少有志气，年二十，为巴陵内史。鲁闲，吴郡钱塘人。席慧略，安定人。闲本张彪主帅。慧略，王琳部下。文帝皆配于皎，官至郡守，并伏诛。章昭裕，昭达弟。刘广业，广德之弟。曹宣，高祖旧臣。任蛮奴尝有密启于朝廷。由是并获宥。

史臣曰：韩子高、华皎虽复瓶筲小器，舆台末品，文帝鉴往古之得人，救当今之急弊，达聪明目之术，安黎和众之宜，寄以腹心，不论胄阀。皎早参近昵，尝预艰虞，知其无隐，赏以悉力，有见信之诚，非可疑之地。皎据有上游，忠于文帝。仲举、子高亦无爽于臣节者矣。

陈书卷二一
列传第一五

谢哲　萧乾　谢嘏　张种
王固　孔奂　萧允 <small>弟引</small>

　　谢哲字颖豫，陈郡阳夏人也。祖朏，梁司徒。父谖，梁右光禄大夫。哲美风仪，举止酝藉，而襟情豁然，为士君子所重。

　　起家梁秘书郎，累迁广陵太守。侯景之乱，以母老，因寓居广陵。高祖自京口渡江，应接郭元建，哲乃委质，深被敬重。高祖为徐州刺史，表哲为长史。荆州陷，高祖使哲奉表于晋安王劝进。敬帝承制征为给事黄门侍郎，领步兵校尉，贞阳侯僭位以哲为通直散骑常侍，侍东宫。敬帝即位，迁长兼侍中。高祖受命，迁都官尚书、豫州大中正、吏部尚书。出为明威将军、晋陵太守。入为中书令。世祖嗣位，为太子詹事。出为明威将军、衡阳内史，秩中二千石。迁长沙太守，将军、加秩如故。还除散骑常侍、中书令。废帝即位，以本官领前将军。高宗为录尚书，引为侍中、仁威将军、司徒左长史。未拜，光大元年卒，时年五十九。赠侍中、中书监，谥康子。

　　萧乾字思惕，兰陵人也，祖嶷，齐丞相、豫章文献王。父子范，梁秘书监。乾容止雅正，性恬简，善隶书，得叔父云之法。年九岁，召补国子《周易》生，梁司空袁昂时为祭酒，深敬重之。

　　十五，举明经，释褐东中郎湘东王法曹参军，迁太子舍人。建安侯萧正立出镇南豫州，又板录事参军。累迁中军宣城王中录事谘议参军。侯景平,高祖镇南徐州,引乾为贞威将军、司空从事中郎,迁中书侍郎、太子家令。永定元年,除给事黄门侍郎。是时熊昙朗在豫章,周迪在临川,留异在东阳,陈宝应在建、晋,共相连结,闽中豪帅,往往立砦以自保。高祖甚患之,乃令乾往使,谕以逆顺,并观虚实。将发,高祖谓乾曰:"建、晋恃崄,好为奸宄,方今天下初定,难便出兵。昔陆贾南征,赵他归顺,随何奉使,黥布来臣,追想清风,仿佛在目。况卿坐镇雅俗,才高昔贤,宜勉建功名,不烦更劳师旅。"乾既至,晓以逆顺,所在渠帅,并率部众开壁款附。其年,就除贞威将军、建安太守。天嘉二年,留异反,陈宝应将兵助之,又资周迪兵粮出寇临川,因逼建安。乾单使临郡,素无士卒,力不能守,乃弃郡以避宝应。时闽中守宰,并为宝应迫胁,受其署置,乾独不为屈,徙居郊野,屏绝人事。及宝应平,乃出诣都督章昭达。昭达以状表闻,世祖甚嘉之,超授五兵尚书。光大元年,卒。谥曰静子。

谢嘏字含茂,陈郡阳夏人也。祖瀹,齐金紫光禄大夫。父举,梁中卫将军、开府仪同三司。嘏风神清雅,颇善属文。

起家梁秘书郎,稍迁太子中庶子,掌东宫管记。出为建安太守。侯景之乱,嘏之广州依萧勃。承圣中,元帝征为五兵尚书,辞以道阻,转授智武将军。萧勃以为镇南长史、南海太守。勃败,还至临川,为周迪所留。久之,又度岭之晋安,依陈宝应。世祖前后频召之,嘏崎岖寇虏,不能自拔。及宝应平,嘏方诣阙,为御史中丞江德藻所举劾,世祖不加罪责,以为给事黄门侍郎,寻转侍中。天康元年,以公事免,寻复本职。光大元年,为信威将军、中卫始兴王长史,迁中书令、豫州大中正、都官尚书,领羽监,中正如故。太建元年,卒。赠侍中、中书令。谥曰光子。有文集行于世。二子俨、伸。俨官至散骑常侍、侍中、御史中丞、太常卿,出监东扬州。祯明二年,卒于会稽。赠中护军。

张种字士苗,吴郡人也。祖辩,宋司空右长史、广州刺史。父略,梁太子中庶子、临海太守。种少恬静，居处雅正，不妄交游，傍无造请。时人为之语曰："宋称敷、演，梁则卷、充；清虚学尚，种有其风。"

仕梁王府法曹，迁外兵参军，以父忧去职。服阕，为中军宣城王府主薄。种时年四十余，家贫，求为始丰令，入除中卫西昌侯府西曹掾。时武陵王为益州刺史，重选府僚，以种为征西东曹掾。种辞以母老，抗表陈请，为有司所奏，坐黜免。侯景之乱，种奉其母东奔，久之，得达乡里。俄而母卒，种时年五十，而毁瘠过甚。又迫以凶荒，未获时葬，服制虽毕，而居处饮食恒若在丧。及景平，司徒王僧辩以状奏闻，起为贞威将军、治中从事史，并为具葬礼。葬讫，种方即吉，僧辩又以种年老，傍无胤嗣，赐之以妾，及居处之具。贞阳侯僭位，除廷尉卿、太子中庶子。敬帝即位，为散骑常侍，迁御史中丞，领前军将军。高祖受禅，为太府卿。天嘉元年，除左民尚书。二年，权监吴郡，寻征复本职，迁侍中，领步兵校尉。以公事免，白衣兼太常卿，俄而即真。废帝即位，加领右军将军。未拜，改领弘善宫卫尉，又领扬、东扬二州大中正。高宗即位，重为都官尚书，领左骁骑将军，迁中书令，骁骑、中正并如故。以疾授金紫光禄大夫。种沉深虚静，而识量宏博，时人皆以为宰相之器。仆射徐陵尝抗表让位于种，曰："臣种器怀沈密，文史优裕，东南贵秀，朝庭亲贤，克壮其猷，宜居左执。"其为时所推重如此。太建五年，卒，时年七十。赠特进，谥曰元子。

种仁恕寡欲，虽历居显位，而家产屡空，终日晏然，不以为病。太建初，女为始兴王妃，以居处僻陋，特赐宅一区，又累赐无锡、嘉兴县侯秩。尝于无锡见有重囚在狱，天寒，呼出曝日，遂失之。世祖大笑，而不深责。有集十四卷。

种弟棱，亦清静有识度，官至司徒左长史。太建十一年，卒，时年七十。赠光禄大夫。种族子稚才，齐护军孙冲之。少孤介特立，仕为尚书金部郎中，迁右丞、建康令、太舟卿、扬州别驾从事史。兼散骑常侍，使于周。还为司农、廷尉卿。所历并以清白称。

王固字子坚,左光禄大夫通之弟也。少清正,颇涉文史,以梁武帝甥封莫口亭侯。

举秀才,起家梁秘书郎。迁太子洗马,掌东宫管记。丁所生母忧,去职。服阕,除丹阳尹。承侯景之乱,奔于荆州。梁元帝承制以为相国户曹属,掌管记。寻聘于西魏,魏人以其梁氏外戚,待之甚厚。承圣元年,迁太子中庶子,寻为贞威将军、安南长史、寻阳太守。荆州陷,固之鄱阳,随兄质度东岭,居信安县。绍泰元年,征为侍中,不就。永定中,移居吴郡。世祖以固清静,且欲申以婚姻。天嘉二年,至都,拜国子祭酒。三年,迁中书令。四年,又为散骑常侍、国子祭酒。其年,以固女为皇太子妃,礼遇甚重。废帝即位,授侍中、金紫光禄大夫。时高宗辅政,固以废帝外戚,奶媪恒往来禁中,颇宣密旨。事泄,比将伏诛,高宗以固本无兵权,且居处清洁,止免所居官,禁锢。太建二年,随例为招远将军、宣惠豫章王谘议参军,迁太中大夫、太常卿、南徐州大中正。七年,卒官,时年六十三。赠金紫光禄大夫。丧事所须,随由资给。至德二年,改葬,谥曰恭子。

固清虚寡欲,居丧以孝闻,又崇信佛法。及丁所生母忧,遂终身蔬食,夜则坐禅,昼诵佛经,兼习《成实论》义,而于玄言非所长。尝聘于西魏,因宴飨之际,请停杀一羊,羊于固前跪拜。又宴于昆明池,魏人以南人嗜鱼,大设罟纲。固以佛法咒之,遂一鳞不获。子宽,官至司徒左长史、侍中。

孔奂字休文,会稽山阴人也。曾祖琇之,齐左民尚书、吴兴太守。祖珲,太子舍人、尚书三公郎。父稚孙,梁宁远枝江公主簿、无锡令。奂数岁而孤,为叔父虔孙所养。好学,善属文,经史百家,莫不通涉。沛国刘显,时称学府,每共奂讨论,深相叹服,乃执奂手曰:“昔伯喈坟素悉与仲宣,吾当希彼蔡君,足下无愧王氏。”所保书籍,寻以相付。

州举秀才,射策高第,起家扬州主簿、宣惠湘东王行参军,并不就。又除镇西湘东王外兵参军,入为尚书仓部郎中,迁仪曹侍郎。时左民郎沈炯为飞书所谤，将陷重辟，事连台阁，人怀忧惧。奂廷议理之，竟得明白。丹阳尹何敬容以奂刚正，请补功曹史。出为南昌侯相，值侯景乱，不之官。京城陷，朝士并被拘絷，或荐奂于贼帅侯子鉴，子鉴命脱桎梏，厚遇之，令掌书记。时景军士悉恣其凶威。子鉴，景之腹心，委任又重，朝士见者，莫不卑俯屈折，奂独敖然自若，无所下。或谏奂曰：“当今乱世，人思苟免，獯羯无知，岂可抗之以义？”奂曰：“吾性命有在，虽未能死，岂可取媚凶丑，以求全乎？”时贼徒剥掠子女，拘逼士庶，奂每保持之，得全济者甚众。寻遭母忧，哀毁过礼。时天下丧乱，皆不能终三年之丧，唯奂及吴国张种，在寇乱中守持法度，并以孝闻。及景平，司徒王僧辩先下辟书，引奂为左西曹掾，又除丹阳尹丞。梁元帝于荆州即位，征奂及沈炯，并令西上。僧辩累表请留之，帝手敕报僧辩曰：“孔、沈二士，今且借公。”其为朝廷所重如此。仍除太尉从事中郎。僧辩为扬州刺史，又补扬州治中从事史。时侯景新平，每事草创，宪章故事，无复存者。奂博物强识，甄明故实，问无不知，仪注礼式，笺表书翰，皆出于奂。高祖作相，除司徒右长史，迁给事黄门侍郎。齐遣东方老、萧轨等来寇，军至后湖，都邑搔扰。又四方壅隔，粮运不继，三军取给，唯在京师。乃除奂为贞威将军、建康令。时累岁兵荒，户口流散，勍敌忽至，征求无所。高祖克日决战，乃令奂多营麦饭，以荷叶裹之，一宿之间，得数万裹，军人旦食讫，弃其余，因而决战，遂大破贼。

高祖受禅，迁太子中庶子。永定二年，除晋陵太守。晋陵自宋、齐以来，旧为大郡，虽经寇扰，犹为全实。前后二千石多行侵暴，奂清白自守，妻子并不之官，唯以单船临郡，所得秩俸，随即分赡孤寡，郡中大悦，号曰“神君”。曲阿富人殷绮，见奂居处素俭，乃饷衣一袭，毡被一具。奂曰：“太守身居美禄，何为不能办此？但民有未周，不容独享温饱耳。劳卿厚意，幸勿为烦。”初，世祖在吴中，闻奂善政，及践祚，征为御史中丞，领扬州大中正。奂性刚直，善持理，多所纠劾，朝廷甚敬惮之。深达治体，每所敷奏，上未尝不称善，百司滞事，皆付奂决之。迁散骑常侍，领步兵校尉、中书舍人，掌诏诰，扬、东扬二州大中正。天嘉四年，重除御史中丞，寻为五兵尚书，常侍、中正如故。时世祖不豫，台阁众事并令仆射到仲举共奂决之。及世祖疾笃，奂与高宗及仲举并吏部尚书袁枢、中书舍人刘师知等，入侍医药。世祖尝谓奂等曰："今三方鼎峙，生民未乂，四海事重，宜须长君。朕欲近则晋成，远隆殷法，卿等须遵此意。"奂乃流涕歔欷而对曰："陛下御膳违和，痊复非久，皇太子春秋鼎盛，圣德日跻，安成王介弟之尊，足为周旦阿衡宰辅，若有废立之心，臣等愚，诚不敢闻诏。"世祖曰："古之遗直，复见于卿。"天康元年，乃用奂为太子詹事，二州中正如故。世祖崩，废帝即位，除散骑常侍、国子祭酒。光大二年，出为信武将军、南中郎康乐侯长史、寻阳太守，行江州事。高宗即位，进号仁威将军、云麾始兴王长史，余并如故。奂在职清俭，多所规正。高宗嘉之，赐米五百斛，并累降敕书，殷勤劳问。太建三年，征为度支尚书，领右军将军。五年，改领太子中庶子，与左仆射徐陵参掌尚书五条事。六年，迁吏部尚书。七年，加散骑常侍。八年，改加侍中。时有事北讨，克复淮、泗、徐、豫酋长，降附相继，封赏选叙，纷纭重叠。奂应接引进，门无停宾，加以鉴识人物，详练百氏，凡所甄拔，衣冠缙绅莫不悦伏。

性耿介，绝请托，虽储副之尊，公侯之重，溺情相及，终不为屈。始兴王叔陵之在湘州，累讽有司固求台铉。奂曰："衮章之职，本以德举，未必皇枝。"因抗言于高宗。高宗曰："始兴那忽望公，且朕儿为公，须在鄱阳王后。"奂曰："臣之所见，亦如圣旨。"后主时在东宫，欲以江总为太子詹事，令管记陆瑜言之于奂。奂谓瑜曰："江有潘、陆之华，而无园、绮之实，辅弼储宫，窃有所难。"瑜具以白后主，后主深以为恨，乃自言于高宗。高宗将许之，奂乃奏曰："江总文华之人，今皇太子文华不少，岂藉于总！如臣愚见，愿选敦重之才，以居辅导。"帝曰："即如卿言，谁当居此?"奂曰："都官尚书王廓，世有懿德，识性敦敏，可以居之。"后主时亦在侧，乃曰："廓，王泰之子，不可居太子詹事。"奂又奏曰："宋朝范晔即范泰之子，亦为太子詹事，前代不疑。"后主固争之，帝卒以总为詹事，由是忤旨。其梗正如

此。初，后主欲官其私宠，以属奂，奂不从。及右仆射陆缮迁职，高
宗欲用奂，已草诏讫，为后主所抑，遂不行。九年，迁侍中、中书令，
领左骁骑将军、扬东扬丰三州大中正。十一年，转太常卿。侍中、中
正并如故。十四年，迁散骑常侍、金紫光禄大夫，领前军将军。未拜，
改领弘范宫卫尉。至德元年，卒，时年七十。赠散骑常侍，本官如故。
有集十五卷，弹文四卷。子绍薪、绍忠。绍忠字孝扬，亦有才学，官
至太子洗马、仪同鄱阳王东曹掾。

萧允字升佐，兰陵人也，曾祖思话，宋征西将军、开府仪同三
司、尚书右仆射，封阳穆公。祖惠茜，散骑常侍、太府卿、左民尚书。
父介，梁侍中、都官尚书。允少知名，风神凝远，通达有识鉴，容止酝
藉，动合规矩。

起家邵陵王法曹参军，转湘东王主薄，迁太子洗马。侯景攻陷
台城，百僚奔散，允独整衣冠坐于宫坊，景军人敬而弗之逼也。寻出
居京口，时寇贼纵横，百姓波骇，衣冠士族，四出奔散，允独不行。人
问其故，允答曰：“夫性命之道，自有常分，岂可逃而获免乎？但患难
之生，皆生于利，苟不求利，祸从何生？方今百姓，争欲奋臂而论大
功，一言而取卿相，亦何事于一书生哉！庄周所谓畏影避迹，吾弗为
也。”乃闭门静处，并日而食，卒免于患。侯景平后，高祖镇南徐州，
以书召之，允又辞疾。永定中，侯安都为南徐州刺史，躬造其庐，以
申长幼之敬。天嘉三年，征为太子庶子。三年，除棱威将军、丹阳尹
丞。五年，兼侍中，聘于周。还，拜中书侍郎、大匠卿。高宗即位，迁
黄门侍郎。五年，出为安前晋安王长史。六年，晋安王为南豫州，允
复为王长史。时王尚少，未亲民务，故委允行府州事。入为光禄卿。
允性敦重，未尝以荣利干怀，及晋安出镇湘州，又苦携允。允少与蔡
景历善，景历子征修父党之敬，闻允将行，乃诣允曰：“公年德并高，
国之元老，从容坐镇，且夕自为列曹，何为方复辛苦在外？”允答曰
“已许晋安，岂可忘信！”其恬于荣势如此。至德三年，除中卫豫章王
长史，累迁通直散骑常侍、光胜将军、司徒左长史、安德宫少府。镇

卫鄱阳王出镇会稽，允又为长史，带会稽郡丞。行经延陵季子庙，设蘋藻之荐，托为异代之交，为诗以叙意，辞理清典。后主尝问蔡征曰："卿世与萧允相知，此公志操何如？"征曰："其清虚玄远，殆不可测，至于文章可得而言。"因诵允诗以对，后主嗟赏久之。其年，拜光禄大夫。及随师济江，允迁于关右。是时朝士至长安者，例并授官，唯允与尚书仆射谢伷辞以老疾。隋文帝义之，并厚赐钱帛。寻以疾卒于长安，时年八十四，弟引。

引字升休，方正有器局，望之俨然，虽造次之间，必由法度。性聪敏，博学，善属文。

释褐著作佐郎，转西昌侯仪同府主簿。侯景之乱，梁元帝为荆州刺史，朝士多往归之。引曰："诸王力争，祸患方始，今日逃难，未是择君之秋。吾家再世为始兴郡，遗爱在民，正可南行，以存家门耳。"于是与弟彤及宗亲等百余人，奔岭表。时始兴人欧阳頠为衡州刺史，引往依焉。頠后迁为广州，病死，子纥领其众。引每疑纥有异，因事规正，由是情礼渐疏。及纥举兵反，时京都士人岑之敬、公孙挺等并皆惶骇，唯引恬然，谓之敬等曰："管幼安、袁曜卿亦但安坐耳。君了正身以明道，直己以行义，亦复何忧惧乎？"及章昭达平番禺，引始北还。高宗召引问岭表事，引具陈始末。帝甚悦，即日拜金部侍郎。

引善隶书，为当时所重。高宗尝披奏事，指引署名曰："此字笔势翩翩，似鸟之欲飞。"引谢曰："此乃陛下假其羽毛耳。"又谓引曰："我每有所忿，见卿辄意解，何也？"引曰："此自陛下不迁怒，臣何预此恩。"太建七年，加戎昭将军。九年，除中卫始兴王谘议参军，兼金部侍郎。

引性抗直，不事权贵，左右近臣，无所造请。高宗每欲迁用，辄为用事者所裁。及吕梁覆师，戎储空匮，乃转引为库部侍朗，掌知营造弓弩稍箭等事。引在职一年，而器械充牣，频加中书侍郎、贞威将军、黄门郎。十二年，吏部侍郎缺，所司屡举王宽、谢㷉等，帝并不用，乃中诏用引。

时广州刺史马靖甚得岭表人心,而兵甲精练,每年深入俚洞,又数有战功,朝野颇生异议。高宗以引悉岭外物情,且遣引观靖,审其举措,讽令送质。引奉密旨南行,外托收督赇物。既至番禺,靖即悟旨,尽遣儿弟下都为质。还至赣水,而高宗崩,后主即位,转引为中庶子,以疾去官。明年,京师多盗,乃复起为贞威将军、建康令。

时殿内朋主吴璏,及宦官李善度、蔡脱儿等,多所请属,引一皆不许。引族子密,时为黄门郎,谏引曰:“李、蔡之势,在位皆畏惮之,亦宜小为身计。”引曰:“吾之立身,自有本末,亦安能为李、蔡改行!就令不平,不过解职耳。”吴璏竟作飞书,李、蔡证之,坐免官。卒于家,时年五十八。子德言最知名。

引宗族子弟,多以行义知名。弟彤,以恬静好学,官至太子中庶子、南康王长史。密字士机,幼而聪敏,博学有文词,祖琛,梁特进。父游,少府卿。密,太建八年,兼散骑常侍,聘于齐,历位黄门侍郎、太子中庶子、散骑常侍。

史臣曰:谢、王、张、萧,咸以清净为风,文雅流誉,虽更多难,终克成名。奂謇谔在公,英飙振俗,详其行事,抑古之遗爱矣。固之蔬菲禅悦,斯乃出俗者焉,犹且致絓于黜免,有惧于倾覆。是知上官、博陆之权势,阎、邓、梁、窦之震动,吁可畏哉!

陈书卷二二
列传第一六

陆子隆　钱道戢　骆牙

陆子隆字兴世，吴郡吴人也。祖敞之，梁嘉兴令。父悛，封氏令。子隆少慷慨，有志功名。

起家东宫直后。侯景之乱，于乡里聚徒。是时，张彪为吴郡太守，引为将帅。彪徙镇会稽，子隆随之。及世祖讨彪，彪将沈泰、吴宝真、申缙等皆降，而子隆力战，败绩。世祖义之，复使领其部曲，板为中兵参军。历始丰、永兴二县令。世祖嗣位，子隆领甲仗宿卫。寻随侯安都拒王琳于沌口。王琳平，授左中郎将。天嘉元年，封益阳县子，邑三百户。出为高唐郡太守。二年，除明威将军、庐陵太守。时周迪据临川反，东昌县人修行师应之，率兵以攻子隆，其锋甚盛。子隆设伏于外，仍闭门偃甲，示之以弱，及行师至，腹背击之。行师大败，因乞降，子隆许之，送于京师。

四年，周迪引陈宝应复出临川，子隆随都督章昭达讨迪。迪退走，因随昭达逾东兴岭讨陈宝应。军至建安，以子隆监郡。宝应据建安之湖际以拒官军，子隆与昭达各据一营。昭达先与贼战，不利，亡其鼓角。子隆闻之，率兵来救，大破贼徒，尽获昭达所亡羽仪甲仗。晋安平，子隆功最，迁假节、都督武州诸军事，将军如故。寻改封朝阳县伯，邑五百户。废帝即位，进号智武将军，加员外散骑常侍，余如故。

华皎据湘州反，以子隆居其心腹，皎深患之，频遣使招诱，子隆不从。皎因遣兵攻之，又不能克。及皎败于郢州，子隆出兵以袭其后，因与王师相会。授持节、通直散骑常侍、都督武州诸军事，进爵为侯，增邑并前七百户。寻迁都督荆信佑三州诸军事、宣毅将军、荆州刺史，持节、常侍如故。是时，荆州新置治于公安，城池未固，子隆修建城郭，绥集夷夏，甚得民和，当时号为称职。三年，吏民诣都上表，请立碑颂美功绩，诏许之。太建元年，进号云麾将军。二年，卒，时年四十七。赠散骑常侍，谥曰威。子之武嗣。

之武年十六，领其旧军，随吴明彻北伐有功，官至王府主簿、弘农太守，仍隶明彻。明彻于吕梁败绩，之武逃归，为人所害，时年二十二。子隆弟子才。亦有干略，从子隆征讨有功，除南平太守，封始兴县子，邑三百户。从吴明彻北伐，监安州，镇于宿预。除中卫始兴王谘议参军，迁飙猛将军、信州刺史。太建十三年，卒，时年四十二。赠员外散骑常侍。

钱道戢字子韬，吴兴长城人也。父景深，梁汉寿令。道戢少以孝行著闻，及长，颇有干略。高祖微时，以从妹妻焉。

从平卢子略于广州，除滨江令。高祖辅政，遣道戢随世祖平张彪于会稽，以功拜直阁将军，除员外散骑常侍、假节、东徐州刺史，封永安县侯，邑五百户。仍领甲卒三千随侯安都镇防梁山。寻领钱塘、余杭二县令。永定三年，随世祖镇于南皖口。天嘉元年，又领剡令，镇于县之南岩。寻为临海太守，镇岩如故。侯安都之讨留异也，道戢帅军出松阳以断其后。异平，以功拜持节、通直散骑常侍、轻车将军、都督东西二衡州诸军事、衡州刺史，领始兴内史。光大元年，增邑并前七百户。高宗即位，征欧阳纥入朝，纥疑惧，乃举兵来攻衡州，道戢与战，却之。及都督章昭达率兵讨纥，以道戢为步军都督，由间道断纥之后。纥平，除左卫将军。太建二年，又随昭达征萧岿于江陵，道戢别督众军，与陆子隆焚青泥舟舰。仍为昭达前军，攻安蜀城，降之。以功加散骑常侍、仁武将军，增邑并前九百户。其年，迁仁威将军、吴兴太守。未行，改授使持节、都督郢巴武三州诸军事、郢州刺史。王师北讨,道戢与仪同黄法氍围历阳,历阳城平,因以道戢镇之。以功加云麾将军,增邑并前一千五百户。其年十一月,遘疾卒,时年六十三。赠本官,谥曰肃。子邈嗣。

骆牙字旗门,吴兴临安人也。祖秘道,梁安成王田曹参军。父裕,鄱阳嗣王中兵参军事。牙年十二,宗人有善相者云:"此郎容貌非常,必将远致。"

梁太清末,世祖尝避地临安,牙母陵睹世祖仪表,知非常人,宾待甚厚。及世祖为吴兴太守,引牙为将帅,因从平杜龛、张彪等,每战先锋陷阵,勇冠众军。以功授直阁将军。太平二年,以母忧去职。世祖镇会稽,起为山阴令。永定三年,除安东府中兵参军,出镇冶城。寻从世祖拒王琳于南皖。世祖即位,授假节、威虏将军、员外散骑常侍,封常安县侯,邑五百户。寻为临安令,迁越州刺史,余并如故。初,牙母之卒也,于时饥馑兵荒,至是始葬。诏赠牙母常安国太夫人,谥曰恭。迁牙为贞威将军、晋陵太守。三年,以平周迪之功,迁冠军将军、临川内史。太建三年,授安远将军,衡阳内史。未拜,徙为桂阳太守。八年,还朝,迁散骑常侍,入直殿省。十年,授丰州刺史,余并如故。至德二年,卒,时年五十七。赠安远将军、广州刺史。子义嗣。

史臣曰:陆子隆、钱道戢,或举门愿从,或旧齿树勋,有统领之才,充师旅之寄。至于受任藩屏,功绩并著,美矣!骆牙识真有奉,知世祖天授之德,盖张良之亚欤。牙母智深先觉,符柏谷之礼,君子知鉴识弘远,其在兹乎!

陈书卷二三
列传第一七

沈君理　王玚　陆缮

　　沈君理字仲伦，吴兴人也。祖僧昊，梁左民尚书。父巡，素与高祖相善，梁太清中，为东阳太守。侯景平后，元帝征为少府卿。荆州陷，萧詧署金紫光禄大夫。君理美风仪，博涉经史，有识鉴。

　　起家湘东王法曹参军。高祖镇南徐州，巡遣君理自东阳谒于高祖，高祖器之，命尚会稽长公主，辟为府西曹掾。稍迁中卫豫章王从事中郎，寻加明威将军，兼尚书吏部侍郎。迁给事黄门侍郎，监吴郡。高祖受禅，拜驸马都尉，封永安亭侯，出为吴郡太守。是时，兵革未宁，百姓荒弊，军国之用，咸资东境。君理招集士卒，修治器械，民下悦附，深以干理见称。世祖嗣位，征为侍中，迁守左民尚书。未拜，为明威将军、丹阳尹。天嘉三年，重授左民尚书，领步兵校尉。寻改前军将军。四年，侯安都徙镇江州，以本官监南徐州。六年，出为仁威将军、东阳太守。天康元年，以父忧去职，君理因自请往荆州迎丧柩，朝议以在位重臣，难令出境，乃遣长兄君严往焉。及还将葬，诏赠巡侍中、领军将军，谥曰敬子。其年，起君理为信威将军、左卫将军。又起为持节、都督东衡衡二州诸军事、仁威将军、东衡州刺史，领始兴内史。又起为明威将军、中书令。前后夺情者三，并不就。太建元年，服阕，除太子詹事，行东宫事。迁吏部尚书。二年，高宗以君理女为皇太子妃，赐爵望蔡县侯，邑五百户。四年，加侍中。五年，迁尚书右仆射，领吏部，侍中如故。其年，有疾，舆驾亲临视。九月,卒,时年四十九。诏赠侍中、太子少傅。丧事所须,随由资给。重赠翊左将军、开府仪同三司,侍中如故。谥曰贞宪。君理子遵俭早卒,以弟君高子遵礼为嗣。

君理第五叔迈,亦方正有干局。仕梁为尚书金部郎。永定中,累迁中书侍郎。天嘉中,历太仆、廷尉,出为镇东始兴王长史、会稽郡丞,行东扬州事。光大元年,除尚书吏部郎。太建元年,迁为通直散骑常侍,侍东宫。二年,卒,时年五十二。赠散骑常侍。

君理第六弟君高,字季高,少知名,性刚直,有吏能。以家门外戚,早居清显,历太子舍人、洗马、中舍人、高宗司空府从事中郎、廷尉卿。太建元年,东境大水,百姓饥弊,乃以君高为贞威将军、吴令,寻除太子中庶子、尚书吏部郎、卫尉卿,出为宣远将军、平南长沙王长史、南海太守,行广州事。以女为王妃,固辞不行。复为卫尉卿。八年,诏授持节、都督广等十八州诸军事、宁远将军、平越中郎将、广州刺史。岭南俚獠,世相攻伐,君高本文史,无武干,推心抚御,甚得民和。十年,卒于官,时年四十七。赠散骑常侍,谥曰祁子。

王瑒字子玙,司空冲之第十二子也。沈静有器局,美风仪,举止酝藉。

梁大同中,起家秘书郎,迁太子洗马。元帝承制征为中书侍郎,直殿省。仍掌相府管记,出为东宫内史,迁太子中庶子。丁所生母忧,归于丹阳。江陵陷,梁敬帝承制除仁威将军、尚书吏部郎中。贞阳侯僭位,以敬帝为太子,授瑒散骑常侍,侍东宫。寻迁长史,兼侍中。高祖入辅,以为司徒左长史。永定元年,迁守五兵尚书。世祖嗣位,授散骑常侍,领太子庶子,侍东宫。迁领左骁骑将军、太子中庶子,常侍、侍中如故。瑒为侍中六载,父冲尝为瑒辞领中庶子,世祖顾谓冲曰:"所以久留瑒于承华,政欲使太子微有瑒风法耳。"废帝嗣位,以侍中领左骁骑将军。光大元年,以父忧去职。高宗即位,太建元年,复除侍中,领左骁骑将军。迁度支尚书,领羽林监。出为信威将军、云麾始兴王长史,行州府事。未行,迁中书令,寻加散骑常侍。除吏部尚书，常侍如故。玚性宽和，及居选职，务在清静，谨守文案，无所抑扬。寻授尚书右仆射，未拜，加侍中。迁左仆射，参掌选事，侍中如故。玚兄弟三十余人，居家笃睦，每岁时馈遗，遍及近亲，敦诱诸弟，并廪其规训。太建六年，卒，时年五十四。赠侍中、特进、护军将军。丧事随所资给，谥曰光子。

玚第十三弟瑜，字子珪，亦知名，美容仪，早历清显。年五十，官至侍中。永定元年，使于齐，以陈郡袁宪为副。齐以王琳之故，执而囚之。齐文宣帝每行，载死囚以从，齐人呼曰"供御囚"，每有他怒，则召杀之，以快其意。瑜及宪并危殆者数矣，齐仆射杨遵彦悯其无辜，每救护之。天嘉二年，还朝，诏复侍中。顷之，卒，时年四十。赠本官，谥曰贞子。

陆缮字士繻，吴郡吴人也。祖惠晓，齐太常卿。父倕，梁御史中丞。缮幼有志尚，以雅正知名。

起家梁宣惠武陵王法曹参军。承圣中，授中书侍郎，掌东宫管记。江陵陷，缮微服遁还京师。绍泰元年，除司徒右长史、御史中丞，以父任所终，固辞不就。高祖引缮为司徒司马，迁给事黄门侍郎，领步兵校尉、通直散骑常侍，兼侍中。永定元年，迁侍中。时留异拥割东阳，新安人向文政与异连结，因据本郡。朝廷以缮为贞威将军、新安太守。世祖嗣位，征为太子中庶子，领步兵校尉，掌东宫管记。缮仪表端丽，进退闲雅，世祖使太子、诸王咸取则焉，其趋步蹑履皆令习缮规矩。除尚书吏部郎中，步兵如故，仍侍东宫。陈宝应平后，出为贞毅将军、建安太守。秩满，为散骑常侍、御史中丞，犹以父之所终固辞，不许，乃权换廨宇徙居之。太建初，迁度支尚书、侍中、太子詹事，行东宫事，领扬州大中正。及太子亲莅庶政，解行事，加散骑常侍。改加侍中，迁尚书右仆射，寻迁左仆射，参掌选事，侍中如故。更为尚书仆射，领前将军。重授左仆射，领扬州大中正。别敕令与徐陵等七人参议政事。十二年，卒，时年六十三。赠侍中、特进、金紫光禄大夫。谥曰安子。太子以缮东宫旧臣，特赐祖奠。

缮子辩惠,年数岁,诏引入殿内,辩惠应对进止有父风,高宗因赐名辩惠,字敬仁云。缮兄子见贤,亦方雅,高宗为扬州牧,乃以为治中从事史,深被知遇。历给事黄门侍郎,长沙、鄱阳二王长史,带寻阳太守,少府卿。太建十年,卒,时年五十。赠廷尉卿,谥曰平子。

史臣曰:夫衣冠雅道,廊庙嘉猷,谅以操履敦修,局宇详正。经曰"容止可观",《诗》言"其仪罔忒",彼三子者,其有斯风焉。

陈书卷二四
列传第一八

周弘正 弟弘直　弘直子确　　袁宪

周弘正字思行，汝南安城人也，晋光禄大夫颙之九世孙也。祖颙，齐中书侍郎，领著作。父宝始，梁司徒祭酒。弘正幼孤，及弟弘让、弘直俱为叔父侍中、护军舍所养。年十岁，通《老子》、《周易》。舍每与谈论，辄异之，曰："观汝神情颖晤，清理警发，后世知名，当出吾右。"河东裴子野深相赏纳，请以女妻之。

十五，召补国子生，仍于国学讲《周易》，诸生传习其义。以季春入学孟冬应举，学司以其日浅，弗之许焉。博士到洽议曰："周郎年未弱冠，理自讲一经，虽曰诸生，实堪师表，无俟策试。"起家梁太学博士。晋安王为丹阳尹，引为主簿。出为邺令，丁母忧去职。服阕，历曲阿、安吉令。普通中，初置司文义郎，直寿光省，以弘正为司义侍郎。

大通二年，梁昭明太子薨，其嗣华容公不得立，乃以晋安王为皇太子。弘正乃奏记曰：

> 窃闻挹谦之象，起于羲、轩爻画，揖让之源，生于尧、舜禅受，其来尚矣，可得而详焉。夫以庙堂、汾水，殊途而同归，稷、契、巢、许，异名而一贯。出者称为元首，处者谓之外臣，莫不内外相资，表里成治。斯盖万代同规，百王不易者也。暨于三王之世，浸以陵夷，各亲其亲，各子其子。乃至七国争雄，刘、项竞逐，皇汉扇其俗，有晋扬其波，谦让之道废，多历年所矣。夫文

质递变,浇淳相革,还朴反古,今也其时。

伏惟明大王殿下,天挺将圣,聪明神武,百辟冠冕,四海归仁。是以皇上发德音,下明诏,以大王为国之储副,乃天下之本焉。虽复夏启、周诵,汉储、魏两,此数君者,安足为大王道哉!意者愿闻殿下抗目夷上仁之义,执子臧大贤之节,逃玉舆而弗乘,弃万乘如脱屣,庶改浇兢之俗,以大吴国之风。古有其人,今闻其语,能行之者,非殿下而谁?能使无为之化,复兴于遂古,让王之道,不坠于来叶,岂不盛欤!岂不盛欤!

弘正陋学书生,义惭稽古,家自汝、颖,世传忠烈,先人决曹掾燕,抗辞九谏,高节万乘,正色三府,虽盛德之业将绝,而狂直之风未坠。是以敢布腹心,肆其愚瞽。如使刍言野说,少陈于听览,纵复委身烹鼎之下,绝命肺石之上,虽死之日,犹生之年。

其抗直守正,皆此类也。

累迁国子博士。时于城西立士林馆,弘正居以讲授,听者倾朝野焉。弘正启梁武帝《周易疑义》五十条,又请释《乾》《坤》二《系》曰:“臣闻《易》称立象以尽意,系辞以尽言,然后知圣人之情,几可见矣。自非含微体极,尽化穷神,岂能通志成务,探赜致远。而宣尼比之桎梏,绝韦编于漆字,轩辕之所听莹,遗玄珠于赤水。伏惟陛下一日万机,匪劳神于瞬息,凝心妙本,常自得于天真,圣智无以隐其几深,明神无以沦其不测。至若爻画之苞于六经,文辞之穷于两《系》,名儒剧谈以历载,鸿生抵掌以终年,莫有试游其藩,未尝一见其涘。自制旨降谈,裁成《易》道,析至微于秋毫,涣曾冰于幽谷,臣亲承音旨,职司宣授,后进诜诜,不无传业。但《乾》《坤》之蕴未剖,《系》表之妙莫诠,使一经深致,尚多所惑,臣不涯庸浅,轻率短陋,谨与受业诸生清河张讥等三百一十二人,于《乾》《坤》二《系》《象》《爻》未启,伏愿听览之闲,曲垂提训,得使微臣钻仰,成其笃习,后昆好事,专门有奉。自惟多幸,欢沐道于尧年,肄业终身,不知老之将至。天尊不闻,而冒陈请,冰谷置怀,罔识攸厝。”诏答曰:“设

《卦》观象，事远文高，作《系》表言，辞深理奥。东鲁绝编之思，西伯幽忧之作，事逾三古，人更七圣。自商瞿禀承，子庸传授，篇简湮没，岁月辽远。田生表菑川之誉，梁丘擅琅邪之学，代郡范生，山阳王氏，人藏荆山之宝，各尽玄言之趣，说或去取，意有详略。近搢绅之学，咸有稽疑，随答所问，已具别解。知与张讥等三百一十二人须释《乾》《坤》《文言》及二《系》，万机小暇，试当讨论。"

　　弘正博物，知玄象，善占候。大同末，尝谓弟弘让曰："国家厄运，数年当有兵起，吾与汝不知何所逃之。"及梁武帝纳侯景，弘正谓弘让曰："乱阶此矣。"京城陷，弘直为衡阳内史，元帝在江陵，遗弘直书曰："适有都信，贤兄博士平安。但京师搢绅，无不附逆，王克已为家臣，陆缅身充卒伍，唯有周生，确乎不拔。言及西军，潺湲掩泪，恒思吾至，如望岁焉。松柏后凋，一人而已。"王僧辩之讨侯景也，弘正与弘让自拔迎军，僧辩得之甚喜，即日启元帝。元帝手书与弘正曰："獯丑逆乱，寒暑亟离，海内相识，零落略尽。韩非之智，不免秦狱，刘歆之学，犹弊亡新，音尘不嗣，每以耿灼。常欲访山东而寻子云，问关西而求伯起，遇有今信，力附相闻，迟比来邮，慰其延仁。"仍遣使迎之，谓朝士曰："晋氏平吴，喜获二陆，今我破贼，亦得两周，今古一时，足为连类。"及弘正至，礼数甚优，朝臣无与比者。授黄门侍郎，直侍中省。俄迁左民尚书，寻加散骑常侍。元帝尝著《金楼子》，曰："余于诸僧重招提琰法师，隐士重华阳陶贞白，士大夫重汝南周弘正，其于义理，清转无穷，亦一时之名士也。"及侯景平，僧辩启送秘书图籍，敕弘正雠校。

　　时朝议迁都，朝士家在荆州者，皆不欲迁，唯弘正与仆射王衷言于元帝曰："若束修以上诸士大夫微见古今者，知帝王所都本无定处，无所与疑，至如黔首万姓，若未见舆驾入建邺，谓是列国诸王，未名天子。今宜赴百姓之心，从四海之望。"时荆陕人士咸云王、周皆是东人，志愿东下，恐非良计。弘正面折之曰："若东人劝东，谓为非计，君等西人欲西，岂成良策？"元帝乃大笑之，竟不还都。及江陵陷，弘正遁围而出，归于京师。敬帝以为大司马王僧辩长史，行扬州事。太平元年，授侍中，领国子祭酒，迁太常卿、都官尚书。高祖受禅，授太子詹事。天嘉元年，迁侍中、国子祭酒，往长安迎高宗。三年，自周还，诏授金紫光禄大夫，加金章紫绶，领慈训太仆。废帝嗣位，领都官尚书，总知五礼事。仍授太傅长史，加明威将军。高宗即位，迁特进，重领国子祭酒，豫州大中正，加扶。太建五年，授尚书右仆射，祭酒、中正如故。寻敕侍东宫讲《论语》、《孝经》。太子以弘正朝廷旧臣，德望素重，于是降情屈礼，横经请益，有师资之敬焉。

弘正特善玄言，兼明释典，虽硕学名僧，莫不请质疑滞。六年，卒于官，时年七十九。诏曰："追远褒德，抑有恒规。故尚书右仆射、领国子祭酒、豫州大中正弘正，识宇凝深，艺业通备，辞林义府，国老民宗，道映庠门，望高礼阁，卒然殂殒，朕用恻然。可赠侍中、中书监。丧事所须，量加资给。"便出临哭。谥曰简子。所著《周易讲疏》十六卷，《论语疏》十一卷，《庄子疏》八卷，《老子疏》五卷，《孝经疏》两卷，《集》二十卷，行于世。子坟，官至吏部郎。弘正二弟：弘让，弘直。弘让性简素，博学多通。天嘉初，以白衣领太常卿、光禄大夫，加金章紫绶。

弘直字思方，幼而聪敏。解褐梁太学博士，稍迁西中郎湘东王外兵记室参军，与东海鲍泉、南阳宗懔、平原刘缓、沛郡刘珏同掌书记。入为尚书仪曹郎。湘东王出镇江、荆二州，累除录事谘议参军，带柴桑、当阳二县令。及梁元帝承制，授假节、英果将军、世子长史。寻除智武将军、衡阳内史。迁贞毅将军、平南长史、长沙内史，行湘州府州事，湘滨县侯，邑六百户。历邵陵、零陵太守，云麾将军，昌州刺史。王琳之举兵也，弘直在湘州。琳败，乃还朝。天嘉中，历国子博士，庐陵王长史，尚书左丞，领羽林监，中散大夫，秘书监，掌国史，迁太常卿，光禄大夫，加金章紫绶。太建七年，遇疾，且卒，乃遗疏敕其家曰："吾今年以来，筋力减耗，可谓衰矣，而好生之情，曾不自觉，唯务行乐，不知老之将至。今时制云及，将同朝露，七十余年，颇经称足，启手告全，差无遗恨。气绝以后，便买市中见材，材必须小形者，使易提挈。敛以时服，古人通制，但下见先人，必须备礼，可著单衣裙衫故履。既应侍养，宜备纷帨，或逢善友，又须香烟，棺内唯安白布手巾、粗香炉而已，其外一无所用。"卒于家，时年七十六。有集二十卷。子确。

确字士潜，美容仪，宽大有行检，博涉经史，笃好玄言，世父弘正特所钟爱。解褐梁太学博士，司徒祭酒，晋安王主簿。高祖受禅，除尚书殿中郎。累迁安成王限内记室。高宗即位，授东宫通事舍人，丁母忧，去职。及欧阳纥平，起为中书舍人，命于广州慰劳。服阕，为太常卿，历太子中庶子、尚书左丞、太子家令。以父忧去职。寻起为贞威将军、吴令，确固辞不之官。至德元年，授太子左卫率、中书舍人，迁散骑常侍，加贞威将军，信州南平王府长史，行扬州事。为政平允，称为良吏。迁都官尚书。祯明初，遘疾，卒于官，时年五十九。诏赠散骑常侍、太常卿。官给丧事。

袁宪字德章，尚书左仆射枢之弟也。幼聪敏好学，有雅量。梁武帝修建庠序，别开五馆，其一馆在宪宅西。宪常招引诸生，与之谈论，每有新议，出人意表，同辈咸嗟服焉。

大同八年，武帝撰《孔子正言章句》，诏下国学，宣制旨义。宪时年十四，被召为国子《正言》生，谒祭酒到溉，溉目而送之，爱其神彩。在学一岁，国子博士周弘正谓宪父君正曰："贤子今兹欲策试不？"君正曰："经义犹浅，未敢令试。"居数日，君正遣门下客岑文豪与宪候弘正，会弘正将登讲坐，弟子毕集，乃延宪入室，授以麈尾，令宪树义。时谢岐、何妥在坐，弘正谓曰："二贤虽穷奥赜，得无惮此后生耶！"何、谢于是递起义端，深极理致，宪与往复数番，酬对闲敏。弘正谓妥曰："恣卿所问，勿以童稚相期。"时学众满堂，观者重沓，而宪神色自若，辩论有余。弘正请起数难，终不能屈，因告文豪曰："卿还咨袁吴郡，此郎已堪见代为博士矣。"时生徒对策，多行贿赂，文豪请具束修，君正曰："我岂能用钱为儿买第耶？"学司衔之，及宪试，争起剧难，宪随问抗答，剖析如流。到溉顾宪曰："袁君正其有后矣。"及君正将之吴郡，溉祖道于征虏亭，谓君正曰："昨策生萧敏孙、徐孝克，非不解义，至于风神器局，去贤子远矣。"寻举高第。以贵公子选尚南沙公主，即梁简文之女也。

大同元年，释褐秘书郎。太清二年，迁太子舍人。侯景寇逆，宪东之吴郡，寻丁父忧，哀毁过礼。敬帝承制，征授尚书殿中郎。高祖作相，除司徒户曹。永定元年，授中书侍郎，兼散骑常侍，与黄门侍郎王瑜使齐。数年不遣，天嘉初，乃还。四年，诏复中书侍郎，直侍中省。太建元年，除给事黄门侍郎，仍知太常事。二年，转尚书吏部侍郎，寻除散骑常侍，侍东宫。三年，迁御史中丞，领羽林监。时豫章王叔英不奉法度，逼取人马。宪依事劾奏，叔英由是坐免黜，自是朝野皆严惮焉。宪详练朝章，尤明听断，至有狱情未尽而有司具法者，即伺闲暇，常为上言之，其所申理者甚众。尝陪宴承香阁，宾退之后，高宗留宪与卫尉樊俊徙席山亭，谈宴终日。高宗目宪而谓俊曰："袁家故为有人。"其见重如此。五年，入为侍中。六年，除吴郡太守，以父任固辞不拜，改授明威将军、南康内史。九年，秩满，除散骑常侍，兼吏部尚书，寻而为真。宪以久居清显，累表自求解任。高宗曰："诸人在职屡有谤书，卿处事已多，可谓清白，别相甄录，且勿致辞。"十三年，迁右仆射，参掌选事。先是，宪长兄简懿子为左仆射，至是，宪为右仆射，台省内目简懿为大仆射，宪为小仆射，朝廷荣之。及高宗不豫，宪与吏部尚书毛喜俱受顾命。始兴王叔陵之肆逆也，宪指麾部分，预有力焉。后主被疮病笃，执宪手曰："我儿尚幼，后事委卿。"宪曰："群情喁喁，冀圣躬康复，复后事之旨，未敢奉诏。"以功封建安县伯，邑四百户，领太子中庶子，余并如故。寻除侍中、信威将军、太子詹事。至德元年，太子加元服，二年，行释奠之礼。宪于是表请解职，后主不许，给扶二人，进号云麾将军，置佐吏。皇太子颇不率典训，宪手表陈谏凡十条，皆援引古今，言辞切直，太子虽外示容纳，而心无悛改。后主欲立宠姬张贵妃子始安王为嗣，尝从容言之，吏部尚书蔡征顺旨称赏，宪厉色折之曰："皇太子国家储嗣，亿兆宅心。卿是何人，轻言废立！"夏，竟废太子为吴兴王。后主知宪有规谏之事，叹曰："袁德章实骨鲠之臣。"即日，诏为尚书仆射。

　　祯明元年，隋军来伐，隋将贺若弼进烧宫城北掖门，宫卫皆散走，朝士稍各引去，惟宪卫侍左右。后主谓宪曰：“我从来待卿不先余人，今日见卿，可谓岁寒知松柏后凋也。”后主遑遽将避匿，宪正色曰：“北兵之入，必无所犯，大事如此，陛下安之。臣愿陛下正衣寇，御前殿，依梁武见侯景故事。”后主不从，因下榻驰去，宪从后堂景阳殿入，后主投下井中，宪拜哭而出。京城陷，入于隋。隋授使持节、昌州诸军事、开府仪同三司、昌州刺史。开皇十四年，诏授晋王府长史。十八年，卒，时年七十。赠大将军，安城郡公，谥曰简。长子承家，仕隋至秘书丞、国子司业。

　　史臣曰：梁元帝称士大夫中重汝南周弘正，信哉斯言也！观其雅量标举，尤善玄言，亦一代之国师矣，袁宪风格整峻，徇义履道。韩子称为人臣委质，心无有二。宪弗渝终始，良可嘉焉！

陈书卷二五
列传第一九

裴忌　孙瑒

　　裴忌字无畏，河东闻喜人也。祖髦，梁中散大夫。父之平，倜傥有志略，召补文德主帅。梁普通中，众军北伐，之平随都督夏侯亶克定涡、潼，以功封费县侯。会衡州部民相聚寇抄，诏以之平为假节、超武将军、都督衡州五郡征讨诸军事。及之平至，即皆平殄，梁武帝甚嘉赏之。元帝承圣中，累迁散骑常侍、右卫将军、晋陵太守。世祖即位，除光禄大夫，慈训宫卫尉，并不就。乃筑山穿池，植以卉木，居处其中，有终焉之志。天康元年，卒，赠仁威将军、光禄大夫，谥曰僖子。

　　忌少聪敏，有识量，颇涉史传，为当时所称。解褐梁豫章王法曹参军。侯景之乱，忌招集勇力，随高祖征讨，累功为宁远将军。及高祖诛王僧辩，僧辩弟僧智举兵据吴郡，高祖遣黄他率众攻之。僧智出兵于西昌门拒战，他与相持，不能克。高祖谓忌曰："三吴奥壤，旧称饶沃，虽凶荒之余，犹为殷盛，而今贼徒扇聚，天下摇心，非公无以定之，宜善思其策。"忌乃勒部下精兵，轻行倍道，自钱塘直趣吴郡，夜至城下，鼓噪薄之。僧智疑大军至，轻舟奔杜龛，忌入据其郡。高祖嘉之，表授吴郡太守。高祖受禅，征为左卫将军。天嘉初，出为持节、南康内史。时义安太守张绍宾据郡反，世祖以忌为持节、都督岭北诸军事，率众讨平之。还，除散骑常侍、司徒左长史。五年，授云麾将军、卫尉卿，封东兴县侯，邑六百户。及华皎称兵上流，高宗时为录尚书辅政,尽命众军出讨,委忌总知中外城防诸军事。及皎平,高宗即位,太建元年,授东阳太守,改封乐安县侯,邑一千户。四年,入为太府卿。五年,转都官尚书。吴明彻督众军北伐,诏忌以本官监明彻军。淮南平,授军师将军、豫州刺史。忌善于绥抚,甚得民和。改授使持节、都督谯州诸军事、谯州刺史,未及之官,会明彻受诏进讨彭、汴,以忌为都督,与明彻掎角俱进。吕梁军败,陷于周,周授上开府。隋开皇十四年,卒于长安,时年七十三。

孙玚字德琏,吴郡吴人也。祖文惠,齐越骑校尉、清远太守。父循道,梁中散大夫,以雅素知名。玚少倜傥,好谋略,博涉经史,尤便书翰。

起家梁轻车临川嗣王行参军,累迁为安西邵陵王水曹中兵参军,事王出镇郢州。玚尽室随府,甚被赏遇。太清之难,授假节、宣猛将军、军主。王僧辩之讨侯景也,王琳为前军,琳与玚同门,乃表荐为戎昭将军、宜都太守,仍从僧辩救徐文盛于武昌。会郢州陷,乃留军镇巴陵,修战守之备。俄而侯景兵至,日夜攻围,玚督所部兵悉力拒战,贼众奔退。玚从大军沿流而下,及克姑熟,玚力战有功,除员外散骑常侍,封富阳县侯,邑一千户。寻授假节、雄信将军、衡阳内史。未及之官,仍迁衡州平南府司马。破黄洞蛮贼有功,除东莞太守,行广州刺史。寻除智武将军,监湘州事。敬帝嗣位,授持节、仁威将军、巴州刺史。

高祖受禅,王琳立梁永嘉王萧庄于郢州,征玚为太府卿,加通直散骑常侍。及王琳入寇,以玚为使持节、散骑常侍、都督郢荆巴武湘五州诸军事、安西将军、郢州刺史,总留府之任。周遣大将史宁率众四万,乘虚奄至。玚助防张世贵举外城以应之,所失军民男女三千余口。周军又起土山高梯,日夜攻逼,因风纵火,烧其内城南面五十余楼。时玚兵不满千人,乘城拒守,玚亲自抚巡,行酒赋食,士卒皆为之用命。周人苦攻不能克,乃矫授玚柱国、郢州刺史,封万户郡公。玚伪许以缓之,而潜修战具楼雉器械,一朝严设,周人甚惮焉。

及闻大军败王琳，乘胜而进，周兵乃解。玚于是尽有中流之地，集其将士而谓之曰："吾与王公陈力协义，同奖梁室，亦已勤矣。今时事如此，天可违乎？"遂遣使奉表诣阙。

天嘉元年，授使持节、散骑常侍、安南将军、湘州刺史，封定襄县侯，邑一千户。玚怀不自安，乃固请入朝，征为散骑常侍、中领军。未拜，而世祖从容谓玚曰："昔朱买臣愿为本郡，卿岂有意乎？"仍改授持节、安东将军、吴郡太守，给鼓吹一部。及将之镇，乘舆幸近畿饯送，乡里荣之。秩满，征拜散骑常侍、中护军，鼓吹如故。留异之反东阳，诏玚督舟师进讨。异平，迁镇右将军，常侍、鼓吹并如故。顷之，出为使持节、安东将军、建安太守。光大中，以公事免，寻起为通直散骑常侍。高宗即位，以玚功名素著，深委任焉。太建四年，授都督荆信二州诸军事、安西将军、荆州刺史，出镇公安。玚增修城池，怀服边远，为邻境所惮。居职六年，又以事免，更为通直散骑常侍。及吴明彻军败吕梁，授使持节、督缘江水陆诸军事、镇西将军，给鼓吹一部。寻授散骑常侍、都督荆郢巴武湘五州诸军事、郢州刺史，持节、将军、鼓吹并如故。十二年，坐疆场交通抵罪。后主嗣位，复除通直散骑常侍，兼起部尚书。寻除中护军，复爵邑。入为度支尚书，领步兵校尉。俄加散骑常侍，迁侍中、祠部尚书。后主频幸其第，及著诗赋，述勋德之美，展君臣之意焉。又为五兵尚书，领右军将军，侍中如故。以年老累乞骸骨，优诏不许。祯明元年，卒官，时年七十二。后主临哭尽哀，赠护军将军，侍中如故，给鼓吹一部，朝服一具、衣一袭，丧事量加资给，谥曰桓子。

玚事亲以孝闻，于诸弟甚笃睦。性通泰，有财物，散之亲友。其自居处，颇失于奢豪，庭院穿筑，极林泉之致，歌钟舞女，当世罕俦，宾客填门，轩盖不绝。及出镇郢州，乃合十余船为大舫，于中立亭池，植荷芰，每良辰美景，宾僚并集，泛长江而置酒，亦一时之胜赏焉。常于山斋设讲肆，集玄儒之士，冬夏资奉，为学者所称。而处己率易，不以名位骄物。时兴皇寺朗法师该通释典，玚每造讲筵，时有抗论，法侣莫不倾心。又巧思过人，为起部尚书，军国器械，多所创立。有鉴识，男女婚姻，皆择素贵。及卒，尚书令江总为其志铭，后主又题铭后四十字，遣左民尚书蔡征宣敕就宅镌之。其词曰："秋风动竹，烟水惊波，几人樵径，何处山阿？今时日月，宿昔绮罗，天长路远，地久云多。功臣未勒，此意如何？"时论以为荣。玚二十一子，咸有父风。世子让，早卒。第二子训，颇知名，历临湘令、直阁将军、高唐太守。陈亡入隋。

史臣曰：在梁之季，寇贼实繁，高祖建义杖旗，将宁区夏。裴忌早识攀附，每预戎麾，摧锋却敌，立功者数矣。孙玚有文武干略，见知时主，及行军用兵，师司马之法，至于战胜攻取，屡著勋庸，加以好施接物，士咸慕向。然性不循恒，频以罪免，盖亦陈汤之徒焉。

陈书卷二六
列传第二〇

徐陵 子俭 弟孝克

　　徐陵字孝穆，东海郯人也。祖超之，齐郁林太守，梁员外散骑常侍。父摛，梁戎昭将军、太子左卫率，赠侍中、太子詹事，谥贞子。母臧氏，尝梦五色云化而为凤，集左肩上，已而诞陵焉。时宝志上人者，世称其有道，陵年数岁，家人携以候之。宝志手摩其顶曰："天上石麒麟也。"光宅惠云法师每嗟陵早成就，谓之颜回。八岁，能属文；十二，通《庄》《老》义；既长，博涉史籍，纵横有口辩。

　　梁普通二年，晋安王为平西将军、宁蛮校尉，父摛为工谘议，王又引陵参宁蛮府军事。大通二年，王立为皇太子，东宫置学士，陵充其选。稍迁尚书度支郎，出为上虞令。御史中丞刘孝仪与陵先有隙，风闻劾陵在县赃污，因坐免。久之，起为南平王府行参军，迁通直散骑侍郎。梁简文在东宫，撰《长春殿义记》，使陵为序，又令于少傅府述所制《庄子义》。寻迁镇西湘东王中记室参军。太清二年，兼通直散骑常侍，使魏。魏人授馆宴宾，是日甚热，其主客魏收嘲陵曰："今日之热，当由徐常侍来。"陵即答曰："昔王肃至此，为魏始制礼仪；今我来聘，使卿复知寒暑。"收大惭。

　　及侯景寇京师，陵父摛先在围城之内。陵不奉家信，便蔬食布衣，若居忧恤。会齐受魏禅，梁元帝承制于江陵，复通使于齐。陵累求复命，终拘留不遣。陵乃致书于仆射杨遵彦曰：

　　夫一言所感，凝晖照于鲁阳，一志冥通，飞泉涌于疏勒。况复元首康哉，股肱良哉，邻国相闻，风教相期者也？天道穷剥，钟乱本朝，情计驰惶，公私哽惧。而骸骨之请，徒淹岁寒，颠沛之祈，空盈卷轴。是所不图也，非所仰望也。

执事不闻之乎，昔分鳌命嶎之世，观河拜洛之年，则有日乌流灾，风禽骋暴，天倾西北，地缺东南，盛旱坼三川，长波含五岳。我大梁应金图而有亢，纂玉镜而犹屯。何则？圣人不能为时，斯固穷通之恒理也。至如荆州刺史湘东王，机神之本，无寄名言，陶铸之余，犹为尧舜，虽复六代之舞陈于总章，九州之歌登于司乐，虞夔拊石，晋旷调钟，未足颂此英声，无以宣其盛德者也。若使郊禋楚翼，宁非祀夏之君，戡定艰难，便是匡周之霸，岂徒幽王徙雍，期月为都，姚帝迁河，周年成邑。方今越常藐藐，驯雉北飞，肃慎茫茫，风牛南偃，吾君之子，含识知归，而答旨云"何所投身"，斯其未喻一也。

又晋熙等郡，皆入贵朝，去我寻阳，经涂何几。至于铠铠晓漏，的的宵烽，隔溆浦而相闻，临高台而可望。泉流宝碗，遥忆溢城，峰号香炉，依然庐岳。日者，鄱阳嗣王治兵汇派，屯戍沧波，朝夕笺书，春秋方物，吾无从以蹑屩，彼何路而齐镳。岂其然乎？斯不然矣。又近者邵陵王通和此国，郢中上客，云聚魏都，邺下名卿，风驰江浦，岂卢龙之径于彼新开，铜驼之街于我长闭？何彼途甚易，非劳于五丁，我路为难，如登于九折？地不私载，何其爽欤？而答旨云"还路无从"，斯所未喻二也。

晋熙、庐江、义阳、安陆，皆云款附，非复危邦，计彼中途，便当静晏。自斯以北，桴鼓不鸣，自此以南，封疆未一。如其境外，脱殒轻躯，幸非边吏之羞，何在匹夫之命。又此宾游，通无货殖，忝非韩起聘郑，私买玉环，吴札过徐，躬要宝剑。由来宴锡，凡厥囊装，行役淹留，皆已虚罄，散有限之微财，供无期之久客，斯可知矣。且据图刿首，愚者不为，运斧全身，庸流所鉴。何则？生轻一发，自重千钧，不以贾盗明矣。骨肉不任充鼎俎，皮毛不足入货财，盗有道焉，吾无忧矣。又公家遣使，脱有资须,本朝非隆平之时,游客岂皇华之势。轻装独宿,非劳聚桥之仪,微骑间行,宁望辎轩之礼?归人将从,私具驴骡,缘道亭邮,唯希蔬粟。若曰留之无烦于执事,遣之有费于官司,或以颠沛为言,或云资装可惧,固非通论,皆是外篇。斯所未喻三也。

又若以吾徒应还侯景,侯景凶逆,歼我国家,天下含灵,人怀愤厉,既不获投身社稷,卫难乘舆,四冢磔蚩尤,千刀刲王莽,安所谓俛首顿膝,归奉寇仇,佩珥腰鞬,为其皁隶?日者通和,方敦囊睦,凶人狙诈,遂骇狼心,颇疑宋万之诛,弥惧荀蕾之请,所以奔蹄劲角,专恣凭陵,凡我行人,偏膺仇憾。政复俎筋醢骨,抽舌探肝,于彼凶情,犹当未雪,海内之所知也,君侯之所具焉。又闻本朝公主,都人士女,风行雨散,东播西流,京邑丘墟,菵蓬萧瑟,偃师还望,咸为草莱,霸陵回首,俱沾霜露。此又君之所知也。彼以何义,争免寇仇?我以何亲,争归委质?昔钜平贵将,悬重于陆公,叔向名流,深知于緷篦。吾虽不敏,常慕前修,不图明庶有怀,翻其以此量物。昔魏氏将亡,群凶挺争,诸贤戮力,想得其朋。为葛荣之党邪?为邢杲之徒邪?如曰不然,斯所未喻四也。

假使吾徒还为凶党,侯景生于赵代,家自幽恒,居则台司,行为连率,山川形势,军国彝章,不劳请箸为筹,使当屈指能算。景以遁逃小丑,羊豕同群,身寓江皋,家留河朔,春春井井,如鬼如神。其不然乎?抑又君之所知也。且夫宫闱秘事,并若云霄,英俊讦谟,宁非帏幄,或阳惊以定策,或焚藁而奏书,朝廷之士,犹难参预,羁旅之人,何阶耳目?至于礼乐沿革,刑政宽猛,则讴歌已远,万舞成风,不知手之舞之,足之蹈之也,安在摇其牙齿,为间谍者哉?若谓复命西朝,终奔东虏,虽齐、梁有隔,尉候奚殊?岂以河曲之难浮,而曰江关之可济?河桥马度,宁非宋典之奸?关路鸡鸣,皆曰田文之客。何其通蔽,乃尔相妨?斯所未喻五也。

又兵交使在,虽著前经,傥同徇仆之尤,追肆寒山之怒,则凡诸元帅，并释缧囚，爰及偏裨，同无覊虿。乃至钟仪见赦，朋笑遵途，襄老蒙归，虞哥引路。吾等张旆拭玉，修好寻盟，涉泗之与浮河，郊劳至于赠贿，公恩既被，宾敬无违，今者何愆，翻蒙贬责？若以此为言，斯所未喻六也。

若曰祅氛永久，丧乱悠然，哀我奔波，存其形魄，固已铭兹厚德，戴此洪恩，譬渤澥而俱深，方嵩华而犹重。但山梁饮啄，非有意于笼樊，江海飞浮，本无情于钟鼓。况吾等营魂已谢，余息空留，悲默为生，何能支久？是则虽蒙养护，更夭天年。若以此为言，斯所未喻七也。

若云逆竖歼夷，当听反命，高轩继路，飞盖相随，未解其言，何能善谑？夫屯亨治乱，岂有意于前期。谢常侍今年五十有一，吾今年四十有四，介已知命，宾又杖乡，计彼侯生，肩随而已。岂银台之要，彼未从师，金灶之方，吾知其决，政恐南阳菊水，竟不延龄，东海桑田，无由可望。若以此为言，斯所未喻八也。

足下清襟胜托，书囿文林，凡自洪荒，终乎幽厉，如吾今日，宁有其人，爰至《春秋》，微宜商略。夫宗姬殄坠，霸道昏凶，或执政之多门，或陪臣之凉德，故臧孙有礼，翻囚与国之宾，周伯无愆，空怒天王之使。迁箕卿于两馆，繫骥子于三年。斯匪贪乱之风邪？宁当今之高例也？至于双崤且帝，四海争雄，或构赵而侵燕，或连韩而谋魏，身求盟于楚殿，躬夺璧于秦庭，输宝鼎以托齐王，驰安车而诱梁客。其外膏唇贩舌，分路扬镳，无罪无辜，如兄如弟。逮乎中阳受命，天下同规，巡省诸华，无闻幽辱。及三方之霸也，孙甘言以妩媚，曹屈诈以羁縻，旄軫岁到于句吴，冠盖年驰于庸蜀，则客嘲殊险，宾戏已深，共尽游谈，谁云猜忤。若使搜求故实，脱有前踪，恐是叔世之奸谋，而非为邦之胜略也。

抑又闻之，云师火帝，浇淳乃异其风，龙跃麟惊，王霸虽殊其道，莫不崇君亲以铭物，敦敬养以治民，预有邦司，曾无隆

替。吾奉违温清，仍属乱离，寇虏猖狂，公私播越。萧轩靡御，
王舫谁持？瞻望乡关，何必天地？自非生凭庼竹，源出空桑，行
路含情，犹其相愍。常谓择官而仕，非曰孝家，择事而趋，非云
忠国。况乎钦承有道，骖驾前王，郎吏明经，鹓鸾知礼，巡省方
化，咸问高年，东序西胶，皆尊耆耋。吾以圭璋玉帛，通聘来朝，
属世道之屯期，钟生民之否运，兼年累载，无申元直之祈，衔泣
吞声，长对公闻之怒，情礼之诉，将同逆鳞，忠孝之言，皆应齰
舌。是所不图也，非所仰望也。且天伦之爱，何得忘怀；妻子之
情，谁能无累。夫以清河公主之贵，余姚书佐之家，莫限高卑，
皆被驱略？自东南丑虏，抄贩饥民，台署郎官，俱馁墙壁。况吾
生离死别，多历暄寒，孺室婴儿，何可言念。如得身还乡土，躬
自推求，犹冀提携，俱免凶虐。

夫四聪不达，华阳君所谓乱臣，百姓无冤，孙叔敖称为良
相，足下高才重誉，参赞经纶，非豹非貔，闻《诗》闻《礼》，而中
朝大议，曾未矜论，清禁嘉谋，安能相及，谔谔非周舍，容容类
胡广，何其无诤臣哉？岁月如流，平生何几？晨看旅雁，心赴江
淮，昏望牵牛，情驰扬越。朝千悲而掩泣，夜万绪而回肠，不自
知其为生，不自知其为死也。足下素挺词锋，兼长理窟，匡丞相
解颐之说，乐令君清耳之谈，向所谘疑，谁能晓喻。若鄙言为
谬，来旨必通，分请灰钉，甘从斧镬，何但规规默默，齰舌低头
而已哉！若一理存焉，犹希矜眷，何必期令我等必死齐都，足赵
魏之黄尘，加幽并之片骨，遂使东平拱树，长怀向汉之悲，西洛
孤坟，恒表思乡之梦。干祈以屡，哽恸增深。

遵彦竟不报书。及江陵陷，齐送贞阳侯萧渊明为梁嗣，乃遣陵随还。
太尉王僧辩初拒境不纳，渊明往复致书，皆陵词也。及渊明之入，僧
辩得陵，大喜，接待馈遗，其礼甚优。以陵为尚书吏部郎，掌诏诰。其
年，高祖率兵诛僧辩，仍进讨韦载。时任约、徐嗣徽乘虚袭石头，陵
感僧辩旧恩，乃往赴约。及约等平，高祖释陵不问，寻以为贞威将
军、尚书左丞。

绍泰二年，又使于齐。还，除给事黄门侍郎、秘书监。高祖受禅，加散骑常侍，左丞如故。天嘉初，除太府卿。四年，迁五兵尚书，领大著作。六年，除散骑常侍、御史中丞。时安成王顼为司空，以帝弟之尊，势倾朝野。直兵鲍僧睿假王威权，抑塞辞讼，大臣莫敢言者。陵闻之，乃为奏弹，导从南台官属，引奏案而入。世祖见陵服章严肃，若不可犯，为敛容正坐。陵进读奏版，时安成王殿上侍立，仰视世祖，流汗失色。陵遣殿中御史引王下殿，遂劾免侍中、中书监。自此朝廷肃然。

天康元年，迁吏部尚书，领大著作。陵以梁末以来，选授多失其所，于是提举纲维，综核名实，时有冒进求官、喧兢不已者，陵乃为书宣示曰：“自古吏部尚书者，品藻人伦，简其才能，寻其门胄，逐其大小，量其官爵。梁元帝承侯景之凶荒，王太尉接荆州之祸败，尔时丧乱，无复典章，故使官方，穷此纷杂。永定之时，圣朝草创，干戈未息，亦无条序。府库空虚，赏赐悬乏，白银难得，黄札易营，权以官阶，代于钱绢，义存抚接，无计多少，致令员外常侍路上比肩，谘议参军市中无数，岂是朝章应其如此？今衣冠礼乐，日富年华，何可犹作旧意，非理望也。所见诸君，多逾本分，犹言大屈，未喻高怀。若问梁朝朱领军异亦为卿相，此不逾其本分邪？此是天子所拔，非关选序。梁武帝云：‘世间人言有目色，我特不目色范悌’。宋文帝亦云：‘人世岂无运命，每有好官缺，辄忆羊玄保。’此则清阶显职，不由选也。秦有车府令赵高直至丞相，汉有高庙令田千秋亦为丞相，此复可为例邪？既忝衡流，应须粉墨。所望诸贤，深明鄙意。”自是众咸服焉，时论比之毛玠。

废帝即位，高宗入辅，谋黜异志者，引陵预其议。高宗篡历，封建昌县侯，邑五百户。太建元年，除尚书右仆射。三年，迁尚书左仆射，陵抗表推周弘正、王劢等，高宗召陵入内殿曰：“卿何为固辞此职，而举人乎？”陵曰：“周弘正从陛下西还，旧藩长史，王劢太平相府长史，张种帝乡贤戚。若选贤与旧，臣宜居后。”因辞累日，高宗苦属之，陵乃奉诏。及朝议北伐，高宗曰：“朕意已决，卿可举元帅。”众议咸以中权将军淳于量位重,共署推之。陵独曰:"不然。吴明彻家在淮左,悉彼风俗,将略人才,当今亦无过者。"于是争论累日,不能决。都官尚书裴忌曰:"臣同徐仆射。"陵应声曰:"非但明彻良将,裴忌即良副也。"是日,诏明彻为大都督,令忌监军事,遂克淮南数十州之地。高宗因置酒,举杯属陵曰:"赏卿知人。"陵避席对曰:"定策出自圣衷,非臣之力也。"其年加侍中,余并如故。七年,领国子祭酒、南徐州大中正,以公事免侍中、仆射,寻加侍中,给扶,又除领军将军。八年,加诩右将军、太子詹事,置佐史。俄迁右光禄大夫,余并如故。十年,重为领军将军,寻迁安右将军、丹阳尹。十三年,为中书监,领太子詹事,给鼓吹一部,侍中、将军、右光禄、中正如故。陵以年老,累表求致仕,高宗亦优之,乃诏将作为造大斋,令陵就第摄事。后主即位,迁左光禄大夫、太子少傅,余如故。

至德元年,卒,时年七十七。诏曰:"慎终有典,抑乃旧章,令德可甄,谅宜追远。侍中、安右将军、左光禄大夫、太子少傅、南徐州大中正建昌县开国侯陵,弱龄学尚,登朝秀颖,业高名辈,文曰词宗。朕近岁承华,特相引狎,虽多卧疾,方期克壮,奄然殒逝,震悼于怀。可赠镇右将军、特进,其侍中、左光禄、鼓吹、侯如故,并出举哀,丧事所须,量加资给。"谥曰章。陵器局深远,容止可观,性又清简,无所营树,禄俸与亲族共之。太建中,食建昌邑,邑户送米至于水次,陵亲戚有贫匮者,皆令取之,数日便尽,陵家寻致乏绝。府僚怪而问其故,陵云:"我有车牛衣裳可卖,余家有可卖不?"其周给如此。少而崇信释教,经论多所精解。后主在东宫,令陵讲大品经,义学名僧自远云集,每讲筵商较,四座莫能与抗。目有青睛,时人以为聪惠之相也。自有陈创业,文檄军书及禅授诏策,皆陵所制,而《九锡》尤美,为一代文宗。亦不以此矜物,未尝诋诃作者。其于后进之徒,接引无倦。世祖、高宗之世,国家有大手笔,皆陵草之。其文颇变旧体,缉裁巧密,多有新意。每一文出手,好事者已传写成诵,遂被之华夷,家藏其本。后逢丧乱,多散失,存者三十卷。有四子:俭、份、仪、僔。

俭一名众，幼而修立，勤学有志操。汝南周弘正重其为人，妻以女。梁太清初，起家豫章王府行参军。侯景乱，陵使魏未反，俭时年二十一，携老幼避于江陵。梁元帝闻其名，召为尚书金部郎中。尝侍宴赋诗，元帝叹赏曰："徐氏之子，复有文矣。"江陵陷，复还于京师。永定初，为太子洗马，迁镇东从事中郎。天嘉三年，迁中书侍郎。太建初，广州刺史欧阳纥举兵反，高宗令俭持节喻旨。纥初见俭，盛列仗卫，言辞不恭。俭曰："吕嘉之事，诚当已远，将军独不见周迪、陈宝应乎？转祸为福，未为晚也。"纥默然不答，惧俭沮其从，不许入城，置俭于孤园寺，遣人守卫，累旬不得还。纥尝出见俭，俭谓之曰："将军业已举事，俭须还报天子。俭之性命虽在将军，将军成败不在于俭，幸不见留。"纥于是乃遣俭从间道驰还。高宗乃命章昭达率众讨纥，仍以俭悉其形势，敕俭监昭达军。纥平，高宗嘉之，赐奴婢十人，米五百斛，除镇北鄱阳王谘议参军，兼中书舍人。累迁国子博士、大匠卿，余并如故。寻迁黄门侍郎，转太子中庶子，加通直散骑常侍，兼尚书左丞。以公事免，寻起为中卫始兴王限外谘议参军，兼中书舍人。又为太子中庶子，迁贞威将军、太子左卫率，舍人如故。后主立，授和戎将军、宣惠晋熙王长史，行丹阳郡国事。俄以父忧去职。寻起为和戎将军，累迁寻阳内史。为政严明，盗贼静息。迁散骑常侍，袭封建昌侯，入为御史中丞。俭性公平，无所阿附，尚书令江总望重一时，亦为俭所纠劾，后主深委任焉。又领右军。祯明二年，卒。

份少有父风，年九岁，为《梦赋》，陵见之，谓所亲曰："吾幼属文，亦不加此。"解褐为秘书郎。转太子舍人。累迁豫章王主簿，太子洗马。出为海盐令，甚有治绩。秩满，入为太子洗马。份性孝悌，陵尝遇疾甚笃，份烧香泣涕，跪诵《孝经》，昼夜不息。如此者三日，陵疾豁然而愈，亲戚皆谓份孝感所致。太建二年，卒，时年二十二。

仪少聪警，以《周易》举高第，为秘书郎。出为乌伤令。祯明初，迁尚书殿中郎，寻兼东宫学士。陈亡入隋，开皇九年，隐于钱塘之赭山。炀帝召为学士，寻除著作郎。大业四年，卒。

孝克，陵之第三弟也。少为《周易》生，有口辩，能谈玄理。既长，遍通五经，博览史籍，亦善属文，而文不逮义。

梁太清初，起家为太学博士。性至孝，遭父忧，殆不胜丧，事所生母陈氏，尽就养之道。梁末，侯景寇乱，京邑大饥，饿死者十八九。孝克养母，饘粥不能给，妻东莞臧氏，领军将军臧盾之女也，甚有容色，孝克乃谓之曰："今饥荒如此，供养交阙，欲嫁卿与富人，望彼此俱济，于卿意如何?"臧氏弗之许也。时有孔景行者，为侯景将，富于财，孝克密因媒者陈意，景行多从左右，逼而迎之，臧涕泣而去。所得谷帛，悉以供养。孝克又剃发为沙门，改名法整，兼乞食以充给焉。臧氏亦深念旧恩，数私致馈饷，故不乏绝。后景行战死，臧伺孝克于途中，累日乃见，谓孝克曰："往日之事，非为相负，今既得脱，当归供养。"孝克默然无答，于是归俗，更为夫妻。

后东游，居于钱塘之佳义里，与诸僧讨论释典，遂通《三论》。每日二时讲，旦讲佛经，晚讲《礼传》，道俗受业者数百人。天嘉中，除剡令，非其好也，寻复去职。太建四年，征为秘书丞，不就。乃蔬食长斋，持菩萨戒，昼夜讲诵《法华经》。高宗甚嘉其操行。六年，除国子博士，迁通直散骑常侍，国子祭酒，寻为真。孝克每侍宴，无所食啖，至席散，当其前膳羞损减。高宗密记以问中书舍人管斌，斌不能对。自是斌以意伺之，见孝克取珍果内绅带中，斌当时莫识其意，后更寻访，方知还以遗母。斌以实启，高宗嗟叹良久，乃敕所司，自今宴享，孝克前馔，并遣将还以饷其母。时论美之。至德中，皇太子入学释奠，百司陪列，孝克发《孝经》题，后主诏皇太子北面致敬。

祯明元年，入为都官尚书。自晋以来，尚书官僚皆携家属居省。省在台城内下舍，门中有阁道，东西跨路，通于朝堂。其第一即都官之省，西抵阁道，年代久远，多有鬼怪，每昏夜之际，无故有声光，或见人著衣冠从井中出，须臾复没，或门阁自然开闭。居省者多死亡，尚书周确卒于此省。孝克代确，便即居之，经涉两载，妖变皆息，时人咸以为贞正所致。

孝克性清素而好施惠，故不免饥寒。后主敕以石头津税给之，孝克悉用设斋写经，随得随尽。二年，为散骑常侍，侍东宫。陈亡，随例入关。家道壁立，所生母患，欲粳米为粥，不能常办。母亡之后，孝克遂常啖麦，有遗粳米者，孝克对而悲泣，终身不复食之焉。开皇十年，长安疾疫，隋文帝闻其名行，召令于尚书都堂讲《金刚般若经》，寻授国子博士。后侍东宫讲《礼传》。十九年，以疾卒，时年七十三。临终正坐念佛，室内有非常异香气，邻里皆惊异之。子万载，仕至晋安王功曹史、太子洗马。

史臣曰：徐孝穆挺五行之秀，禀天地之灵，聪明特达，笼罩今古。乃缔构兴王，遭逢泰运，位隆朝宰，献替谋猷，盖亮直存矣。孝克砥身厉行，养亲逾礼，亦参、闵之志欤。

陈书卷二七
列传第二一

江总　姚察

　　江总字总持，济阳考城人也，晋散骑常侍统之十世孙。五世祖湛，宋左光禄大夫、开府仪同三司，忠简公。祖茜，梁光禄大夫，有名当代。父纡，本州迎主簿，少居父忧，以毁卒，在《梁书·孝行传》。

　　总七岁而孤，依于外氏。幼聪敏，有至性。舅吴平光侯萧劢，名重当时，特所钟爱，尝谓总曰："尔操行殊异，神采英拔，后之知名，当出吾右。"及长，笃学有辞采。家传赐书数千卷，总昼夜寻读，未尝辍手。

　　年十八，解褐宣惠武陵王府法曹参军。中权将军、丹阳尹何敬容开府置佐史，并以贵胄充之，仍除敬容府主簿。迁尚书殿中郎。梁武帝撰《正言》始毕，制《述怀诗》，总预同此作，帝览总诗，深降嗟赏。仍转侍郎。尚书仆射范阳张缵、度支尚书琅邪王筠、都官尚书南阳刘之遴，并高才硕学，总时年少有名，缵等雅相推重，为忘年友会。之遴尝酬总诗，其略曰："上位居崇礼，寺署邻栖息。忌闻晓驷唱，每畏晨光艳。高谈意未穷，晤对赏无极。探急共遨游，休沐忘退食。曷用销鄙吝，枉趾觑颜色。下上数千载，扬榷吐胸臆。"其为通人所钦挹如此。迁太子洗马，又出为临安令，还为中军宣城王府限内录事参军，转太子中舍人。及魏国通好，敕以总及徐陵摄官报聘，总以疾不行。

　　侯景寇京都，诏以总权兼太常卿，守小庙。台城陷，总避难崎岖，累年至会稽郡，憩于龙华寺，乃制《修心赋》，略序时事。其辞曰：

太清四年秋七月，避地于会稽龙华寺。此伽蓝者，余六世祖宋尚书右仆射州陵侯元嘉二十四年之所构也。侯之王父晋护军将军彪，昔莅此邦，卜居山阴都阳里，贻厥子孙，有终焉之志。寺域则宅之旧基，左江右湖，面山背壑，东西连跨，志北纡萦，聊与苦节名僧，同销日用，晓修经戒，夕览图书，寝处风云，凭栖水月。不意华戎莫辨，朝市倾沦，以此伤情，情可知矣。啜泣濡翰，岂摅郁结，庶后生君子，悯余此概焉，

嘉南斗之分次，肇东越之灵秘，表《桧风》于韩什，著镇山于周记，蕴大禹之金书，镌暴秦之在字，太史来而探穴，钟离去而开箪，信竹箭之为珍，何球珧之罕值。奉盛德之鸿祀，寓安禅之古寺，寔豫章之旧圃，成黄金之胜地。遂寂默之幽心，若镜中而远寻，面曾皋之超忽，迩平湖之迥深，山条偃蹇，水叶侵淫，挂猿朝落，饥鼯夜吟。果丛药苑，桃蹊橘林，捎云拂日，结暗生阴。保自然之雅趣，鄙人间之荒杂，望岛屿之遭回，面江源之重沓，泛流月之夜迥，曳光烟之晓匝。风引蜩而嘶噪，雨鸣林而修飒，鸟稍狎而知来，云无情而自合。

尔乃野开灵塔，地筑禅居，喜园迢递，乐树扶疏。经行籍草，宴坐临渠，持戒振锡，度影甘蔬。坚固之林可喻，寂灭之场暂如，异曲终而悲起，非木落而悲始。岂降志而辱身，不露才而扬己。钟风雨之如晦，倦鸡鸣之聒耳，幸避地而高栖，凭调御之遗旨。折四辩之微言，悟三乘之妙理，遣十缠之系缚，祛五惑之尘滓。久遗荣于势利，庶忘累于妻子，感意气于畴日，寄知音于来祀。何远客之可悲，知自怜其何已。

总第九舅萧勃先据广州，总又自会稽往依焉。梁元帝平侯景，征总为明威将军、始兴内史，以郡秩米八百斛给总行装。会江陵陷，遂不行。总自此流寓岭南积岁。天嘉四年，以中书侍郎征还朝，直侍中省。累迁司徒右长史，掌东宫管记，给事黄门侍郎，领南徐州大中正，授太子中庶子、通直散骑常侍，东宫、中正如故。迁左民尚书，

转太子詹事,中正如故。以与太子为长夜之饮,养良娣陈氏为女,太子微行总舍,上怒免之。寻为侍中,领左骁骑将军,复为左民尚书,领左军将军。未拜,又以公事免。寻起为散骑常侍、明烈将军、司徒左长史,迁太常卿。后主即位,除祠部尚书,又领左骁骑将军,参掌选事。转散骑常侍、吏部尚书,寻迁尚书仆射,参掌如故。至德四年,加宣惠将军,量置佐史。寻授尚书令,给鼓吹一部,加扶,余并如故。策曰:"于戏,夫文昌政本,司会治经,韦彪谓之枢机,李固方之斗极。况其五曹斯综,百揆是谐,同冢宰之司,专台阁之任。惟尔道业标峻,寓量弘深,胜范清规,风流以为准的,辞宗学府,衣冠以为领袖。故能师长六官,具瞻允塞,明府八座,仪形载远,其端朝握揆,朕所望焉。往钦哉!懋建尔徽猷,亮采我邦国,可不慎欤!"祯明二年,进号中权将军。京城陷,入隋,为上开府。开皇十四年,卒于江都,时年七十六。

总尝自叙其略曰:

历升清显,备位朝列,不邀世利,不涉权幸。尝抚躬仰天太息曰:庄青翟位至丞相,无迹可纪;赵元叔为上计吏,光乎列传。官陈以来,未尝逢迎一物,干预一事。悠悠风尘,流俗之士,颇致怨憎,荣枯宠辱,不以介意。太建之世,权移群小,诡嫉作威,屡被摧黜,奈何命也。后主昔在东朝,留意文艺,凤荷昭晋,恩纪契阔。嗣位之日,时寄谬隆,仪形天储,厘正庶绩,八法六典,无所不统。昔晋武帝策荀公曾曰:"周之冢宰,今之尚书令也。"况复才未半古,尸素若兹。晋太尉陆玩云:"以我为三公,知天下无人矣。"轩冕傥来之一物,岂是预要乎?

弱岁归心释教,年二十余,入钟山就灵曜寺则法师受菩萨戒。暮齿官陈,与摄山布上人遊款,深悟苦空,更复练戒,运善于心,行慈于物,颇知自励,而不能蔬菲,尚染尘劳,以此负愧平生耳。

总之自叙,时人谓之实录。

总笃行义,宽和温裕,好学,能属文,于五言七言尤善。然伤于浮艳，故为后主所爱幸。多有侧篇，好事者相传讽玩，于今不绝。后主之世，总当权宰，不持政务，但日与后主遊宴后庭，共陈暄、孔范、王瑳等十余人，当时谓之狎客。由是国政日颓，纲纪不立，有言之者，辄以罪斥之，君臣昏乱，以至于灭。有文集三十卷，并行于世焉。

长子溢，字深源，颇有文辞，性傲诞，恃势骄物，虽近属故友，不免诋欺。历官著作佐郎，太子舍人、洗马、中书、黄门侍郎，太子中庶子。入隋，为秦王文学。第七子潗，驸马都尉，秘书郎。隋给事郎，直秘书省学士。

姚察字伯审，吴兴武康人也。九世祖信，吴太常卿，有名江左。察幼有至性，事亲以孝闻。六岁，诵书万余言。弱不好弄，博弈杂戏，初不经心。勤苦厉精，以夜继日。年十二，便能属文。父上开府僧垣，知名梁武代，二宫礼遇优厚，每得供赐，皆回给察兄弟，为游学之资，察并用聚蓄图书，由是闻见日博。年十三，梁简文帝时在东宫，盛修文义，即引于宣猷堂听讲论难，为儒者所称。及简文嗣位，尤加礼接。

起家南海王国左常侍，兼司文侍郎。除南郡王行参军，兼尚书驾部郎。值梁室丧乱，于金陵随二亲还乡里。时东土兵荒，人饥相食，告籴无处。察家口既多，并采野蔬自给。察每崎岖艰阻，求请供养之资，粮粒恒得相继。又常以己分减推诸弟妹，乃至故旧乏绝者，皆相分恤，自甘唯藜藿而已。在乱离之间，笃学不废。元帝于荆州即位，父随朝士例往赴西台，元帝授察原乡令。时邑境萧条，流亡不反，察轻其赋役，劝以耕种，于是户口殷盛，民至今称焉。

中书侍郎领著作杜之伟与察深相眷遇，表用察佐著作，仍撰史。永定初，拜始兴王府功曹参军，寻补嘉德殿学士，转中卫、仪同始兴王府记室参军。吏部尚书徐陵时领著作，复引为史佐，及陵让官、致仕等表，并请察制焉，陵见叹曰："吾弗逮也。"太建初，补宣明殿学士，除散骑侍郎、左通直。寻兼通直散骑常侍，报聘于周。江左耆旧，先在关右者，咸相倾慕。沛国刘臻窃于公馆访《汉书》疑事十余条，并为剖析，皆有经据。臻谓所亲曰："名下定无虚士。"著《西聘道里记》，所叙事甚详。使还，补东宫学士。于时济阳江总、吴国顾野王、陆琼、从弟瑜、河南褚玠、北地傅绰等，皆以才学之美，晨夕娱侍。察每言论制述，咸为诸人宗重。储君深加礼异，情越群僚，宫内所须方幅手笔，皆付察立草。又数令共野王递相策问，恒蒙赏激。

迁尚书祠部侍郎。此曹职司郊庙，昔魏王肃奏祀天地，设宫县之乐，八佾之舞，尔后因循不革。梁武帝以为事人礼缛，事神礼简，古无宫县之文。陈初承用，莫有损益。高宗欲设备乐，付有司立议，以梁武帝为非。时硕学名儒，朝端在位者，咸希上旨，并即注同。察乃博引经籍，独违群议，据梁乐为是。当时惊骇，莫不惭服，仆射徐陵因改同察议。其不顺时随俗，皆此类也。拜宣惠宜都王中录事参军，带东宫学士。历仁威淮南王、平南建安王二府谘议参军。丁内忧去职。俄起为戎昭将军，知撰梁史事，固辞不免。后主纂业，敕兼东宫通事舍人，将军、知撰史如故。又敕专知优册谥议等文笔。至德元年，除中书侍郎，转太子仆，余并如故。初，梁季沦没，父僧坦入于长安，察蔬食布衣，不听音乐。至是凶问因聘使到江南，时察母韦氏丧制适除，后主以察羸瘵，虑加毁顿，乃密遣中书舍人司马申就宅发哀，仍敕申专加譬抑。尔后又遣申宣旨诫喻曰："知比哀毁过礼，甚用为忧，卿迥然一身，宗奠是寄，毁而灭性，圣教所不许。宜微自遣割，以存礼制。忧怀既深，故有此及。"寻以忠毅将军起，兼东宫通事舍人。察志在终丧，频有陈让，并抑而不许。又推表其略曰："臣私门衅祸，并罹殃罚，偷生晷漏，冀申情礼，而尪疹相仍，苴枲秽质，非复人流，将毕苦壤。岂其朝恩曲覃，被之缨绂，寻斯宠服，弥见惭觍。且宫闱秘奥，趋奏便繁，宁可以兹荒毁所宜叨预。伏愿至德孝治，矜其理夺，使残魂喘息，以遂余生。"诏答曰："省表具怀。卿行业淳深，声誉素显，理徇情礼，未膺刀笔。但参务承华，良所期寄，允兹抑夺，不得致辞也。"俄敕知著作郎事。服阕，除给事黄门侍郎，领著作。察既累居忧服，兼斋素日久，自免忧后，因加气疾。后主尝别召见，见察柴瘠过甚，为之动容，乃谓察曰："朝廷惜卿，卿宜自惜，既蔬菲岁久,可停持长斋。"又遣度支尚书王瑗宣旨,重加慰喻,令从晚食。手敕曰:"卿羸瘠如此,斋菲累年,不宜一饭,有乖将摄,若从所示,甚为佳也,"察虽奉此敕,而犹敦宿誓。

又诏授秘书监,领著作如故,乃累进让,并优答不许。察在秘书省,大加删正,又奏撰中书表集。拜散骑常侍,寻授度支尚书,旬月迁吏部尚书,领著作并如故。察既博极坟素,尤善人物,至于姓氏所起,枝叶所分,官职姻娶,兴衰高下,举而论之,无所遗失。且澄鉴之职,时人久以梓匠相许,及迁选部,雅允朝望。初,吏部尚书蔡征移中书令,后主方择其人,尚书令江总等咸共荐察,敕答曰:"姚察非唯学艺优博,亦是操行清修,兴选难才,今得之矣。"乃神笔草诏,读以示察,察辞让甚切。别日召入论选事,察垂涕拜请□:"□东皋贱族,身才庸近,情忘远致,念绝修途。顷来忝窃,久知逾分,特以东朝攀奉,恩纪谬加。今日叨滥,非由才举,纵陛下特升庸薄,其如朝序何?臣九世祖信,名高往代,当时才居选部,自后罕有继踪。臣遭逢成擢,沐浴恩造,累致非据,每切妨贤。臣虽无识,颇知审己,言行所践,无期荣贵,岂意铨衡之重,妄委非才。且皇明御历,事高昔代,羽仪世胄,帷幄名臣,若授受得宜,方为称职。臣凤陶教义,必知不可。"后主曰:"选众之举,佥议所归,昔毛玠雅量清恪,卢毓心平体正,王蕴铨量得地,山涛举不失才,就卿而求,必兼此矣。且我与卿,虽君臣礼隔,情分殊常,藻镜人伦,良所期寄,亦以无惭则哲也。"

察自居显要,甚励清洁,且廪锡以外,一不交通。尝有私门生不敢厚饷,止送南布一端,花絓一匹。察谓之曰:"吾所衣著,止是麻布蒲絓,此物于吾无用。既欲相款接,幸不烦尔。"此人逊请,犹冀受纳,察励色驱出,因此伏事者莫敢馈遗。

陈灭入隋。开皇九年,诏授秘书丞,别敕成梁、陈二代史。又敕于朱华阁长参。文帝知察蔬菲,别日乃独召入内殿,赐果菜,乃指察谓朝臣曰:"闻姚察学行当今无比,我平陈唯得此一人。"十三年,袭封北绛郡公。察往岁之聘周也,因得与父僧坦相见,将别之际,绝而复苏。至是承袭,愈更悲感,见者莫不为之歔欷。察幼年尝就钟山明庆寺尚禅师受菩萨戒，及官陈，禄俸皆舍寺起造，并追为禅师树碑，文甚遒丽。及是，遇见梁国子祭酒萧子云书此寺禅斋诗，览之怆然，乃用萧韵述怀为咏，词又哀切，法俗益以此称之。丁后母杜氏丧，解职。在服制之中，有白鸠巢于户上。仁寿二年，诏曰："前秘书丞北绛郡开国公姚察，强学待问，博极群典，修身立德，白首不渝，虽在哀疚，宜夺情礼，可员外散骑常侍，封如故。"又敕侍晋王昭读。炀帝初在东宫，数被召见，访以文籍。即位之始，诏授太子内舍人，余并如故。车驾巡幸，恒侍从焉。及改易衣冠，删正朝式，切问近对，察一人而已。

年七十四，大业二年，终于东都。遗命薄葬，务从率俭，其略曰："吾家世素士，自有常法。吾意敛以法服，并宜用布，土周于身，又恐汝等不忍行此，必不尔，须松板薄棺，才可周身，土周于棺而已。葬日，止粗车，即送厝旧茔北。吾在梁世，当时年十四，就钟山明庆寺尚禅师受菩萨戒，自尔深悟苦空，颇知回向矣。尝得留连山寺，一去忘归。及仕陈代，诸名流遂许与声价，兼时主恩遇，宦途遂至通显。自入朝来，又蒙恩渥。既牵缠人世，素志弗从。且吾习蔬菲五十余年，既历岁时，循而不失。瞑目之后，不须立灵，置一小床，每日设清水，六斋日设斋食果菜，任家有无，不须别经营也。"初，察愿读一藏经，并已究竟，将终，曾无痛恼，但西向坐，正念，云"一切空寂"。其后身体柔软，颜色如恒。两宫悼惜，赠赗甚厚。

察性至孝，有人伦鉴识。冲虚谦逊，不以所长矜人。终日恬静，唯以书记为乐，于坟籍无所不睹。每有制述，多用新奇，人所未见，咸重富博。且专志著书，白首不倦，手自抄撰，无时暂辍。尤好研核古今，是正文字，精采流赡，虽老不衰。兼谙识内典，所撰寺塔及众僧文章，特为绮密。在位多所称引，一善可录，无不赏荐，若非分相干，咸以理遣。尽心事上，知无不为。侍奉机密，未尝泄漏。且任遇已隆，衣冠攸属，深怀退静，避于声势。清洁自处，资产每虚，或有劝营生计，笑而不答。穆于亲属，笃于旧故，所得禄赐，咸充周恤。后主所制文笔卷轴甚多，乃别写一本付察，有疑悉令刊定。察亦推心奉上，事在无隐。后主尝从容谓朝士曰："姚察达学洽闻，手笔典裁，□□□古，犹难辈匹，在于今世，足为师范。且访对□□□，听之使人忘倦。"察每制文笔，敕便索本，□曰："我□姚察文章，非唯玩味无已，故是一宗匠。"

徐陵名高一代，每见察制述，尤所推重。尝谓子俭曰："姚学士德学无前，汝可师之也。"尚书令江总与察尤笃厚善，每有制作，必先以简察，然后施用。总为詹事时，尝制登宫城五百字诗，当时副君及徐陵以下诸名贤，并同此作。徐公后谓江曰："我所和弟五十韵，寄弟集内。"及江编次文章，无复察所和本，述徐此意，谓察曰："高才硕学，庶光拙文，今须公所和五百字，用偶徐侯章也。"察谦逊未付，江曰："若不得公此制，仆诗亦须弃本，复乖徐公所寄，岂得见令两失。"察不获已，乃写本付之。为通人推挹，例皆如此。

所著《汉书训纂》三十卷，《说林》十卷，《西聘》、《玉玺》、《建康三钟》等记各一卷，悉穷该博，并《文集》二十卷，并行于世。察所撰梁、陈史虽未毕功，隋文帝开皇之时，遣内史舍人虞世基索本，且进上，今在内殿。梁、陈二史本多是察之所撰，其中序论及纪、传有所阙者，临亡之时，仍经体例诫约子思廉，博访撰续，思廉泣涕奉行。思廉在陈为衡阳王府法曹参军，转会稽王主簿。入隋，补汉王府行参军，掌记室。寻除河间郡司法。大业初，内史侍郎虞世基奏思廉踵成梁、陈二代史，自尔以来，稍就补续。

史臣曰：江总持清标简贵，加润以辞采，及师长六官，雅允朝望，史臣先□禀兹令德，光斯百行，可以厉风俗，可以厚人伦。至于九流、《七略》之书，名山石室之记，汲郡、孔堂之书，玉箱金板之文，莫不穷研旨奥，遍探坎井，故道冠人师，搢绅以为准的。既历职贵显，国典朝章，古今疑议，后主皆取先臣断决焉。

陈书卷二八
列传第二二

世祖九王　高宗二十九王
后主十一子

　　世祖十三男：沈皇后生废帝、始兴王伯茂，严淑媛生鄱阳王伯山、晋安王伯恭，潘容华生新安王伯固，刘昭华生衡阳王伯信，王充华生庐陵王伯仁，张修容生江夏王伯义，韩修华生武陵王伯礼，江贵妃生永阳王伯智，孔贵妃生桂阳王伯谋。其伯固犯逆，别有传。二男早卒，本书无名。

　　始兴王伯茂字郁之，世祖第二子也。初，高祖兄始兴昭烈王道谈仕于梁世，为东宫直阁将军，侯景之乱，领弩手二千援台，于城中中流矢卒。绍泰二年，追赠侍中、使持节、都督南兖州诸军事、南兖州刺史，封义兴郡公，谥曰昭烈。高祖受禅，重赠骠骑大将军、太傅、扬州牧，改封始兴郡王，邑二千户。王生世祖及高宗。高宗以梁承圣末，迁于关右，至是，高祖遥以高宗袭封始兴嗣王，以奉昭烈王祀。永定三年六月，高祖崩。是月，世祖入纂帝位。时高宗在周未还，世祖以本宗乏飨，其年十月下诏曰："日者皇基肇建，封树枝戚，朕亲地攸在，特启大邦。弟顼嗣承门祀，虽土宇开建，荐飨莫由。重以遭家不造，闵凶荐遘，储贰遐隔，辖车未返。猥以眇身，膺兹景命，式循龟鼎，冰谷载怀。今既入奉大宗，事绝藩裸，始兴国庙，蒸尝无主，瞻言霜露，感寻恸绝。其徙封嗣王顼为安成王，封第二子伯茂为始兴王，以奉昭烈王祀。赐天下为父后者爵一级，庶申罔极之情，永保山河之祚。"

旧制：诸王受封，未加戎号者，不置佐史。于是尚书八座奏曰："夫增崇徽号，饰表车服，所以阐彰厥德，下变民望。第二皇子新除始兴王伯茂，体自尊极，神姿明颖，玉映离辰，兰芬绮岁，清晖美誉，日茂月升，道郁平、河，声超衮、植。皇情追感，圣性天深，以本宗阙绪，纂承藩嗣，虽圭社是膺，而戎章未袭，岂所以光崇睿哲，宠树皇枝。臣等参议，宜加宁远将军，置佐史。"诏曰"可"。

寻除使持节、都督南琅邪彭城二郡诸军事、彭城太守。天嘉二年，进号宣惠将军、扬州刺史。伯茂性聪敏，好学，谦恭下士，又以太子母弟，世祖深爱重之。是时，征北军人于丹徒盗发晋希昙墓，大获晋右将军王羲之书及诸名贤遗迹。事觉，其书并没县官，藏于秘府，世祖以伯茂好古，多以赐之，由是伯茂大工草隶，甚得右军之法。三年，除镇东将军、开府仪同三司、东扬州刺史。

废帝即位，时伯茂在都，刘师知等矫诏出高宗也，伯茂劝成之。师知等诛后，高宗恐伯茂扇动朝廷，光大元年，乃进号中卫将军，令入居禁中，专与废帝游处。是时，四海之望咸归高宗，伯茂深不平，日夕愤怨，数肆恶言，高宗以其无能，不以为意。及建安人蒋裕与韩子高等谋反，伯茂并阴豫其事。二年十一月，皇太后令黜废帝为临海王，其日又下令曰："伯茂轻薄，爰自弱龄，辜负严训，弥肆凶狡。常以次居介弟，宜秉国权，不涯年德，逾逼狂躁，图为祸乱，扇动宫闱，要招粗险，觊望台阁，嗣君丧道，由此乱阶，是诸凶德，咸作谋主。允宜磬彼司甸，刑斯剧人。言念皇支，尚怀悲懑，可特降为温麻侯，宜加禁止，别遣就第。不意如此，言增泫叹。"时六门之外有别馆，以为诸王冠婚之所，名为婚第，至是命伯茂出居之。于路遇盗，殒于车中。时年十八。

鄱阳王伯山字静之，世祖第三子也。伟容仪，举止闲雅，喜愠不形于色，世祖深器之。初，高祖时，天下草创，诸王受封仪注多阙，及伯山受封，世祖欲重其事。天嘉元年七月丙辰，尚书八座奏曰："臣闻本枝惟允，宗周之业以弘，盘石既建，皇汉之基斯远，故能协宣五运，规范百王，式固灵根，克隆卜世。第三皇子伯山，发睿德于龆年，表歧姿于丱日，光昭丹掖，晖映青闱，而玉圭未秉，金锡靡驾，岂所以敦序维翰，建树藩戚！臣等参议，宜封潘阳郡王。"诏曰"可"。乃遣散骑常侍、度支尚书萧睿持节、兼太宰告于太庙；又遣五兵尚书王质持节、兼太宰告于太社。其年十月，上临轩策命之曰："於戏！夫建树藩屏，翼奖王室，钦若前典，咸必由之。惟尔凤挺珪璋，生知孝敬，令德茂亲，金誉所集，启建大邦，实惟伦序，是用敬遵民瞻，锡此圭瑞。往钦哉！其勉树声业，永保宗社，可不慎欤！"策讫，敕令王公以下并燕于王第。仍授东中郎将、吴郡太守。六年，为缘江都督、平北将军、南徐州刺史。天康元年，进号镇北将军。高宗辅政，不欲令伯山处边，光大元年，徙为镇东将军、东扬州刺史。太建元年，征为中卫将军、中领军。六年，又为征北将军、南徐州刺史。寻为征南将军、江州刺史，十一年，入为护军将军，加开府仪同三司，仍给鼓吹并扶。后主即位，进号中权大将军。至德四年，出为持节、都督东扬丰二州诸军事、东扬州刺史，加侍中，余并如故。祯明元年，丁所生母忧去职。明年，起为镇卫大将军、开府仪同三司，给班剑十人。三年正月，薨，时年四十。

伯山性宽厚，美风仪，又于诸王最长，后主深敬重之，每朝廷有冠婚飨燕之事，恒使伯山为主。及丁所生母忧，居丧以孝闻。后主尝幸吏部尚书蔡征宅，因往吊之，伯山号恸殆绝，因起为镇卫将军，仍谓群臣曰："鄱阳王至性可嘉，又是西第之长，豫章已兼司空，其亦须迁太尉。"未及发诏，而伯山薨。寻值陈亡，遂无赠谥。

长子君范，太建中，拜鄱阳国世子，寻为贞威将军、晋陵太守。未袭爵，而隋师至。是时，宗室王侯在都者百余人，后主恐其为变，乃并召入，令屯朝堂，使豫章王叔英总督之，而又阴为之备。及六军败绩，相率以降，因从后主入关。至长安，隋文帝并配于陇右及河西诸州，各给田业以处之。初，君范与尚书仆射江总友善，至是，总赠君范书五言诗,以叙他乡离别之意,辞甚酸切,当世文士咸讽诵之。大业二年,隋汤帝以后主第六女女婠为贵人,绝爱幸,因召陈氏子弟尽还京师,隋才叙用,由是并为守宰,遍于天下。其年,君范为温令。

晋安王伯恭字肃之,世祖第六子也。天嘉六年,立为晋安王。寻为平东将军、吴郡太守,置佐史。时伯恭年十余岁,便留心政事,官曹治理。太建元年,入为安前将军、中护军。迁中领军。寻为中卫将军、扬州刺史,以公事免。四年,起为安左将军。寻为镇右将军、特进,给扶。六年,出为安南将军、南豫州刺史。九年,入为安前将军、祠部尚书。十一年,进号军师将军、尚书右仆射。十二年,迁仆射。十三年,迁左仆射。十四年,出为安南将军、湘州刺史,未拜。至德元年,为侍中、中卫将军、光禄大夫。丁所生母忧,去职。祯明元年,起为中卫将军、右光禄大夫,置佐史、扶并如故。三年,入关。隋大业初,为成州刺史、太常卿。

衡阳王伯信字孚之,世祖第七子也。天嘉元年,衡阳献王昌自周还朝,于道薨。其年,世祖立伯信为衡阳王,奉献王祀。寻为宣惠将军、丹阳尹,置佐史。太建四年,为中护军。六年,为宣毅将军、扬州刺史。寻加侍中、散骑常侍。十一年,进号镇前将军、太子詹事,余并如故。祯明元年,出为镇南将军、西衡州刺史。三年,隋军济江,与临汝侯方庆并为□衡州刺史王勇所害,事在方庆传。

庐陵王伯仁字寿之,世祖第八子也。天嘉六年,立为庐陵王。太建初,为轻车将军,置佐史。七年,迁冠军将军、中领军。寻为平北将军、南徐州刺史。十二年,为翊左将军、中领军。祯明元年,加侍中、国子祭酒,领太子中庶子。三年,入关,卒于长安。

长子番,先封湘滨侯,隋大业中,为资阳令。

江夏王伯义字坚之,世祖第九子也。天嘉六年,立为江夏王。太建初,为宣惠将军、东扬州刺史,置佐史。寻为宣毅将军、持节、散骑常侍、都督合霍二州诸军事、合州刺史。十四年,征为侍中、忠武将军、金紫光禄大夫。祯明三年,入关,迁于瓜州,于道卒。

长子元基,先封湘潭侯,隋大业中,为谷熟县令。

武陵王伯礼字用之,世祖第十子也。天嘉六年,立为武陵王。太建初,为云旗将军、持节、都督吴兴诸军事、吴兴太守。在郡恣行暴掠,驱录民下,逼夺财货,前后委积,百姓患之。太建九年,为有司所劾,上曰:"王年少,未达治道,皆由佐史不能匡弼所致。特降军号,后若更犯,必致之以法,有司不言与同罪。"十一年春,被代征还,伯礼遂迁延不发。其年十月,散骑常侍、御史中丞徐君敷奏曰:"臣闻车履不俟,君命之通规,夙夜匪懈,臣子之恒节。谨案云旗将军、持节、都督吴兴诸军事、吴兴太守武陵王伯礼,早擅英猷,久驰令问,惟良寄重,枌乡是属。圣上爱育黔黎,留情政本,共化求瘼,早赴皇心,遂复稽缓归骖,取移凉燠,迟回去鹢,空淹载路,淑慎未彰,违惰斯在,绳衍检迹,以为征诫。臣等参议,以见事免伯礼所居官,以工还第。谨以白简奏闻。"诏曰"可"。祯明三年,入关。隋大业中,为散骑侍郎、临洮太守。

永阳王伯智字策之,世祖第十二子也,少敦厚,有器局,博涉经史。太建中,立为永阳王。寻为侍中,加明威将军,置佐史。寻加散骑常侍,累迁尚书左仆射。出为使持节、都督东扬曹二州诸军事、平东将军、领会稽内史。至德二年,入为侍中、翊左将军,加特进。祯明三年,入关。隋大业中,为岐州司马,迁国子司业。

桂阳王伯谋字深之,世祖第十三子也。太建中,立为桂阳王。七年,为明威将军,置佐史。寻为信威将军、丹阳尹。十年,加侍中,出为持节、都督吴兴诸军事、东中郎将、吴兴太守。十一年,加散骑常侍。至德元年,薨。

子酆嗣。大业中,为番禾令。

高宗四十二男:柳皇后生后主,彭贵人生始兴王叔陵,曹淑华生豫章王淑英,何淑仪生长沙王叔坚、宜都王叔明,魏昭容生建安王叔卿,钱贵妃生河东王叔献,刘昭仪生新蔡王叔齐,袁昭容生晋熙王叔文、义阳王叔达、新会王叔坦,王姬生淮南王叔彪、巴山王叔雄,吴姬生始兴王叔重,徐姬生寻阳王叔俨,淳于姬生岳阳王叔慎,王修华生武昌王叔虞,韦修容生湘东王叔平,施姬生临贺王叔敖、沅陵王叔兴,曾姬生阳山王叔宣,杨姬生西阳王叔穆,申婕妤生南安王叔俭、南郡王叔澄、岳山王叔韶,太原王叔匡,袁姬生新兴王叔纯,吴姬生巴东王叔谟,刘姬生临江王叔显,秦姬生新宁王叔隆、新昌王叔荣。其皇子叔睿、叔忠、叔引、叔毅、叔训、叔武、叔处、叔封等八人,并未及封。叔陵犯逆,别有传。三子早卒,本书无名。

豫章王叔英字子烈,高宗第三子也。少宽厚仁爱。天嘉元年,封建安侯。太建元年,改封豫章王,仍为宣惠将军、都督东扬州诸军事、东扬州刺史。五年,进号平北将军、南豫州刺史。十一年,为镇前将军、江州刺史。后主即位,进号征南将军。寻加开府仪同三司、中卫大将军,余并如故。四年,进号骠骑大将军。祯明元年,给鼓吹一部,班剑十人。其年迁司空。三年,隋师济江,叔英知石头军戍事,寻令入屯朝堂。及六军败绩,降于隋将韩擒虎。其年入关。隋大业中,为涪陵太守。

长子弘,至德元年,拜豫章国世子。

长沙王叔坚字子成,高宗第四子也。母本吴中酒家隶,高宗微时,尝往饮,遂与通。及贵,召拜淑仪。叔坚少桀黠,凶虐使酒,尤好数术、卜筮、祝禁,熔金琢玉,并究其妙。天嘉中,封丰城侯。太建元年,立为长沙王。仍为东中郎将、吴郡太守。四年,为宣毅将军、江州刺史,置佐史。七年,进号云麾将军、郢州刺史。未拜,转为平越中郎将、广州刺史。寻为平北将军、合州刺史。八年,复为平西将军、郢州刺史。十一年,入为翊左将军、丹阳尹。

初,叔坚与始兴王叔陵并召聚宾客,各争权宠,甚不平。每朝会,卤薄不肯为先后,必分道而趋,左右或争道而斗,至有死者。及高宗弗豫,叔坚、叔陵等并从后主侍疾。叔陵阴有异志,乃命典药吏曰"切药刀甚钝,可砺之。"及高宗崩,仓卒之际,又命其左右于外取剑。左右弗悟,乃取朝服所佩木剑以进,叔陵怒。叔坚在侧闻之,疑有变,伺其所为。及翌日小敛,叔陵袖剚药刀趋进,斫后主中项,后主闷绝于地,皇太后与后主乳母乐安君吴氏俱以身捍之,获免。叔坚自后扼叔陵擒之,并夺其刀。将杀之,问后主曰:"即尽之,为待也?"后主不能应。叔陵旧多力,须臾自奋得脱,出云龙门,入于东府城,召左右断青溪桥道,放东城囚以充战士。又遣人往新林,追其所部兵马。仍自被甲,著白布帽,登城西门,招募百姓。是时,众军并缘江防守,台内空虚。叔坚乃白太后,使太子舍人司马申以后主命召萧摩诃,令讨之。即日,擒其将戴温、谭骐麟等,送台斩于尚书阁下,持其首徇于东城。叔陵恇扰不知所为,乃尽杀其妻妾,率左右数百人走趋新林。摩诃追之,斩于丹阳郡,余党悉擒。其年,以功进号骠骑将军、开府仪同三司、扬州刺史。寻迁司空,将军、刺史如故。是时,后主患创,不能视事,政无小大,悉委叔坚决之,于是势倾朝廷。叔坚因肆骄纵,事多不法,后主由是疏而忌之。孔范、管斌、施文庆之徒,并东宫旧臣,日夜阴持其短。至德元年,乃诏令即本号用三司之仪,出为江州刺史。未发,寻有诏又以为骠骑将军,重为司空,实欲去其权势。叔坚不自安,稍怨望,乃为左道厌魅,以求福助。刻木为偶人,衣以道士之服,施机关,能拜跪,昼夜于日月下醮之,祝诅于上。其年冬,有人上书告其事,案验并实。后主召叔坚囚于西省,将杀之。其夜,令近侍宣敕,数之以罪,叔坚对曰:"臣之本心,非有他故,但欲求亲媚耳。臣既犯天宪,罪当万死,臣死之日,必见叔陵,愿宣明诏,责于九泉之下。"后主感其前功,乃赦之,特免所居官,以王还第。寻起为侍中、镇左将军。二年,又给鼓吹、油幢车。三年,出为征西将军、荆州刺史。四年,进号中军大将军、开府仪同三司。祯明二年,秩满还都。

三年,入关,迁于瓜州,更名叔贤。贤素贵,不知家人生产,至是与妃沈氏酤酒,以佣保为事。隋大业中,为遂宁郡太守。

建安王叔卿字子弼,高宗第五子也。性质直,有材器,容貌甚伟。太建四年,立为建安王,授东中郎将、东扬州刺史。七年,为云麾将军、郢州刺史,置佐史。九年,进号平南将军、湘州刺史。后主即位,进号安南将军。又为侍中、镇右将军、中书令。迁中书监。祯明三年,入关。隋大业中,为都官郎、上党通守。

宜都王叔明字子昭,高宗第六子也。仪容美丽,举止和弱,状似妇人。太建五年,立为宜都王,寻授宣惠将军,置佐史。七年,授东中郎将、东扬州刺史。寻为轻车将军、卫尉卿。十三年,出为使持节、云麾将军、南徐州刺史。又为侍中、翊右将军。至德四年,进号安右将军。祯明三年,入关。隋大业中,为鸿胪少卿。

河东王叔献字子恭,高宗第九子也。性恭谨,聪敏好学。太建五年,立为河东王。七年,授宣毅将军,置佐史。寻为散骑常侍、军师将军、都督南徐州诸军事、南徐州刺史。十二年,薨,年十三。赠侍中、中抚将军、司空,谥曰康简。

子孝宽嗣。孝宽以至德元年袭爵河东王,祯明三年,入关。隋大业中,为汶城令。

新蔡王叔齐字子肃,高宗第十一子也。风彩明赡,博涉经史,善属文。太建七年,立为新蔡王。寻为智武将军,置佐史。出为东中郎将、东扬州刺史。至德二年,入为侍中,将军、佐史如故。祯明元年,除国子祭酒,侍中、将军、佐史如故。三年,入关。隋大业中,为尚书主客郎。

　　晋熙王叔文字子才，高宗第十二子也。性轻险，好虚誉，颇涉书史。太建七年，立为晋熙王。寻为侍中、散骑常侍、宣惠将军，置佐史。进号轻车将军、扬州刺史。至德元年，授持节、都督江州诸军事、江州刺史。二年，迁信威将军、督湘衡武桂四州诸军事、湘州刺史。祯明二年，秩满，征为侍中、宣毅将军，佐史如故。未还，而隋军济江，破台城。隋汉东道行军元帅秦王至于汉口。时叔文自湘州还朝，至巴州，乃率巴州刺史毕宝等请降，致书于秦王曰："窃以天无二日，晦明之序不差，土无二王，尊卑之位乃别。今车书混一，文轨大同，敢披丹款，申其屈膝。"秦王得书，因遣行军吏部柳庄与元帅府僚属等往巴州迎劳叔文。叔文于是与毕宝、荆州刺史陈纪及文武将吏赴于汉口，秦王并厚待之，置于宾馆。隋开皇九年三月，众军凯旋，文帝亲幸温汤劳之，叔文与陈纪、周罗睺、荀法尚等并诸降人，见于路次。数日，叔文从后主乃诸王侯将相并乘舆、服御、天文图籍等，并以次行列，仍以铁骑围之，随晋王、秦王等献凯而入，列于庙庭。明日，隋文帝坐于广阳门观，叔文又从后主至朝堂南，文帝使内史令李德林宣旨，责其君臣不能相弼，以致丧亡。后主与其群臣，并惭惧拜伏，莫能仰视，叔文独欣然而有自得之志。旬有六日，乃上表曰："昔在巴州，已先送款，乞知此情，望异常例。"文帝虽嫌其不忠，而方欲怀柔江表，乃授开府，拜宜州刺史。

　　淮南王叔彪字子华，高宗第十三子也，少聪惠，善属文。太建八年，立为淮南王。寻位侍中、仁威将军，置佐史。祯明三年，入关，卒于长安。

　　始兴王叔重字子厚，高宗第十四子也。性质朴，无伎艺。高宗崩，始兴王叔陵为逆，诛死。其年，立叔重为始兴王，以奉昭烈王后。至德元年，为仁威将军、扬州刺史，置佐史。二年，加使持节、都督江州诸军事、江州刺史。祯明三年，入关。隋大业中，为太府少卿，卒。

寻阳王叔俨字子思，高宗第十五子也。性凝重，举止方正。后主即位，立为寻阳王。至德元年，为侍中、仁武将军，置佐史。祯明三年，入关，寻卒。

岳阳王叔慎字子敬，高宗第十六子也。少聪敏，十岁能属文。太建十四年，立为岳阳王，时年十一。至德四年，拜侍中、智武将军、丹阳尹。是时，后主尤爱文章，叔慎与衡阳王伯信、新蔡王叔齐等日夕陪侍，每应诏赋诗，恒被嗟赏。祯明元年，出为使持节、都督湘衡桂武四州诸军事、智武将军、湘州刺史。三年，隋师济江，破台城，前刺史晋熙王叔文还至巴州，与巴州刺史毕宝、荆州刺史陈纪并降。隋行军元帅清河公杨素兵下荆门，别遣其将庞晖将兵略地，南至湘州。城内将士莫有固志，克日请降。叔慎乃置酒，会文武僚吏。酒酣，叔慎叹曰：“君臣之义，尽于此乎！”长史谢基伏而流涕，湘州助防遂与侯正理在坐，乃起曰：“主辱臣死，诸君独非陈国之臣乎？今天下有难，实是致命之秋也。纵其无成，犹见臣节，青门之外，有死不能。今日之机，不可犹豫，后应者斩。”众咸许诺，乃刑牲结盟，仍遣人诈奉降书于庞晖。晖信之，克期而入，叔慎伏甲待之。晖令数百人屯于城门，自将左右数十人入于厅事，俄而伏兵发，缚晖以徇，尽擒其党，皆斩之。叔慎坐于射堂，招合士众，数日之中，兵至五千人。衡阳太守樊通、武州刺史邬居业，皆请赴难。未至，隋遣中牟公薛胄为湘州刺史，闻庞晖死，乃益请兵，隋又遣行军总管刘仁恩救之。未至，薛胄兵次鹅羊山，叔慎遣正理及樊通等拒之，因大合战。自旦至于日昃，隋军迭息迭战，而正理兵少不敌，于是大败。胄乘胜入城，生擒叔慎。是时，邬居业率其众自武州来赴，出横桥江，闻叔慎败绩，乃顿于新康口。隋总管刘仁恩兵亦至横桥，据水置营，相持信宿，因合战，居业又败。仁恩虏叔慎、正理、居业及其党与十余人，秦王斩之于汉口。叔慎时年十八。

义阳王叔达字子聪,高宗第十七子也。太建十四年,立为义阳王。寻拜仁武将军,置佐史。祯明元年,除丹阳尹。三年,入关。隋大业中,为内史,至绛郡通守。

巴山王叔雄字子猛,高宗第十八子也。太建十四年,立为巴山王。祯明三年,入关,卒于长安。

武昌王叔虞字子安,高宗第十九子也。太建十四年,立为武昌王。寻为壮武将军,置佐史。祯明三年,入关。隋大业中,为高苑令。

湘东王叔平字子康,高宗第二十子也。至德元年,立为湘东王。祯明三年,入关,隋大业中,为湖苏令。

临贺王叔敖字子仁,高宗第二十一子也。至德元年,立为临贺王。寻为仁武将军,置佐史。祯明三年,入关。隋大业初,拜仪同三司。

阳山王叔宣字子通,高宗第二十二子也。至德元年,立为阳山王。祯明三年,入关。隋大业中,为泾城令。

西阳王叔穆字子和,高宗第二十三子也。至德元年,立为西阳王。祯明三年,入关,卒于长安。

南安王叔俭字子约,高宗第二十四子也。至德元年,立为南安王。祯明三年,入关,卒于长安。

南郡王叔澄字子泉,高宗第二十五子也。至德元年,立为南郡王。祯明三年,入关。隋大业中,为灵武令。

沉陵王叔兴字子推,高宗第二十六子也。至德元年,立为沉陵王。祯明三年,入关。隋大业中,为给事郎。

岳山王叔韶字子钦,高宗第二十七子也,至德元年,立为岳山王。寻为智武将军,置佐史。四年,除丹阳尹。祯明三年,入关,卒于长安。

新兴王叔纯字子共,高宗第二十八子也。至德元年,立为新兴王。祯明三年,入关。隋大业中,为河北令。

巴东王叔谟字子轨,高宗第二十九子也。至德四年,立为巴东王。祯明三年,入关。隋大业中,为岍阳令。

临江王叔显字子明,高守第三十子也。至德四年,立为临江王。祯明三年,入关。隋大业中,为鹑觚令。

新会王叔坦字子开,高宗第三十一子也。至德四年,立为新会王。祯明三年,入关。隋大业中,为涉令。

新宁王叔隆字子远,高宗第三十二子也。至德四年,立为新宁王。祯明三年,入关,卒于长安。

新昌王叔荣字子彻,高宗第三十三子也。祯明二年,立为新昌王。三年,入关。隋大业中,为内黄令。

太原王叔匡字子佐,高宗第三十四子也。祯明二年,立为太原王。三年,入关。隋大业中,为寿光令。

后主二十二男：张贵妃王皇太子深、会稽王庄，孙姬生吴兴王胤，高昭仪生南平王嶷，吕淑媛生永嘉王彦、邵陵王兢，龚贵嫔生南海王虔、钱塘王恬，张淑华生信义王祗，徐淑仪生东阳王恮，孔贵人生吴郡王蕃。其皇子总、观、明、纲、统、冲、洽、绰、𬤝、威、辩十一人，并未及封。

皇太子深字承源，后主第四子也。少聪惠，有志操，容止俨然。虽左右近侍，未尝见其喜愠。以母张贵妃故，特为后主所爱。至德元年，封始安王，邑二千户。寻为军师将军、扬州刺史，置佐史。祯明二年，皇太子胤废，后主乃立深为皇太子。三年，隋师济江，六军败绩，隋将韩擒虎自南掖门入，百僚逃散。深时年十余岁，闭阁而坐，舍人孔伯鱼侍焉。隋军排阁而入，深使宣令劳之曰："军旅在途，不乃劳也？"军人咸敬焉。其年入关。隋大业中，为枹罕太守。

吴兴王胤字承业，后主长子也。太建五年二月乙丑，生于东宫。母孙姬因产卒，沈皇后哀而养之，以为己子。时后主年长，未有胤嗣，高宗因命以为嫡孙。其日下诏曰："皇孙初诞，国祚方熙，思与群臣共同斯庆。内外文武，赐帛各有差，为父后者赐爵一级。"十年，封为永康公。后主即位，立为皇太子。胤性聪敏，好学，执经肄业，终日不倦，博通大义，兼善属文。致德三年，躬出太学讲《孝经》，讲毕，又释奠于先圣先师。其日设金石之乐于太学，王公卿士及太学生并预宴。是时，张贵妃、孔贵嫔并爱幸，沈皇后无宠，而近侍左右数于东宫往来，太子亦数使人至后所。后主疑其怨望，甚恶之。而张、孔二贵妃又日夜构成后及太子之短，孔范之徒又于外合成其事。祯明二年，废为吴兴王。仍加侍中、中卫将军。三年，入关，卒于长安。

南平王嶷字承岳，后主第二子也。方正有器局，年数岁，风采举动有若成人。至德元年，立为南平王。寻除信武将军、南琅邪彭城二郡太守，置佐史。迁扬州刺史，进号镇南将军。寻为使持节、都督郢荆湘三州诸军事、征西将军、郢州刺史。未行，而隋军济江。祯明三年，入关，卒于长安。

永嘉王彦字承懿，后主第三子也。至德元年，立为永嘉王。寻为忠武将军、南徐州刺史。进号安南将军。授散骑常侍、使持节、都督江巴东衡三州诸军事、平南将军、江州刺史。未行，隋师济江。祯明三年，入关。隋大业中，为襄武令。

南海王虔字承恪，后主第五子也。至德元年，立为南海王。寻为武毅将军，置佐史。进号军师将军。祯明二年，出为平北将军、南徐州刺史。三年，入关。隋大业中，为涿令。

信义王祗字承敬，后主第六子也。至德元年，立为信义王。寻为壮武将军，置佐史。授使持节、都督、智武将军、琅邪彭城二郡太守。祯明三年，入关。隋大业中，为通议郎。

邵陵王兢字承检，后主第七子也。祯明元年，立为邵陵王，邑一千户。寻为仁武将军，置佐史。三年，入关。隋大业中，为国子监丞。

会稽王庄字承肃，后主第八子也。容貌蘡陋，性严酷，数岁，左右有不如意，辄剟刺其面，或加烧爇。以母张贵妃有宠，后主甚爱之。至德四年，立为会稽王。寻为翊前将军，置佐史。除使持节、都督扬州诸军事、扬州刺史。祯明三年，入关。随大业中，为会昌令。

东阳王恮字承厚，后主第九子也。祯明二年，立为东阳王，邑一年户，未拜。三年，入关。隋大业中，为通议郎。

吴郡王蕃字承广，后主第十子也。祯明二年，封吴郡王。三年，入关。隋大业中，为涪城令。

钱塘王恬字承恬，后主第十一子也。祯明二年，立为钱塘王，邑一千户。三年，入关，卒于长安。

江左自西晋相承，诸王开国，并以户数相差为大小三品。大国置上、中、下三将军，又置司马一人；次国置中、下二将军；小国置将军一人。余官亦准此为差。高祖受命，自永定讫于祯明，唯衡阳王昌特加殊宠，至五千户。自余大国不过二千户，小国即千户。而旧史残缺，不能别知其国户数，故缀其遗事附于此。

史臣曰：世祖、高宗、后主并建藩屏，以树懿亲，固乃本根，隆斯盘石。鄱阳王伯山有风采德器，亦一代令藩矣。岳阳王叔慎属社稷倾危，情哀家国，竭诚赴敌，志不图生。呜呼！古之忠烈致命，斯之谓也。

陈书卷二九
列传第二三

宗元饶　　司马申　　毛喜
蔡征

宗元饶，南郡江陵人也，少好学，以孝敬闻。

仕梁世，解褐本州主簿，迁征南府行参军，仍转外兵参军。及司徒王僧辩幕府初建，元饶与沛国刘师知同为主簿。高祖受禅，除晋陵令。入为尚书功论郎。使齐，还，为廷尉正。迁太仆卿，领本邑大中正，中书通事舍人。寻转廷尉卿，加通直散骑常侍，兼尚书左丞。时高宗初即位，军国务广，事无巨细，一以咨之，台省号为称职。

迁御史中丞，知五礼事。时合州刺史陈裒赃污狼藉，遣使就渚敛鱼，又于六郡乞米，百姓甚苦之。元饶劾奏曰："臣闻建旟求瘼，实寄廉平，褰帷恤隐，本资仁恕，如或贪污是肆，征赋无厌，天网虽疏，兹焉弗漏。谨案钟陵县开国侯、合州刺史臣裒，因藉多幸，预逢抽擢，爵由恩被，官以私加，无德无功，坐尸荣贵。谯、肥之地，久沦非所，皇威克复，物仰仁风。新邦用轻，弥俟宽惠，应斯作牧，其寄尤重。爰降曲恩，祖行宣室，亲承规诲，事等言提。虽廉洁之怀，诚无素蓄，而禀兹严训，可以厉精。遂乃擅行赋敛，专肆贪取，求粟不餍，愧王沉之出赈，征鱼无限，异羊续之悬枯。寔以严科，实惟明宪。臣等参议，请依旨免裒所应复除官，其应禁锢及后选左降本资，悉依免官之法。"遂可其奏。吴兴太守武陵王伯礼，豫章内史南康嗣王方泰，并骄蹇放横，元饶案奏之，皆见削黜。元饶性公平，善持法，谙晓故事,明练治体。吏有犯法、政不便民及于名教不足者,随事纠正,多所裨益。

迁贞威将军、南康内史,以秩米三千余斛助民租课,存问高年,拯救乏绝,百姓甚赖焉。以课最入朝,诏加散骑常侍、荆雍湘巴武五州大中正。寻以本官重领尚书左丞。又为御史中丞。历左民尚书,右卫将军,领前将军,迁吏部尚书。太建十三年,卒,时年六十四。诏赠侍中、金紫光禄大夫,官给丧事。

司马申字季和,河内温人也。祖慧远,梁都水使者。父玄通,梁尚书左民郎。申早有风概,十四便善弈棋。尝随父候吏部尚书到仲举,时梁州刺史阴子春、领军朱异在焉。子春素知申,即于坐所呼与为对,申每有妙思,异观而奇之,因引申游处。

梁邵陵王为丹阳尹,以申为主簿,属太清之难,父母俱没,因此自誓,菜食终身。梁元帝承制,起为开远将军,迁镇西外兵记室参军。及侯景寇郢州,申随都督王僧辩据巴陵,每进筹策,皆见行用。僧辩叹曰:“此生要鞭汗马,或非所长,若使抚众守城,必有奇绩。”僧辩之讨陆纳也,申在军中,于时贼众奄至,左右披靡,申躬蔽僧辩,蒙盾而前,会裴之横救至,贼乃退。僧辩顾申而笑曰:“仁者必有勇,岂虚言哉!”除散骑侍郎。绍泰初,迁仪同侯安都从事中郎。高祖受禅,除安东临川王谘议参军。天嘉三年,迁征北谘议参军,兼廷尉监。五年,除镇东谘议参军,兼起部郎。出为戎昭将军、江乘令,甚有治绩。入为尚书金部郎。迁左民郎,以公事免。太建初,起为贞威将军、征南鄱阳王谘议参军。九年,除秣陵令,在职以清能见纪,有白雀巢于县庭。秩满,顷之,预东宫宾客。寻兼东宫通事舍人。迁员外散骑常侍,舍人如故。及叔陵之肆逆也,事既不捷,出据东府,申驰召右卫萧摩诃帅兵先至,追斩之,因入城中,收其府库,后主深嘉之。以功除太子左卫率,封文始县伯,邑四百户,兼中书通事舍人。寻迁右卫将军,加通直散骑常侍。以疾还第,就加散骑常侍、右卫、舍人如故。

至德四年，卒，后主嗟悼久之，下诏曰："慎终追远，钦若旧则，阖棺定谥，抑乃前典。故散骑常侍、右卫将军、文始县开国伯申，忠肃在公，清正立己，治繁处约，投躯殉义。朕任寄情深，方康庶绩，奄然化往，伤恻于怀。可赠侍中、护军将军，进爵为侯，增邑为五百户，谥曰忠。给朝服一具，衣一袭，克日举哀。丧事所须，随由资给。"及葬，后主自制志铭，辞情伤切，卒章曰："嗟乎！天不与善，歼我良臣。"其见幸如此。申历事三帝，内掌机密，至于仓卒之间，军国大事，指麾断决，无有滞留。

子琇嗣，官至太子舍人。

毛喜字伯武，荥阳阳武人也。祖称，梁散骑侍郎。父栖忠，梁尚书比部侍郎、中权司马。喜少好学，善草隶。

起家梁中卫西昌侯行参军，寻迁记室参军。高祖素知于喜，及镇京口，命喜与高宗俱往江陵，仍敕高宗曰："汝至西朝，可谘禀毛喜。"喜与高宗同谒梁元帝，即以高宗为领直，喜为尚书功论侍郎。及江陵陷，喜及高宗俱迁关右。世祖即位，喜自周还，进和好之策，朝廷乃遣周弘正等通聘。及高宗反国，喜于郢州奉迎，又遣喜入关，以家属为请。周冢宰宇文护执喜手曰："能结二国之好者，卿也。"仍迎柳皇后及后主还。天嘉三年，至京师。高宗时为骠骑将军，仍以喜为府谘议参军，领中记室，府朝文翰，皆喜词也。

世祖尝谓高宗曰："我诸子皆以伯为名，汝诸儿宜用叔为称。"高宗以访于喜，喜即条牒自古名贤杜叔英、虞叔卿等二十余人以启世祖，世祖称善。

世祖崩，废帝冲昧，高宗录尚书辅政。仆射到仲举等知朝望有归，乃矫太后令，遣高宗还东府，当时疑惧，无敢措言。喜即驰入，谓高宗曰："陈有天下日浅，海内未夷，兼国祸并钟，万邦危惧。皇太后深惟社稷至计，令王入省，方当共康庶绩，比德伊、周。今日之言，必非太后之意。宗社之重，愿加三思。以喜之愚，须更闻奏，无使奸贼得肆其谋。"竟如其策。

右卫将军韩子高始与仲举通谋，其事未发，喜请高宗曰："宜简选人马，配与子高，拜赐铁炭，使修器甲。"高宗惊曰："子高谋反，即欲收执，何为更如是邪？"喜答曰："山陵始毕，边寇尚多，而子高受委前朝，名为杖顺，然甚轻狷，恐不时授首，脱其稽诛，或衍王度。宜推心安诱，使不自疑，图之一壮士之力耳。"高宗深然之，卒行其计。

高宗即位，除给事黄门侍郎，兼中书舍人，典军国机密。高宗将议北伐，敕喜撰军制，凡十三条，诏颁天下，文多不载。寻迁太子右卫率、右卫将军。以守策功，封东昌县侯，邑五百户。又以本官行江夏、武陵、桂阳三王府国事。太建三年，丁母忧去职，诏追赠喜母庚氏东昌国太夫人，赐布五百匹，钱三十万，官给丧事。又遣员外散骑常侍杜缅图其墓田，高宗亲与缅案图画。其见重如此。寻起为明威将军，右卫、舍人如故。改授宣远将军、义兴太守。寻以本号入为御史中丞。服阕，加散骑常侍、五兵尚书，参掌选事。

及众军北伐，得淮南地，喜陈安边之术，高宗纳之，即日施行。又问喜曰："我欲进兵彭、汴，于卿意如何？"喜对曰："臣实才非智者，安敢预兆未然，窃以淮左新平，边氓未乂，周氏始吞齐国，难与争锋，岂以弊卒疲兵，复加深入。且弃舟楫之工，践车骑之地，去长就短，非吴人所便。臣愚以为，不若安民保境，寝兵复约，然后广募英奇，顺时而动，斯久长之术也。"高宗不从。后吴明彻陷周，高宗谓喜曰："卿之所言，验于今矣。"十二年，加侍中。十三年，授散骑常侍、丹阳尹。迁吏部尚书，常侍如故。及高宗崩，叔陵构逆，敕中庶子陆琼宣旨，令南北诸军皆取喜处分。贼平，又加侍中，增封并前九百户。至德元年，授信威将军、永嘉内史，加秩中二千石。

初，高宗委政于喜，喜亦勤心纳忠，多所匡益，数有谏净，事并见从。由是十余年间，江东狭小，遂称全盛。唯略地淮北，不纳喜谋，而吴明彻竟败，高宗深悔之，谓袁宪曰："不用毛喜计，遂令至此，朕之过也。"喜既益亲，乃言无回避，而皇太子好酒德，每共幸人为长夜之宴。喜尝为言，高守以诚太子，太子阴患之，至是稍见疏远。

初，后主为始兴王所伤，及疮愈而自庆，置酒于后殿，引江总以下展乐赋诗，醉而命喜。于时山陵初毕，未及逾年，喜见之不怿，欲谏而后主已醉。喜升阶，阳为心疾，仆于阶下，移出省中。后主醒，乃疑之，谓江总曰："我悔召毛喜，知其无疾，但欲阻我欢宴，非我所为，故奸诈耳。"乃与司马申谋曰："此人负气，吾欲将乞鄱阳兄弟，听其报雠，可乎？"对曰："终不为官用，愿如圣旨。"傅绛争之曰："不然。若许报仇，欲置先皇何地？"后主曰："当乞一小郡，勿令见人事耳。"乃以喜为永嘉内史。

喜至郡，不受俸秩，政弘清静，民吏便之。遇丰州刺史章大宝举兵反，郡与丰州相接，而素无备御，喜乃修治城隍，严饰器械，又遣所部松阳令周磻领千兵援建安。贼平，授南安内史。祯明元年，征为光禄大夫，领左骁骑将军。喜在郡有惠政，乃征入朝，道路追送者数百里。其年，道病卒，时年七十二。有集十卷。

子处冲嗣，官至仪同从事中郎、中书侍郎。

蔡征字希祥，侍中、中抚军将军景历子也。幼聪敏，精识强记。年六岁，诣梁吏部尚书河南褚翔，翔字仲举，嗟其颖悟。七岁，丁母忧，居丧如成人礼。继母刘氏性悍忌，视之不以道，征供侍益谨，初无怨色。征本名览，景历以为有王祥之性，更名征，字希祥。

梁承圣初，高祖为南徐州刺史，召补迎主簿，寻授太学博士。天嘉初，迁始兴王府法曹行参军，历外兵参军事，尚书主客郎，所居以干理称。太建初，迁太子少傅丞，新安王主簿，通直散骑侍郎，晋安王功曹史，太子中舍人，兼东宫领直，中舍人如故。丁父忧去职。服阕，袭封新丰县侯，授戎昭将军、镇右新安王谘议参军。至德二年，迁廷尉卿，寻为吏部郎。迁太子中庶子、中书舍人，掌诏诰。寻授左民尚书，与仆射江总知撰五礼事。寻加宁远将军。后主器其材干，任寄日重，迁吏部尚书、安右将军，每十日一往东宫，于太子前论述古今得丧及当时政务。又敕以廷尉寺狱，事无大小，取征议决。俄有敕遣征收募兵士，自为部曲。征善抚恤，得物情，旬月之间，众近一万。征位望既重，兼声势熏灼，物议咸忌惮之。寻徙为中书令，将军如故。中令清简无事,或云征有怨言,事闻后主。后主大怒,收夺人马,将诛之,有固谏者,获免。祯明三年,隋军济江,后主以征有干用,权知中领军。征日夜勤苦,备尽心力,后主嘉焉,谓曰:"事宁有以相报。"及决战于钟山南岗,敕征守宫城西北大营,寻令督众军战事。城陷,随例入关。

征美容仪,有口辩,多所详究。至于士流官宦,皇家戚属,及当朝制度,宪章仪轨,户口风俗,山川土地,问无不对。然性颇便妄进取,不能以退素自业。初拜吏部尚书,启后主借鼓吹,后主谓所司曰:"鼓吹军乐,有功乃授。蔡征不自量揆,紊我朝章。然其父景历既有缔构之功,宜且如所启,拜讫即追还。"征不修廉隅,皆此类也。隋文帝闻其敏赡,召见顾问,言辄会旨,然累年不调。久之,除太常丞,历尚书民部仪曹郎,转给事。卒,时年六十七。

子翼,治《尚书》,官至司徒属、德教学士。入隋,为东宫学士。

史臣曰:宗元饶夙夜匪懈,济务益时。司马申清恪在朝,攻苦立行,加之以忠节,美矣。毛喜深达事机,匡赞时主。蔡征聪敏才赡,而擅权自踬。惜哉!

陈书卷三〇
列传第二四

萧济　　陆琼　子从典　　顾野王
傅𬘬　章华

萧济字孝康，东海兰陵人也。少好学，博通经史，谘梁武帝《左氏》疑义三十余条，尚书仆射范阳张缵、太常卿南阳刘之遴并与济讨论，缵等莫能抗对。

解褐梁秘书郎，迁太子舍人。预平侯景之功，封松阳县侯，邑五百户。及高祖作镇徐方，以济为明威将军、征北长史。承圣二年，征为中书侍郎，转通直散骑常侍。世祖为会稽太守，又以济为宣毅府长史，迁司徒左长史。世祖即位，授侍中，寻迁太府卿。丁所生母忧，不拜。济毗佐二主，恩遇甚笃，赏赐加于凡等。历守兰陵、阳羡、临津、临安等郡，所在皆著声绩。太建初，入为五兵尚书，与左仆射徐陵、特进周弘正、度支尚书王□、散骑常侍袁宪俱侍东宫。复为司徒长史，寻授度支尚书，领羽林监。迁国子祭酒，领羽林如故。加金紫光禄大夫，兼安德宫卫尉。寻迁仁威将军、扬州长史。高宗尝敕取扬州曹事，躬自省览，见济条理详悉，文无滞害，乃顾谓左右曰："我本期萧长史长于经传，不言精练繁剧，乃至于此。"迁祠部尚书，加给事中。复为金紫光禄大夫。未拜而卒，时年六十六。诏赠本官，官给丧事。

陆琼字伯玉，吴郡吴人也。祖完，梁琅邪、彭城二郡丞。父云公，梁给事黄门侍郎,掌著作。琼幼聪惠,有思理。六岁为五言诗,颇有词采。大同末,云公受梁武帝诏,校定《棋品》,到溉、朱异以下并集。琼时年八岁,于客前覆局,由是京师号曰神童。异言之武帝,有敕召见,琼风神警亮,进退详审,帝甚异之。十一丁父忧,毁瘠有至性,从祖襄叹曰:"此儿必荷门基,所谓一不为少。"及侯景作逆,携母避地于县之西乡,勤苦读书,昼夜无息,遂博学,善属文。

永定中,州举秀才。天嘉元年,为宁远始兴王府法曹行参军,寻以本官兼尚书外兵郎。以文学转兼殿中郎,满岁为真。琼素有令名,深为世祖所赏,及讨周迪、陈宝应等,都官符及诸大手笔,并中敕付琼,迁新安王文学,掌东宫管记。及高宗为司徒,妙简僚佐,吏部尚书徐陵荐琼于高宗曰:"新安王文学陆琼,见识优敏,文史足用,进居郎署,岁月过淹,左西掾缺,允膺兹选,阶次小逾,其屈滞已积。"乃除司徒左西掾。寻兼通直散骑常侍,聘齐。太建元年,重以本官掌东宫管记。除太子庶子,兼通事舍人。转中书侍郎,太子家令。长沙王为江州刺史,不循法度,高宗以王年少,授琼长史,行江州府国事,带寻阳太守。琼以母老,不欲远出,太子亦固请留之,遂不行。累迁给事黄门侍郎,领羽林监。转太子中庶子,领步兵校尉。又领大著作,撰国史。后主即位,直中书省,掌诏诰。俄授散骑常侍,兼度支尚书,领扬州大中正。至德元年,除度支尚书,参掌诏诰,并判廷尉、建康二狱事。初,琼父云公奉梁武帝敕,撰《嘉瑞记》,琼述其旨而续焉,自永定迄于至德,勒成一家之言。迁吏部尚书,著作如故。琼详练谱谍,雅鉴人伦。先是,吏部尚书宗元饶卒,右仆射袁宪举琼,高宗未之用也。至是居之,号为称职,后主甚委任焉。琼性谦俭,不自封植,虽位望日隆,而执志愈下。园池室宇,无所改作,车马衣服,不尚鲜华,四时禄俸,皆散之宗族,家无余财。暮年深怀止足,思避权要,恒谢病不视事。俄丁母忧,去职。初,琼之侍东宫也,母随在官舍,后主赏赐优厚。及丧枢还乡,诏加赙赠,拜遣谒者黄长贵持册奠祭,后主又自制志铭,朝野荣之。琼哀慕过毁,以至德四年卒,时年五十。诏赠领军将军,官给丧事。有集二十卷,行于世。

长子从宜,仕至武昌王文学。

第三子从典,字由仪,幼而聪敏。八岁,读《沈约集》,见回文研铭,从典援笔拟之,便有佳致。年十三,作《柳赋》,其词甚美。琼时为东宫管记,宫僚并一时俊伟,琼示以此赋,咸奇其异才。从父瑜特所赏爱,及瑜将终,家中坟籍皆付从典,从典乃集瑜文为十卷,仍制《集序》,其文甚工。从典笃好学业,博涉群书,于《班史》尤所属意。年十五,本州举秀才。解褐著作佐郎,转太子舍人。时后主赐仆射江总并其父琼诗,总命从典为谢启,俄顷便就,文华理畅,总甚异焉。寻授信义王文学,转太子洗马。又迁司徒左西掾,兼东宫学士。丁父忧,去职。寻起为德教学士,固辞不就。后主敕留一员,以待从典。俄属金陵沦没,随例迁关石。仕隋为给事郎,兼东宫学士。又除著作佐郎。右仆射杨素奏从典续司马迁《史记》迄于隋,其书未就。值隋末丧乱,寓居南阳郡。以疾卒,时年五十七。

顾野王字希冯,吴郡吴人也。祖子乔,梁东中郎武陵王府参军事。父烜,信威临贺王记室,兼本郡五官掾,以儒术知名。野王幼好学,七岁读《五经》,略知大旨。九岁能属文,尝制《日赋》,领军朱异见而奇之。年十二,随父之建安,撰《建安地记》二篇。长而遍观经史,精记嘿识,天文地理、蓍龟占候、虫篆奇字,无所不通。

梁大同四年,除太学博士,迁中领军临贺王府记室参军。宣城王为扬州刺史,野王及琅邪王褒并为宾客,王甚爱其才。野王又好丹青,善图写,王于东府起斋,乃令野王画古贤,命王褒书赞,时人称为二绝。及侯景之乱,野王丁父忧,归本郡,乃召募乡党数百人,随义军援京邑。野王体素清羸,裁长六尺,又居丧过毁,殆不胜衣,及杖戈被甲,陈君臣之义,逆顺之理,抗辞作色,见者莫不壮之。京城陷,野王逃会稽,寻往东阳与刘归义合军,据城拒贼。侯景平,太尉王僧辩深嘉之,使监海盐县。高祖作宰,为金威将军、安东临川王府记室参军,寻转府谘议参军。天嘉元年,敕补撰史学士,寻加招远将军。光大元年,除镇东鄱阳王谘议参军。太建二年,迁国子博士。

后主在东宫野王兼东宫管记，本官如故。六年，除太子率更令，寻领大著作，掌国史，知梁史事，兼东宫通事舍人。时宫僚有济阳江总、吴国陆琼、北地傅縡、吴兴姚察，并以才学显著，论者推重焉。迁黄门侍郎、光禄卿，知五礼事，余官并如故。十三年，卒，时年六十三。诏赠秘书监。至德二年，又赠右卫将军。

野王少以笃学至性知名，在物无过辞失色，观其容貌，似不能言，及其励精力行，皆人所莫及。第三弟充国早卒，野王抚养孤幼，恩义甚厚。其所撰著《玉篇》三十卷，《舆地志》三十卷，《符瑞图》十卷，《顾氏谱传》十卷，《分野枢要》一卷，《续洞冥纪》一卷，《玄象表》一卷，并行于世。又撰《通史要略》一百卷，《国史纪传》二百卷，未就而卒。有文集二十卷。

傅縡字宜事，北地灵州人也。父彝，梁临沂令。縡幼聪敏，七岁诵古诗赋至十余万言。长好学，能属文。梁太清末，携母南奔避难。俄丁母忧，在兵乱之中，居丧尽礼，哀毁骨立，士友以此称之。后依湘州刺史萧循，循颇好士，广集坟籍，縡肆志寻阅，因博通群书。

王琳闻其名，引为府记室。琳败，随琳将孙瑒还都。时世祖使颜晃赐瑒杂物，瑒托縡启谢，词理优洽，文无加点，晃还言之世祖，寻召为撰史学士。除司空府记室参军，迁骠骑安成王中记室，撰史如故。

縡笃信佛教，从兴皇惠郎法师受《三论》，尽通其学。时有大心皓法师著《无诤论》以诋之，縡乃为《明道论》用释其难。其略曰：

《无诤论》言：比有弘《三论》者，雷同诃诋，恣言罪状，历毁诸师，非斥众学，论中道而执偏心，语忘怀而竞独胜，方学数论，更为仇敌，仇敌既构，诤斗大生，以此之心，而成罪业，罪业不止，岂不重增生死，大苦聚集？答曰：《三论》之兴，为日久矣。龙树创其源，除内学之偏见，提婆扬其旨，荡外道之邪执。欲使大化流而不拥，玄风阐而无坠。其言旷，其意远，其道博，其流深。斯固龙象之腾骧，鲲鹏之抟运。蹇乘决羽，岂能觊望其间哉？顷代浇薄，时无旷士，苟习小学，以化蒙心，渐染成俗，遂迷正路，唯兢穿凿，各肆营造，枝叶徒繁，本源日翳，一师解释，复异一师，更改旧宗，各立新意，同学之中，取瘃复别，如是展转，添糅倍多。总而用之，心无的准；择而行之，何者为正？岂不浑沌伤窍，嘉树弊牙？虽复人说非马，家握灵蛇，以无当之卮，同画地之饼矣。其于失道，不亦宜乎！摄山之学，则不如是。守一遵本，无改作之过；约文申意，杜臆断之情。言无预说，理非宿构。睹缘尔乃应，见敌然后动。纵横络驿，忽悦杳冥。或弥纶而不穷，或消散而无所。焕乎有文章，踪朕不可得；深乎不可量，即事而非远。凡相酬对，随理详核。有何嫉诈，干犯诸师？且诸师所说，为是可毁？为不可毁？若可毁者，毁故为衰；若不可毁，毁自不及。法师何独蔽护不听毁乎？且教有大小，备在圣诰，大乘之文，则指斥小道。今弘大法，宁得不言大乘之意耶？斯则褒贬之事，从弘放学；与夺之辞，依经议论。何得见佛说而信顺，在我语而忤逆，无净平等心如是耶？且忿恚烦恼，凡夫恒性，失理之徒，率皆有此。岂可以三修未惬，六师怀恨，而蕴涅盘妙法，永不宣扬？但冀其忿愤之心既极，恬淡之瘃自成耳。人面不同，其心亦异，或有辞意相反，或有心口相符。岂得必谓他人说中道而心偏执，己行无净。外不违而内平等？仇敌斗讼，岂我事焉；罪业聚集，斗诤者所畏耳。

《无诤论》言：摄山大师诱进化导，则不如此，即习行于无诤者也，导悟之德既往，淳一之风已浇，竞胜之心，呵毁之曲，盛于兹矣。吾愿息诤以通道，让胜以忘德，何必排拂异家，生其恚怒者乎？若以中道之心，行于《成实》，亦能不诤；若以偏著之心，说于《中论》，亦得有诤。固知净与不净，偏在一法。答曰：摄山大师实无诤矣，但法师所赏，未衷其节。彼静守幽谷，寂尔无为，凡有训勉，莫匪同志，从容语嘿，物无间然，故其意虽深，其言甚约。今之敷畅，地势不然。处王城之隅，居聚落之内，呼吸顾望之客，唇吻纵横之士，奋锋颖，励羽翼，明目张胆，被坚执锐,骋异家,炫别解,窥伺间隙,邀冀长短,与相酬对,捃其轻重,岂得默默无言,唯唯应命? 必须掎摭同异,发摘玼瑕,忘身而弘道,忤俗而通教,以此为病,益知未达。若令大师当此之地,亦何必默己,而为法师所贵耶? 法师又言:“吾愿息诤以通道,让胜以忘德。”道德之事,不止在诤与不诤,让与不让。此语直是人间所重,法师慕而言之,竟未知胜若为可让也。若他人道高,则自胜不劳让矣;他人道劣,则虽让而无益矣。欲让之辞,将非虚设?中道之心,无处不可。《成实》《三论》,何事致乖?但须息守株之解,除胶柱之意,是事皆中也。来旨言“净与不净,偏在一法”。何为独褒无诤耶? 讵非矛盾?

《无诤论》言:邪正得失,胜负是非,必生于心矣,非谓所说之法,而有定相论胜劣也。若异论是非,以偏著为失言,无是无非,消彼得失,以此论为胜妙者,他论所不及,此亦为失也。何者? 凡心所破,岂无心于能破,则胜负之心不忘,宁不存胜者乎?斯则矜我为得,弃他之失,即有取舍,大生是非,便是增净。答曰:言为心使,心受言诠;和合根尘,鼓动风气,故成语也。事必由心,实如来说。至于心造伪以使口,口行诈以应心,外和而内险,言随而意逆,求利养,引声名,入道之人,在家之士,斯辈非一。圣人所以曲陈教诫,深致防杜,说见在之狭咎,叙将来之患害,此文明著,甚于日月,犹有忘爱躯,冒峻制,蹈汤炭,甘齑粉,必行而不顾也。岂能悦无诤之作,而回首革音耶? 若弘道之人,宣化之士,心知胜也,口言胜也,心知劣也,口言劣也,亦无所苞藏,亦无所忌惮,但直心而行之耳。他道虽劣,圣人之教也;己德虽优,亦圣人之教也。我胜则圣人胜,他劣则圣人劣。圣人之优劣,盖根缘所宜尔。于彼于此,何所厚薄哉? 虽复终日按剑,极夜击柝,瞋目以争得失,作气以求胜负,在谁处乎?有心之与无心,徒欲分别虚空耳。何意不许我论说,而使我谦退? 此谓鹓鹏已翔于寥廓,而虞者犹窥薮泽而求之。嗟乎! 丈夫当弘斯道矣。

　　《无诤论》言：无诤之道，通于内外。子所言须诤者，此用末而救本，失本而营末者也。今为子言之。何则？若依外典，寻书契之前，至淳之世，朴质其心，行不言之教，当于此时，民至老死不相往来，而各得其所，复有何诤乎？固知本来不诤，是物之真矣。答曰：诤与无诤，不可偏执。本之与末，又安可知？由来不诤，宁知非末？于今而诤，何验非本？夫居后而望前则为前，居前而望后则为后。而前后之事，犹如彼此，彼呼此为彼，此呼彼为彼，彼此之名，的居谁处？以此言之，万事可知矣。本末前后，是非善恶，可恒守邪？何得自信聪明，废他耳目？夫水泡生灭，火轮旋转，入牢阱，受羁绁，生忧畏，起烦恼，其失何哉？不与道相应，而起诸见故也。相应者则不然，无为也，无不为也。善恶不能偕，而未曾离善恶，生死不能至，亦终然在生死，故得永离而任放焉。是以圣人念绕桎之不脱，愍粘胶之难离，故殷勤教示，备诸便巧。希向之徒，涉求有类，虽鳞角难成，象形易失，宁得不仿佛遐路，勉励短晨？且当念己身之善恶，莫揣他物，而欲分别，而言我聪明，我知见，我计校，我思惟，以此而言，亦为疏矣。他人者实难测，或可是凡夫真尔，亦可是圣人俯同，时俗所宜见，果报所应睹。安得肆胸衿，尽情性，而生讥诮乎？正应虚己而游乎世，俯仰于电露之间耳。明月在天，众水咸见，清风至林，群籁毕响。吾岂逆物哉？不入鲍鱼，不甘腐鼠。吾岂同物哉？谁能知我，共行斯路。浩浩乎！堂堂乎！岂复见有诤为非，无诤为是？此则诤者自诤，无诤者自无诤，吾俱取而用之，宁劳法师费功夫，点笔纸，但申于无诤，弟子疲辱舌，消暑漏，唯对于明道？戏论哉！糟粕哉！必欲且考真伪，暂观得失，无过依贤圣之言，检行藏之理，始终研究，表里综核，使浮辞无所用，诈道自然消。请待后筵，以观其妙矣。

　寻以本官兼通直散骑侍郎，使齐，还，除散骑侍郎、镇南始兴王谘议参军，兼东宫管记。历太子庶子、仆，兼管记如故。后主即位，迁秘书监、右卫将军，兼中书通事舍人，掌诏诰。

　　绛为文典丽,性又敏速,虽军国大事,下笔辄成,未尝起草,沉思者亦无以加焉,甚为后主所重。然性木强,不持检操,负才使气,陵侮人物,朝士多衔之。会施文庆、沈客卿以便佞亲幸,专制衡轴,而绛益疏。文庆等因共谮绛受高骊使金,后主收绛下狱。绛素刚,因愤恚,乃于狱中上书曰:"夫君人者,恭事上帝,子爱下民,省嗜欲,远谄佞,未明求衣,日旰忘食,是以泽被区宇,庆流子孙。陛下顷来洒色过度,不虔郊庙之神,专媚淫昏之鬼。小人在侧,宦竖弄权,恶忠直若仇仇,视生民如草芥。后宫曳绮绣,厩马余菽粟,百姓流离,僵尸蔽野。货贿公行,帑藏损耗,神怒民怨,众叛亲离。恐东南王气,自斯而尽。"书奏,后主大怒。顷之,意稍解,遣使谓绛曰:"我欲赦卿,卿能改过不?"绛对曰:"臣心如面,臣面可改,则臣心可改。"后主于是益怒,令宦者李善庆穷治其事,遂赐死狱中。时年五十五。有集十卷,行于世。

　　时有吴兴章华,字仲宗,家世农夫,至华独好学,与士君子游处,颇览经史,善属文。侯景之乱,乃游岭南,居罗浮山寺,专精习业。欧阳颁为广州刺史,署为南海太守。及欧阳纥败,乃还京师。太建中,高宗使吏部侍郎萧引喻广州刺史马靖,令入子为质,引奏华与俱行。使还,而高宗崩。后主即位,朝臣以华素无伐阅,竞排诋之,乃徐大市令,即雅非所好,乃辞以疾,郁郁不得志。祯明初,上书极谏,其大略曰:"昔高祖南平百越,北诛逆虏,世祖东定吴会,西破王琳,高宗克复淮南,辟地千里,三祖之功,亦至勤矣。陛下即位,于今五年,不思先帝之艰难,不知天命之可畏,溺于嬖宠,惑于酒色,祠七庙而不出,拜妃嫔而临轩,老臣宿将,弃之草莽,谄佞谗邪,升之朝廷。今疆场日蹙,隋军压境,陛下如不改弦易张,臣见麋鹿复游于姑苏台矣。"书奏,后主大怒,即日命斩之。

　　史臣曰:萧济、陆琼,俱以才学显著,顾野王博极群典,傅绛聪警特达,并一代之英灵矣。然绛不能循道进退,遂罥极网,悲夫!

陈书卷三一
列传第二五

萧摩诃　　任忠　　樊毅 弟猛
鲁广达

萧摩诃字元胤,兰陵人也。祖靓,梁右将军。父谅,梁始兴郡丞。摩诃随父之郡,年数岁而父卒,其姑夫蔡路养时在南康,乃收养之。稍长,果毅有勇力。侯景之乱,高祖赴援京师,路养起兵拒高祖。摩诃时年十三,单骑出战,军中莫有当者。及路养败,摩诃归于侯安都,安都遇之甚厚,自此常隶安都征讨。及任约、徐嗣徽引齐兵为寇,高祖遣安都北拒齐军于钟山龙尾及北郊坛。安都谓摩诃曰:“卿骁勇有名,千闻不如一见。”摩诃对曰:“今日令公见矣。”及战,安都坠马被围,摩诃独骑大呼,直冲齐军,齐军披靡,因稍解去,安都乃免。

天嘉初,除本县令。以平留异、欧阳纥之功,累迁巴山太守。太建五年,众军北伐,摩诃随都督吴明彻济江攻秦郡。时齐遣大将尉破胡等率众十万来援,其前队有“苍头”、“犀角”、“大力”之号,皆身长八尺,膂力绝伦,其锋甚锐。又有西域胡,妙于弓矢,弦无虚发,众军尤惮之。及将战,明彻谓摩诃曰:“若殪此胡,则彼军夺气。君有关、张之名,可斩颜良矣。”摩诃曰:“愿示其形状,当为公取之。”明彻乃召降人有识胡者,云胡著绛衣,桦皮装弓,两端骨弭。明彻遣人觇伺,知胡在阵,乃自酌酒以饮摩诃。摩诃饮讫,驰马冲齐军,胡挺身出阵前十余步,彀弓未发,摩诃遥掷铣锐,正中其额,应手而仆。

齐军"大力"十余人出战，摩诃又斩之，于是齐军退走。以功授明毅将军、员外散骑常侍，封廉平县伯，邑五百户。寻进爵为侯，转太仆卿，余如故。七年，又随明彻进围宿预，击走齐将王康德，以功除晋熙太守。九年，明彻进军吕梁，与齐人大战，摩诃率七骑先入，手夺齐军大旗，齐众大溃。以功授持节、武毅将军、谯州刺史。

及周武帝灭齐，遣其将宇文忻率众争吕梁，战于龙晦。时忻有精骑数千，摩诃领十二骑深入周军，纵横奋击，斩馘甚众。及周遣大将军王轨来赴，结长围连锁于吕梁下流，断大军还路。摩诃谓明彻曰："闻王轨始锁下流，其两头筑城，今尚未立，公若见遣击之，彼必不敢相拒。水路未断，贼势不坚，彼城若立，则吾属且为虏矣。"明彻乃奋髯曰："搴旗陷阵，将军事也；长算远略，老夫事也。"摩诃失色而退。一旬之间，周兵益至，摩诃又请于明彻曰："今求战不得，进退无路，若潜军突围，未足为耻。愿公率步卒，乘马舆徐行，摩诃领铁骑数千，驱驰前后，必当使公安达京邑。"明彻曰："弟之此计，乃良图也。然老夫受脉专征，不能战胜攻取，今被围逼蹙，惭寔无地。且步军既多，吾为总督，必须身居其后，相率兼行。弟马军宜须在前，不可迟缓。"摩诃因率马军夜发。先是，周军长围既合，又于要路下伏数重，摩诃选精骑八十，率先冲突，自后众骑继焉，比旦达淮南。高宗诏征还，授右卫将军。十一年，周兵寇寿阳，摩诃与樊毅等众军赴援，无功而还。

十四年，高宗崩，始兴王叔陵于殿内手刃后主，伤而不死，叔陵奔东府城。时众心犹预，莫有讨贼者，东宫舍人司马申启后主，驰召摩诃，入见受敕，乃率马步数百，先趣东府城西门屯军。叔陵惶遽，自城南门而出，摩诃勒兵追斩之。以功授散骑常侍、车骑大将军，封绥远郡公，邑三千户。叔陵素所蓄聚金帛累巨万，后主悉以赐之。寻改授侍中、骠骑大将军，加左光禄大夫。旧制：三公黄阁，听事置鸱尾。后主特赐摩诃开黄阁，门施行马，听事、寝堂并置鸱尾。仍以其女为皇太子妃。

会隋总管贺若弼镇广陵，窥觎江左，后主委摩诃备御之任，授南徐州刺史,余并如故。祯明三年正月元会,征摩诃还朝,贺若弼乘虚济江,袭京口,摩诃请兵逆战,后主不许。及若弼进军钟山,摩诃又请曰:“贺若弼悬军深入,声援犹远,且其垒堑未坚,人情惶惧,出兵掩袭,必大克之。”后主又不许。及隋军大至,将出战,后主谓摩诃曰:“公可为我一决。”摩诃曰:“从来行阵,为国为身,今日之事,兼为妻子。”后主多出金帛,颁赏诸军,令中领军鲁广达陈兵白土岗,居众军之南偏,镇东大将军任忠次之,护军将军樊毅、都官尚书孔范次之,摩诃军最居北,众军南北亘二十里,首尾进退,各不相知。贺若弼初谓未战,将轻骑,登山观望形势,及见众军,因驰下置阵。广达首率所部进薄,弼军屡却,俄而复振,更分军趣北突诸将,孔范出战,兵交而走,诸将支离,阵犹未合,骑卒溃散,驻之弗止,摩诃无所用力焉,为隋军所执。及京城陷,贺若弼置后主于德教殿,令兵卫守,摩诃请弼曰:“今为囚虏,命在斯须,愿得一见旧主,死无所恨。”弼哀而许之。摩诃入见后主,俯伏号泣,仍于旧厨取食而进之,辞诀而出,守卫者皆不能仰视。其年,入隋,授开府仪同三司。寻从汉王谅诣并州,同谅作逆,伏诛。时年七十三。

摩诃讷于语言,恂恂长者,至于临戎对寇,志气奋发,所向无前。年未弱冠,随侯都安在京口,性好射猎,无日不畋游。及安都东征西伐,战胜攻取,摩诃功实居多。

子世廉,少警俊,敢勇有父风。性至孝,及摩诃凶终,服阕后,追慕弥切。其父时宾故脱有所言及,世廉对之,哀恸不自胜,言者为之歔欷。终身不执刀斧,时人嘉焉。

摩诃有骑士陈智深者,勇力过人,以平叔陵之功,为巴陵内史。摩诃之戮也,其妻子先已籍没,智深收摩诃尸,手自殡敛,哀感行路,君子义之。

颍川陈禹,亦随摩诃征讨,聪敏有识量,涉猎经史,解风角、兵书,颇能属文,便骑射,官至王府谘议。

任忠字奉诚,小名蛮奴,汝阴人也。少孤微,不为乡党所齿。及长,谲诡多计略,膂力过人,尤善骑射,州里少年皆附之。

梁鄱阳王萧范为合州刺史,闻其名,引置左右。侯景之乱,忠率乡党数百人,随晋熙太守梅伯龙讨景将王贵显于寿春,每战却敌。会土人胡通聚众寇抄,范命忠与主帅梅思立并军讨平之。仍随范世子嗣率众入援。会京城陷,旋戍晋熙。侯景平,授荡寇将军。王琳立萧庄,署忠为巴陵太守。琳败,还朝,迁明毅将军、安湘太守。仍随侯瑱进讨巴湘。累迁豫宁太守、衡阳内史。华皎之举兵也,忠预其谋。及皎平,高宗以忠先有密启于朝廷,释而不问。太建初,随章昭达讨欧阳纥于广州,以功授直阁将军。迁武毅将军、庐陵内史。秩满,入为右军将军。五年,众军北伐,忠将兵出西道,击走齐历阳王高景安于大岘,逐北至东关,仍克其东西二城。进军斩、谯,并拔之。径袭合肥,入其郛,进克霍州。以功授员外散骑常侍,封安复县侯,邑五百户。吕梁之丧师也,忠全军而还。寻诏忠都督寿阳、新蔡、霍州缘淮众军,进号宁远将军、霍州刺史。入为左卫将军。十一年,加北讨前军事,进号平北将军,率众步骑趣秦郡。十二年,迁使持节、散骑常侍、都督南豫州诸军事、平南将军、南豫州刺史,增邑并前一千五百户。仍率步骑趣历阳。周遣王延贵率众为援,忠大破之,生擒延贵。后主嗣位,进号镇南将军,给鼓吹一部。入为领军将军,加侍中,改封梁信郡公,邑三千户。出为吴兴内史,加秩中二千石。

及隋兵济江,忠自吴兴入赴,屯军朱雀门。后主召萧摩诃以下于内殿定议,忠执议曰:“兵家称客主异势,客贵速战,主贵持重。宜且益兵坚守宫城,遣水军分向南豫州及京口道,断寇粮运。待春水长,上江周罗睺等众军,必沿流赴援,此良计矣。”众议不同,因遂出战。及败,忠驰入台见后主,言败状,启云:“陛下唯当具舟楫,就上流众军,臣以死奉卫。”后主信之,敕忠出部分,忠辞云:“臣处分讫,即当奉迎。”后主令宫人装束以待忠,久望不至。隋将韩擒虎自新林进军,忠乃率数骑往石子冈降之,仍引擒虎军共入南掖门,台城陷。其年,入长安,隋授开府仪同三司。卒,时年七十七。

子幼武,官至仪同三司。

时有沈客卿者,吴兴武康人,性便佞忍酷,为中书舍人,每立异端,唯以刻削百姓为事,由是自进。有施文庆者,吴兴乌程人,起自微贱,有吏用,后主拔为主书,迁中书舍人,俄擢为湘州刺史。未及之官,会隋军来伐,四方州镇,相继以闻。文庆、客卿俱掌机密,外有表启,皆由其呈奏。文庆心悦湘州重镇,冀欲早行,遂与客卿共为表里,抑而不言。后主弗之知也,遂以无备至乎败国,实二人之罪。隋军既入,并戮之于前阙。

樊毅字智烈,南阳湖阳人也。祖方兴,梁散骑常侍、仁威将军、司州刺史,鱼复县侯。父文炽,梁散骑常侍、信武将军、益州刺史,新蔡县侯。毅累叶将门,少习武,善射。

侯景之乱,毅率部曲随叔父文皎援台。文皎于青溪战殁,毅将宗族子弟赴江陵,仍隶王僧辩讨河东王萧誉,以功除假节、威戎将军、右中郎将。代兄俊为梁兴太守,领三州游军,随宜丰侯萧循讨陆纳于湘州。军次巴陵,营顿未立,纳潜军夜至,薄营大噪,营中将士皆惊扰,毅独与左右数十人,当营门力战,斩十余级,击鼓申命,众乃定焉。以功授持节、通直散骑常侍、贞威将军,封夷道县伯,食邑三百户。寻除天门太守,进爵为侯,增邑并前一千户。及西魏围江陵,毅率兵赴援,会江陵陷,为岳阳王所执,久之,遁归。

高祖受禅,毅与弟猛举兵应王琳。琳败,奔齐。太尉侯瑱遣使招毅,毅率子弟部典还朝。天嘉二年,授通直散骑常侍,仍随侯瑱进讨巴、湘。累迁武州刺史。太建初,转丰州刺史,封高昌县侯,邑一千户。入为左卫将军。五年,众军北伐,毅率众攻广陵楚子城,拔之。击走齐军于颍口,齐援沧陵,又破之。七年,进克潼州、下邳、高栅等六城。及吕梁丧师,诏以毅为大都督,进号平北将军,率众渡淮,对清口筑城,与周人相抗。霖雨,城坏,毅全军自拔。寻迁中领军。十一年,周将梁士彦将兵围寿阳,诏以毅为都督北讨前军事,率水军入焦湖。寻授镇西将军、都督荆郢巴武四州水陆诸军事。十二年,进督沔、汉诸军事。以公事免。十三年,征授中护军。寻迁护军将军、荆州刺史。

后主即位，进号征西将军，改封逍遥郡公，邑三千户，余并如故。入为侍中、护军将军。及隋兵济江，毅谓仆射袁宪曰："京口、采石，俱是要所，各须锐卒数千，金翅二百，都下江中，上下防捍。如其不然，大事去矣。"诸将咸从其议。会施文庆等寝隋兵消息，毅计不行。京城陷，随例入关，顷之，卒。

猛字智武，毅之弟也。幼俶傥，有干略。既壮，便弓马，胆气过人。

青溪之战，猛自旦讫暮，与虏短兵接，杀伤甚众。台城陷，随兄毅西上京，累战功为威戎将军。梁安南侯萧方矩为湘州刺史，以猛为司马。会武陵王萧纪举兵自汉江东下，方矩遣猛率湘、郢之卒，随都督陆法和进军以拒之。时纪已下，楼船战舰据巴江，争峡口，相持久之，不能决。法和揣纪师老卒堕，因令猛率骁勇三千，轻舸百余乘，冲流直上，出其不意，鼓噪薄之。纪众仓卒惊骇，不及整列，皆弃舰登岸，赴水死者以千数。时纪心膂数百人，犹在左右，猛将部曲三十余人，蒙盾横戈，直登纪舟，瞋目大呼，纪侍卫皆披靡，相枕藉不敢动。猛手擒纪父子三人，斩于舳中，尽收其船舰器械。以功授游骑将军，封安山县伯，邑一千户。仍进军抚定梁、益，蜀境，悉平。军还，迁持节、散骑常侍、轻车将军、司州刺史，进爵为侯，增邑并前二千户。永定元年，周文育等败于沌口，为王琳所获。琳乘胜将略南中诸郡，遣猛与李孝钦等将兵攻豫章，进逼周迪。军败，为迪所执，寻遁归王琳。王琳败，还朝。天嘉二年，授通直散骑常侍、永阳太守，迁安成王府司马。光大元年，授壮武将军、庐陵内史。太建初，迁武毅将军、始兴平南府长史，领长沙内史。寻隶章昭达西讨江陵，潜军入峡，焚周军船舰。以功封富川县侯，邑五百户。历散骑常侍，迁使持节、都督荆信二州诸军事、宣远将军、荆州刺史。入为左卫将军。后主即位，增邑并前一千户，余并如故。

至德四年，授使持节、都督南豫州诸军事、忠武将军、南豫州刺史。隋将韩擒虎之济江也，猛在京师，第六子巡摄行州事。擒虎进军攻陷之，巡及家口并见执。时猛与左卫将军蒋元逊领青龙八十艘为水军，于白下游弈，以御隋六合兵。后主知猛妻子在隋军，惧其有异志，欲使任忠代之，又重伤其意，乃止。祯明三年，入于隋。

鲁广达字遍览，吴州刺史悉达之弟也。少慷慨，志立功名，虚心爱士，宾客或自远而至。时江表将帅，各领部曲，动以千数，而鲁氏尤多。

释褐梁邵陵王国右常侍，迁平南当阳公府中兵参军。侯景之乱，与兄悉达聚众保新蔡。梁元帝承制，授假节、壮武将军、晋州刺史。王僧辩之讨侯景也，广达出境候接，资奉军储，僧辩谓沈炯曰："鲁晋州亦是王师东道主人。"仍率众随僧辩。景平，加员外散骑常侍，余如故。

高祖受禅，授征远将军、东海太守。寻徙为桂阳太守，固辞不拜，入为员外散骑常侍。除假节、信武将军、北新蔡太守。随吴明彻讨周迪于临川，每战功居最。仍代兄悉达为吴州刺史，封中宿县侯，邑五百户，光禄大夫。元年，授通直散骑常侍、都督南豫州诸军事、南豫州刺史。华皎称兵上流，诏司空淳于量率众军进讨。军至夏口，皎舟师强盛，莫敢进者，广达首率骁勇，直冲贼军。战舰既交，广达愤怒大呼，登舰楼，奖励士卒。风急舰转，楼摇动，广达足跌堕水，沈溺久之，因救获免。皎平，授持节、智武将军、都督巴州诸军事、巴州刺史。

太建初，与仪同章昭达入峡口，拓定安蜀等诸州镇。时周氏将图江左，大造舟舰于蜀，并运粮青泥。广达与钱道戢等将兵掩袭，纵火焚之。以功增封并前二千户。仍还本镇。广达为政简要，推诚任下，吏民便之。及秩满，皆诣阙表请，于是诏留二年。五年，众军北伐，略淮南旧地。广达与齐军会于大岘，大破之，斩其敷城王张元范，虏获不可胜数。进克北徐州，乃授都督北徐州诸军事、徐州刺史，寻加散骑常侍。入为右卫将军。八年，出为北兖州刺史。迁晋州刺史。十年，授使持节、都督合霍二州诸军事，进号仁威将军、合州刺史。十一年，周将梁士彦将兵围寿春，诏遣中领军樊毅、左卫将军任忠等分部趣阳平、秦郡，广达率众入淮，为掎角以击之。周军攻陷豫、霍二州，南、北兖、晋等各拔，诸将并无功，尽失淮南之地，广达因免官，以侯还第。十二年，与豫州刺史樊毅率众北讨，克郭默城。寻授使持节、平西将军、都督郢州以上十州诸军事，率舟师四万，治江夏。周安州总管元景将兵寇江外，广达命偏师击走之。后主即位，入为安左将军。寻授平南将军、南豫州刺史。至德二年，授安南将军，征拜侍中，又为安左将军，改封绥越郡公，封邑如前。寻为中领军。及贺若弼进军钟山，广达率众于白士岗南置阵，与弼旗鼓相对。广达躬擐甲胄，手执枹鼓，率励敢死，冒刃而前，隋军退走，广达逐北至营，杀伤甚众。如是者数四焉。及弼攻败诸将，乘胜至宫城，烧北掖门，广达犹督余兵苦战不息，斩获数十百人。会日暮，乃解甲，面台再拜恸哭，谓众曰："我身不能救国，负罪深矣。"士卒皆涕泣歔欷，于是乃就执。

祯明三年，依例入隋。广达怆本朝沦覆，遘疾不治，寻以愤慨卒。时年五十九。尚书令江总抚枢恸哭，乃命笔题其棺头为诗曰："黄泉虽抱恨，白日自流名，悲君感义死，不作负恩生。"总又制广达墓铭，其略曰："灾流淮海，险失金汤，时屯运极，代革天亡。爪牙背义，介胄无良，独摽忠勇，率御有方。诚贯皎日，气励严霜，怀恩感报，抚事何忘。"

初，隋将韩擒虎之济江也，广达长子世真在新蔡，乃与其弟世雄及所部奔擒虎，遣使致书以招，广达时屯兵京师，乃自劾廷尉请罪，后主谓之曰："世真虽异路中大夫，公，国之重臣，吾所恃赖，岂得自同嫌疑之间乎？"加赐黄金，即日还营。广达有队主杨孝辩，时从广达在军中，力战陷阵，其子亦随孝辩，挥刃杀隋兵十余人，力穷，父子俱死。

史臣曰：萧摩诃气冠三军，当时良将，虽无智略，亦一代匹夫之勇矣；然口讷心劲，恂恂李广之徒欤。任忠虽勇决强断，而心怀反覆,诬绐君上,自踬其恶,鄙矣!至于鲁广达全忠守道,殉义忘身,盖亦陈代之良臣也。

陈书卷三二
列传第二六

孝　行

殷不害 弟不佞　谢贞　司马皓
张昭

孔子曰："夫圣人之德，何以加于孝乎！"孝者百行之本，人伦之至极也。凡在性灵，孰不由此？若乃奉生尽养，送终尽哀，或泣血三年，绝浆七日，思《蓼莪》之慕切，追顾复之恩深，或德感乾坤，诚贯幽显，在于历代，盖有人矣。陈承梁宰丧乱，风漓化薄，及迹隐闾间，无闻视听，今之采缀，经备阙云。

殷不害字长卿，陈郡长平人也。祖任，齐豫章王行参军。父高明，梁尚书中兵郎。不害性至孝，居父忧过礼，由是少知名。家世俭约，居甚贫窭，有弟五人，皆幼弱。不害事老母，养小弟，勤剧无所不至，士大夫以笃行称之。

年十七，仕梁廷尉平。不害长于政事，兼饰以儒术，名法有轻重不便者，辄上书言之，多见纳用。大同五年，迁镇西府记室参军。寻以本官兼东宫通事舍人。是时，朝廷政事多委东宫，不害与舍人庾肩吾直日奏事。梁武帝尝谓肩吾曰："卿是文学之士，吏事非卿所长，何不使殷不害来邪？"其见知如此。简文又以不害善事亲，赐其母蔡氏锦裙襦、毡席、被褥，单复毕备。七年，除东宫步兵校尉。太清初,迁平北府咨议参军,舍人如故。侯景之乱,不害从简文入台。及台城陷,简文在中书省,景带甲将兵入朝陛见,过谒简文。景兵士皆羌、胡杂种,冲突左右,甚不逊,侍卫者莫不惊恐辟易,唯不害与中庶子徐摛侍侧不动。及简文为景所幽,遣人请不害与居处,景许之。不害供侍益谨。简文夜梦吞一块土,意甚不悦,以告不害,不害曰:"昔晋文公出奔,野人遗之块,卒反晋国。陛下此梦,事符是乎?"简文曰:"若天有征,冀斯言不妄。"

梁元帝立,以不害为中书郎,兼廷尉卿,因将家属西上。江陵之陷也,不害先于别所督战,失母所在。于时甚寒,冰雪交下,老弱冻死者填满沟堑。不害行哭道路,远近寻求,无所不至,遇见死人沟水中,即投身而下,扶捧阅视,举体冻湿,水浆不入口,号泣不辍声,如是者七日,始得母尸。不害凭尸而哭,每举音辄气绝,行路无不为之流涕。即于江陵权殡,与王褒、庾信俱入长安。自是蔬食布衣,枯槁骨立,见者莫不哀之。太建七年,自周还朝。其年,诏除司农卿,寻迁光禄大夫。八年,加明威将军、晋陵太守。在郡感疾,诏以光禄大夫征还养疾。后主即位,加给事中。初,不害之还也,周留其长子僧首,因居关中。祯明三年,京城陷,僧首来迎,不害道病卒,时年八十五。

不佞字季卿,不害弟也。少立名节,居父丧以至孝称。好读书,尤长吏术。

仕梁,起家为尚书中兵郎,甚有能称。梁元帝承制,授戎昭将军、武陵王咨议参军。承圣初,迁武康令。时兵荒饥馑,百姓流移,不佞巡抚招集,襁负而至者以千数。会江陵陷,而母卒,道路隔绝,久不得奔赴,四载之中,昼夜号泣,居处饮食,常为居丧之礼。高祖受禅,起为戎昭将军,除娄令。至是,第四兄不齐始之江陵迎母丧柩归葬,不佞居处之节,如始闻问,若此者又三年。身自负土,手植松柏,每岁时伏腊,必三日不食。世祖即位,除尚书左民郎,不就。后为始兴王咨议参军,兼尚书右丞,迁东宫通事舍人。及世祖崩,废帝嗣立,高宗为太傅录尚书辅政,甚为朝望所归。不佞素以名节自立,又受委东宫，乃与仆射到仲举、中书舍人刘师知、尚书右丞王暹等，谋矫诏出高宗。众人犹豫未敢先发，不佞乃驰诣相府，面宣敕，令相王还第。及事发，仲举等皆伏诛，高宗雅重不佞，特赦之，免其官而已。高宗即位，以为军师始兴王咨议参军，加招远将军。寻除大匠卿，未拜，加员外散骑常侍，又兼尚书右丞。俄迁通直散骑常侍，右丞如故。太建五年，卒，时年五十六。诏赠秘书监。

第三兄不疑，次不占，次不齐，并早亡。不佞最小，事第二寡嫂张氏甚谨，所得禄俸，不入私室。长子梵童，官至尚书金部郎。

谢贞字元正，陈郡阳夏人，晋太傅安九世孙也。祖绥，梁著作佐郎、太子舍人。父蔺，正员外郎，兼散骑常侍。贞幼聪敏，有至性。祖母阮氏先苦风眩，每发便一二日不能饮食，贞时年七岁，祖母不食，贞亦不食，往往如是，亲族莫不奇之。母王氏授贞《论语》、《孝经》，读讫便诵。八岁，尝为《春日闲居》五言诗，从舅尚书王筠奇其有佳致，谓所亲曰："此儿方可大成，至如'风定花犹落'，乃追步惠连矣。"由是名辈知之。年十三，略通五经大旨，尤善《左氏传》，工草隶虫篆。十四，丁父艰，号顿于地，绝而复苏者数矣。初，父蔺居母阮氏忧，不食泣血而卒，家人宾客惧贞复然，从父洽、族兄皓乃共往华严寺，请长爪禅师为贞说法，仍谓贞曰："孝子既无兄弟，极须自爱，若忧毁灭性，谁养母邪？"自后少进饘粥。

太清之乱，亲属散亡，贞于江陵陷没，暠逃难番禺，贞母出家于宣明寺。及高祖受禅，暠还乡里，供养贞母将二十年。太建五年，贞乃还朝，除智武府外兵参军事，俄迁尚书驾部郎中，寻迁侍郎。及始兴王叔陵为扬州刺史，引祠部侍郎阮卓为记室，辟贞为主簿。贞不得已乃行。寻迁府录事参军，领丹阳丞。贞度叔陵将有异志，因与卓自疏于王，每有宴游，辄辞以疾，未尝参预。叔陵雅钦重之，弗之罪也。俄而高宗崩，叔陵肆逆，府僚多相连逮，唯贞与卓独不坐。后主仍诏贞入掌中宫管记。迁南平王友，加招远将军，掌记室事。府长史妆南周确新除都官尚书，请贞为让表，后主览而奇之，尝因宴席问确曰："卿表自制邪？"确对曰："臣表谢贞所作。"后主因敕舍人施文庆曰："谢贞在王处，未有禄秩，可赐米百石。"至德三年，以母忧去职。顷之，敕起还府，仍加招远将军，掌记室。贞累启固辞，敕报曰："省启具怀，虽知哀茕在疚，而官俟得才，礼有权夺，可便力疾还府也。"贞哀毁羸瘠，终不能之官舍。时尚书右丞徐祚、尚书左丞沈客卿俱来候贞，见其形体骨立，祚等怆然叹息，徐喻之曰："弟年事已衰，礼有恒制，小宜引割自全。"贞因更感恸，气绝良久，二人涕泣，不能自胜，悯默而出。祚谓客卿曰："信哉！孝门有孝子。"客卿曰："谢公家传至孝，士大夫谁不仰止，此恐不能起，如何？"吏部尚书吴兴姚察与贞友善，及贞病笃，察往省之，问以后事，贞曰："孤子衅祸所集，将随灰壤。族子凯等粗自成立，已有疏付之，此固不足仰尘厚德。即日迷喘，时不可移，便为永诀。弱儿年甫六岁，名靖，字依仁，情累所不能忘，敢以为托耳。"是夜，卒。敕赙米一百斛，布三十匹。后主问察曰："谢贞有何亲属？"察因启曰："贞有一子，年六岁。"即有敕长给衣粮。

　　初，贞之病亟也，遗疏告族子凯曰："吾少罹酷罚，十四倾外荫，十六钟太清之祸。流离绝国，二十余载。号天踏地，遂同有感，得还侍奉，守先人坟墓，于吾之分足矣。不悟朝廷采拾空薄，累致清阶，纵其殒绝，无所酬报。今在忧棘，昬漏将尽，敛手而归，何所多念。气绝之后，若直弃之草野，依僧家尸陁林法，是吾所愿，正恐过为独异耳。可用薄板周身，载以灵车，覆以苇席，坎山而埋之。又吾终鲜兄弟，无他子孙，靖年幼少，未闲人事，但可三月施小床，设香水，尽卿兄弟相厚之情即除之，无益之事，勿为也。"

　　初，贞在周尝侍赵王读。王即周武帝之爱弟也，厚相礼遇。王尝闻左右说贞每独处必昼夜涕泣，因私使访问，知贞母年老，远在江南，乃谓贞曰："寡人若出居藩，当遣侍读还家供养。"后数年，王果出，因辞见，面奏曰："谢贞至孝而母老，臣愿放还。"帝奇王仁爱而遣之，因随聘使杜子晖还国。所有文集，值兵乱多不存。

司马皓字文升，河内温人也。高祖晋侍中、光禄勋柔之，以南顿王孙绍齐文献王攸之后。父子产，梁尚书水部侍郎、岳阳太守，即梁武帝之外兄也。皓幼聪警，有至性。年十二，丁内艰，孺慕过礼，水浆不入口，殆经一旬。每至号恸，必致闷绝，内外亲戚，皆惧其不胜丧。父子产每晓喻之，逼进饘粥，然毁瘠骨立。服阕，以姻戚子弟，预入问讯，梁武帝见皓羸瘦，叹息良久，谓其父子产曰："昨见罗儿面颜憔悴，使人恻然，便是不坠家风，为有子矣。"罗儿，即皓小字也。

释褐太学博士，累迁正员郎。丁父艰，哀毁逾甚，庐于墓侧，一日之内，唯进薄麦粥一升。墓在新林，连接山阜，旧多猛兽，皓结庐数载，豺狼绝迹。常有两鸠栖宿庐所，驯狎异常，新林至今犹传之。承圣中，除太子庶子。

江陵陷，随例入关，而梁室屠戮，太子瘗殡失所。皓以宫臣，乃抗表周朝，求还江陵改葬，辞甚酸切。周朝优诏答曰："昔主父从戮，孔车有长者之风，鼓越就诛，栾布得陪臣之礼。庶子乡国已改，犹怀送往之情，始验忠贞，方知臣道，即敕荆州，以礼安厝。"太建八年，自周还朝，高宗特降殊礼，赏锡有加。除宜都王咨议参军事，徙安德宫长秋卿、通直散骑常侍、太中大夫、司州大中正。卒于官，有集十卷。

子延义，字希忠，小沈敏好学。江陵之陷，随父入关。丁母忧，丧过于礼。及皓还都，延义乃躬负灵榇，昼伏宵行，冒履冰霜，手足皆皲瘃。及至都，以中风冷，遂致挛废，数年方愈。稍迁鄱阳王录事参军，沅陵王友，司徒从事中郎。

张昭字德明，吴郡吴人也。幼有孝性，色养甚谨，礼无违者。父𤍤，常患消渴，嗜鲜鱼，昭乃身自结网捕鱼，以供朝夕。弟乾，字玄明，聪敏博学，亦有至性。及父卒，兄弟并不衣绵帛，不食盐醋，日唯食一升麦屑粥而已。每一感恸，必致呕血，邻里闻其哭声，皆为之涕泣。父服未终，母陆氏又亡，兄弟遂六年哀毁，形容骨立，亲友见者莫识焉。家贫，未得大葬，遂布衣蔬食，十有余年，杜门不出，屏绝人事。时衡阳王伯信临郡，举乾孝廉，固辞不就。兄弟并因毁成疾，昭失一眼，乾亦中冷苦癖。年并未五十，终于家，子胤俱绝。

高宗世有太原王知玄者，侨居于会稽剡县，居家以孝闻，及丁父忧，哀毁而卒。高宗嘉之，诏改其所居清苦里为孝家里云。

史臣曰：人伦之德，莫大于孝，是以报本反始，尽性穷神，孝乎惟孝，不可不勖矣。故《记》云"塞乎天地"，盛哉！

陈书卷三三
列传第二七

儒　林

沈文阿　沈洙　戚衮　郑灼 张崖
陆诩 沈德威　贺德基　全缓　张讥
顾越　沈不害　王元规

　　盖今儒者,本因古之六学,斯则王教之典籍,先圣所以明天道,
正人伦,致治之成法也。秦始皇焚书坑儒,六学自此缺矣。汉武帝
立五经博士,开弟子员,设科射策,劝以官禄,其传业者甚众焉。自
两汉登贤,咸资经术。魏、晋浮荡,儒教沦歇,公卿士庶,罕通经业
矣。宋、齐之间,国学时复开置。梁武帝开五馆,建国学,总以五经
教授,唯国学乃经,经各置助教云。武帝或纡銮驾,临幸庠序,释奠
先师,躬亲试胄,申之宴语,劳之束帛。济济焉! 斯盖一代之盛矣。
高祖创业开基,承前代离乱,衣冠殄尽,寇贼未宁,既日不暇给,弗
遑劝课。世祖以降,稍置学官,虽博延生徒,成业盖寡。今之采缀,
盖亦梁之遗儒云。

　　沈文阿字国卫,吴兴武康人也。父峻,以儒学闻于梁世,授桂州
刺史,不行。文阿性刚强,有膂力,少习父业,研精章句。祖舅太史
叔明、舅王慧兴并通经术,而文阿颇传之。又博采先儒异同,自为义

疏。治三《礼》、三《传》。

　　察孝廉,为梁临川王国侍郎。累迁兼国子助教、五经博士。梁简文在东宫,引为学士,深相礼遇。及撰《长春义记》,多使文阿撮异闻以广之。及侯景寇逆,简文别遣文阿招募士卒,入援京师。城陷,与张嵊共保吴兴。嵊败,文阿窜于山野。景素闻其名,求之甚急,文阿穷迫不知所出,登树自缢,遇有所亲救之,便自投而下,折其左臂。及景平,高祖以文阿州里,表为原乡令,监江阴郡。绍泰元年,入为国子博士。寻领步兵校尉,兼掌仪礼。自泰清之乱,台阁故事无有存者,文阿父峻,梁武世尝掌朝仪,颇有遗藁,于是斟酌裁撰,礼度皆自之出。及高祖受禅,文阿辄弃官还武康,高祖大怒,发使往诛之。时文阿宗人沈恪为郡,请使者宽其死,即面缚锁颈致于高祖,高祖视而笑曰:“腐儒复何为者?”遂赦之。

　　高祖崩,文阿与尚书左丞徐陵、中书舍人刘师知等,议大行皇帝灵座侠御衣服之制,语在师知传。及世祖即皇帝位,克日谒庙,尚书右丞庾持奉诏遣博士议其礼。文阿议曰:

　　　　民物推移,质文殊轨,圣贤因机而立教,王公随时以适宜。夫千人无君,不散则乱;万乘无主,不危则亡。当隆周之日,公旦叔父,吕、召爪牙,成王在丧,祸几覆国。是以既葬便有公冠之仪,始殡受麻冕之策。斯盖示天下以有主,虑社稷之艰难。逮乎末叶纵横,汉承其弊,虽文、景刑厝,而七国连兵。或逾月即尊,或崩日称诏,此皆有为而为之,非无心于礼制也。今国讳之日,虽抑哀于玺绂之重,犹未序于郡臣之仪。古礼:朝庙,退坐正寝,听群臣之政。今皇帝拜庙还,宜御太极殿,以正南面之尊。此即周康在朝一二臣卫者也。

　　　　其壤奠之节,周礼以玉作贽,公侯以珪,子男执璧,此瑞玉也。奠贽既竟,又复致享,天子以璧,王后用琮。秦烧经典,威仪散灭,叔孙通定礼,尤失前宪,奠贽不珪,致享无帛,公王同璧,鸿胪奏贺。若此数事,未闻于古,后相沿袭,至梁行之。夫称觞奉寿,家国大庆,四厢雅乐,歌奏欢欣。今君臣吞哀,万民抑割,岂同于惟新之礼乎?且周康宾称奉珪,无万寿之献,此则前准明矣。三宿三咤,上宗曰飨,斯盖祭侁受福,宁谓贺酒邪?愚以今坐正殿,止行荐璧之仪,无贺酒之礼。谨撰谒庙还、升正寝、群臣陪荐仪注如别。

诏可施行。寻迁通直散骑常侍,兼国子博士,领羽林监。仍令于东宫讲《孝经》、《论语》。天嘉四年,卒,时年六十一。诏赠廷尉卿。文阿所撰《仪礼》八十余卷,《经典大义》十八卷,并行于世,诸儒多传其学。

沈洙字弘道,吴兴武康人也。祖休稚,梁余杭令。父山卿,梁国子博士、中散大夫。洙少方雅好学,不妄交游。治三《礼》、《春秋左氏传》。精识强记,五经章句,诸子史书,问无不答。

解巾梁湘东王国左常侍,转中军宣城王限内参军,板仁威临贺王记室参军,迁尚书祠部郎中。时年盖二十余。大同中,学者多涉猎文史,不为章句,而洙独积思经术,吴郡朱异、会稽贺琛甚嘉之。及异、琛于士林馆讲制旨义,常使洙为都讲。侯景之乱,洙窜于临安,时世祖在焉,亲就习业。及高祖入辅,除国子博士,与沈文阿同掌仪礼。

高祖受禅,加员外散骑常侍。历扬州别驾从事史、大匠卿。有司奏前宁远将军、建康令沈孝轨门生陈三儿牒称:“主人翁灵柩在周,主人奉使关内,因欲迎丧,久而未返。此月晦即是再周,主人弟息见在此者,为至月末除灵,内外即吉?为待主人还,情礼申竟?”以事咨左丞江德藻,德藻议:“王卫军云:‘久丧不葬,唯主人不变,其余亲各终月数而除。’此盖引《礼》文论在家内有事故未得葬者耳。孝轨既在异域,虽已迎丧,还期无指,诸弟若遂不除,永绝婚嫁,此于人情,或为未允。中原沦陷以后,理有事例。宜咨沈常侍详议。”洙议曰:“礼有变正,又有从宜。《礼小记》云:‘久而不葬者,唯主祭者不除,其余以麻终月数者,除丧则已。’《注》云:‘其余,谓傍亲。’如郑所解,众子皆应不除,王卫军所引,此盖礼之主也。但魏氏东关之役，既失亡尸柩，葬礼无期，议以为礼无终身之丧，故制使除服。晋氏丧乱，或死于虏庭，无由迎殡，江左故复申明其制。李胤之祖，王华之父，并存亡不测，其子制服依时释缞，此并变礼之宜也。孝轨虽因奉使便欲迎丧，而戎狄难亲，还期未克。愚谓宜依东关故事，在此国内者，并应释除缞麻，毁灵附祭，若丧柩得还，别行改葬之礼。自天下寇乱，西朝倾覆，流播绝域，情礼莫申，若此之徒，谅非一二，宁可丧期无数，而弗除衰服，朝庭自应为之限制，以义断恩，通访博识，折之礼衷。"德藻依洙议，奏可。

世祖即位，迁通直散骑常侍，侍东宫读。寻兼尚书左丞，领扬州大中正，迁光禄卿，侍读如故。废帝嗣位，重为通直散骑常侍，兼尚书左丞。迁戎昭将军、轻车衡阳王长史，行府国事，带琅邪、彭城二郡丞。梁代旧律，测囚之法，日一上，起自晡鼓，尽于二更。及比部郎范泉删定律令，以旧法测立时久，非人所堪，分其刻数，日再上。廷尉以为新制过轻，请集八座丞郎并祭酒孔奂、行事沈洙、五舍人，会尚书省详议。时高宗录尚书，集众议之。都官尚书周弘正曰："未知狱所测人，有几人款？几人不款？须前责取人名及数并其罪目，然后更集。"得廷尉监沈仲由列称："别制已后，有寿羽儿一人坐杀寿慧，刘磊渴等八人坐偷马仗家口渡北，依法测之，限讫不款。刘道朔坐犯七改偷，依法测立，首尾二日而款。陈法满坐被使封藏、阿法受钱，未及上而款。"弘正议曰："凡小大之狱，必应以情，正言依准五听，验其虚实，岂可全恣考掠，以判刑罪？且测人时节，本非古制，近代已来，方有此法。起自晡鼓，迄于二更，岂是常人所能堪忍？所以重械之下，危堕之上，无人不服，诬枉者多，朝晚二时，同等刻数，进退而求，于事为衷。若谓小促前期，致实罪不伏，如复时节延长，则无惬妄款，且人之所堪，既有强弱，人之立意，固亦多途。至如贯高榜笞刺爇，身无完者，戴就熏针并极，困笃不移，岂关时刻长短，掠测优劣？夫与杀不辜，宁失不经。罪疑惟轻，功疑惟重。斯则古之圣王，垂此明法。愚谓依范泉著制，于事为允。"舍人盛权议曰："比部范泉新制，尚书周弘正明议，咸允《虞书》惟轻之旨，《殷颂》敷正之言。窃寻廷尉监沈仲由等列新制以后，凡有狱十一人，其所测者十人，款者唯一。愚谓染罪之囚，狱官宜明加辩析，穷考事理。若罪有可疑，自宜启审分判，幸无滥测；若罪有实验，乃可启审测立。此则枉直有分，刑宥斯理。范泉今牒述《汉律》云：'死罪及除名，罪证明白，考掠已至，而抵隐不服者，处当列上'。杜预注云：'处当，证验明白之状，列其抵隐之意'。窃寻旧制深峻，百中不款者一；新制宽优，十中不款者九。参会两文，宽猛实异，处当列上，未见厘革。愚谓宜付典法，更详'处当列上'之文。"洙议曰："夜中测立，缓急易欺，兼用昼漏，于事为允。但漏刻赊促，今古不同，《汉书·律历》，何承天、祖冲之、暅之父子《漏经》，并自关鼓至下鼓，自晡鼓至关鼓，皆十三刻，冬夏四时不异。若其日有长短，分在中时前后。今用梁末改漏，下鼓之后，分其短长，夏至之日，各十七刻，冬至之日，各十二刻。伏承命旨，刻同勒令，检一日之刻乃同，而四时之用不等。廷尉今牒，以时刻短促，到罪人不款。愚意愿去夜测之昧，从昼漏之明，斟酌今古之间，参会二漏之义，舍秋冬之少刻，从夏日之长晷，不问寒暑，并依今之夏至，朝夕上测，各十七刻。比之古漏，则上多昔四刻，即用今漏，则冬至多五刻。虽冬至之时，数刻侵夜，五是少日，于事非疑。庶罪人不以漏短而为捍，狱囚无以在夜而致诬，求之鄙意，窃谓允合。"众议以为宜依范泉前制。高宗曰："沈长史议得中，宜更博议。"左丞宗元饶议曰："窃寻沈议，非顿异范，正是欲使四时均其刻数，兼斟酌其佳，以会优剧。即同牒请写还删定曹详改前制。高宗依事施行。

洙以太建元年卒，时年五十二。

戚衮字公文，吴郡盐官人也。祖显，齐给事中。父霸，梁临贺王府中兵参军。

衮少聪慧，游学京都，受三《礼》于国子助教刘文绍，一二年中，大义略备。年十九，梁武帝敕策《孔子正言》并《周礼》、《礼记》义，衮对高第。仍除扬州祭酒从事史。就国子博士宋怀方质《仪礼》义，怀

方北人,自魏携《仪礼》、《礼记》疏,秘惜不传。及将亡,谓家人曰:
"吾死后,戚生若赴,便以《仪礼》、《礼记》义本付之。若其不来,即宜
随尸而殡。"其为儒者推许如此。寻兼太学博士。梁简文在东宫,召
衮讲论。又尝置宴,集玄儒之士,先命道学互相质难,次令中庶子徐
摛驰聘大义,间以剧谈。摛辞辩纵横,难以答抗,诸人慑气,皆失次
序。衮时聘义,摛与往复,衮精采自若,对答如流,简文深加叹赏。寻
除员外散骑侍郎,又迁员外散骑常侍。敬帝承制,出为江州长史,仍
随沈泰镇南豫州。泰之奔齐也,逼衮俱行,后自邺下遁还。又随程
文季北伐,吕梁军败,衮没于周,久之得归。仍兼国子助教,除中卫
始兴王府录事参军。太建十三年,卒,时年六十三。

衮于梁代撰《三礼义记》,值乱亡失。《礼记义》四十卷,行于世。

郑灼字茂昭,东阳信安人也。祖惠,梁衡阳太守。父季徽,通直
散骑侍郎、建安令。灼幼而聪敏,励志儒学,少受业于皇侃。

梁中大通五年,释褐奉朝请。累迁员外散骑侍郎,给事中,安东
临川王府记室参军,转平西邵陵王府记室。简文在东宫,雅爱经术,
引灼为西省义学士。承圣中,除通直散骑侍郎,兼国子博士。寻为
威戎将军,兼中书通事舍人。高祖、世祖之世,历安东临川、镇北鄱
阳二王府咨议参军,累迁中散大夫,以本职兼国子博士,未拜。太建
十三年,卒,时年六十八。

灼性精勤,尤明三《礼》。少时尝梦与皇侃遇于途,侃谓灼曰:
"郑郎开口。"侃因唾灼口中,自后义理逾进。灼家贫,抄义疏以日继
夜,笔毫尽,每削用之。灼常蔬食,讲授多苦心热,若瓜时,辄偃卧以
瓜镇心,起便诵读,其笃志如此。

时有晋陵张崖、吴郡陆诩、吴兴沈德威、会稽贺德基,俱以礼学
自命。

张崖传三《礼》于同郡刘文绍,仕梁,历王府中记室。天嘉元年,
为尚书仪曹郎,广沈文阿《仪注》,撰五礼。出为丹阳令、王府咨议参
军。御史中丞宗元饶表荐为国子博士。

陆诩少习崔灵恩《三礼义宗》，梁世，百济国表求讲礼博士，诏令诩行。还，除给事中、定阳令。天嘉初，侍始兴王伯茂读，迁尚书祠部郎中。

沈德威字怀远，少有操行。梁太清末，遁于天目山，筑室以居，虽处乱离，而笃学无倦，遂治经业。天嘉元年，征出都，侍太子讲《礼》《传》。寻授太学博士，转国子助教。每自学还私室以讲授，道俗受业者数十百人，率常如此。迁太常丞，兼五礼学士，寻为尚书仪曹郎，后为祠部郎。俄丁母忧，去职。祯明三年，入隋，官至秦王府主薄。年五十五，卒。

贺德基字承业，世传《礼》学。祖文发，父淹，仕梁俱为祠部郎，并有名当世。德基少游学于京邑，积年不归，衣资罄乏，又耻服故弊，盛冬止衣夹襦裤。尝于白马寺前逢一妇人，容服甚盛，呼德基入寺门，脱白纶巾以赠之。仍谓德基曰："君方为重器，不久贫寒，故以此相遗耳。"德基问妪姓名，不答而去。德基于《礼记》称为精明，居以传授，累迁尚书祠部郎。德基虽不至大官，而三世儒学，俱为祠部，时论美其不坠焉。

全缓字弘立，吴郡钱塘人也。幼受《易》于博士褚仲都，笃志研玩，得其精微。梁太清初，历王国侍郎，奉朝请。俄转国子助教，兼司义郎，专讲《诗》、《易》。绍泰元年，除尚书水部郎。太建中，累迁南始兴王府咨议参军，随府诣湘州。以疾卒，时年七十四。缓治《周易》、《老》、《庄》，时人言玄者，咸推之。

张讥字直言，清河武城人也。祖僧宝，梁散骑侍郎、太子洗马。父仲悦，梁庐陵王府录事参军、尚书祠部郎中。讥幼聪俊，有思理。年十四，通《孝经》、《论语》。笃好玄言，受学于汝南周弘正，每有新意，为先辈推伏。

梁大同中，召补国子《正言》生。梁武帝尝于文德殿释《乾》、

《坤》《文言》，讥与陈郡袁宪等预焉，敕令论议，诸儒莫敢先出，讥乃
整容而进，咨审循环，辞令温雅。梁武帝甚异之，赐裙襦绢等，仍云
"表卿稽古之力。"讥幼丧母，有错采经帕，即母之遗制，及有所识，
家人具以告之，每岁时辄对帕哽噎，不能自胜。及丁父忧，居丧过
礼。服阕，召补湘东王国左常侍，转田曹参军，迁士林馆学士。简文
在东宫，出士林馆发《孝经》题，讥论议往复，甚见嗟赏，自是每有讲
集，必遣使召讥。及侯景寇逆，于围城之中，犹侍哀太子于武德后殿
讲《老》《庄》。梁台陷，讥崎岖避难，卒不事景。景平，历临安令。高
祖受禅，除太常丞。转始兴王府刑狱参军。天嘉中，迁国子助教。是
时，周弘正在国学，发《周易》题，弘正第四弟弘直亦在讲席。讥与弘
正论议，弘正乃屈，弘直危坐厉声，助其申理。讥乃正色谓弘直曰：
"今日义集，辩正名理，虽知兄弟急难，四公不得有助。"弘直曰："仆
助君师，何为不可？"举座以为笑乐。弘正尝谓人曰："吾每登座，见
张讥在席，使人懔然。"高宗世，历建安王府记室参军，兼东宫学士。
转武陵王限内记室，学士如故。后主在东宫，集官僚置宴，时造玉柄
麈尾新成，后主亲执之，曰："当今虽复多士如林，至于堪捉此者，独
张讥耳。"即手授讥，仍令于温文殿讲《庄》《老》，高宗幸宫临听，赐
御所服衣一袭。后主嗣位，领南平王府咨议参军、东宫学士。寻迁
国子博士，学士如故。后主尝幸钟山开善寺，召从臣坐于寺西南松
林下，敕召讥竖义。时索麈尾未至，后主敕取松枝，手以属讥，曰"可
代麈尾"。顾谓群臣曰："此即是张讥后事。"祯明三年，入隋。终于
长安，时年七十六。

　　讥性恬静，不求荣利，常慕闲逸，所居宅营山池，植花果，讲《周
易》《老》《庄》，而教授焉。吴郡陆元朗、朱孟博、一乘寺沙门法才、
法云寺沙门慧休、至真观道士姚绥，皆传其业。讥所撰《周易义》三
十卷，《尚书义》十五卷，《毛诗义》二十卷，《孝经义》八卷，《论语义》
二十卷，《老子义》十一卷，《庄子内篇义》十二卷，《外篇义》二十卷，
《杂篇义》十卷，《玄部通义》十二卷，又撰《游玄桂林》二十四卷，后
主尝敕人就其家写入秘阁。

子孝则,官至始安王记室参军。

顾越字思南,吴郡盐官人也。所居新坡黄冈,世有乡校,由是顾氏多儒学焉。越少孤,以勤苦自立,聪慧有口辩。说《毛氏诗》,傍通□义,梁太子詹事周舍甚赏之。

解褐扬州议曹史,兼太子左率丞。越于义理精明,尤善持论,与会稽贺文发俱为梁南平王伟所重,引为宾客。寻补五经博士。绍泰元年,迁国子博士。世祖即位,除始兴王咨议参军,侍东宫读。世祖以越笃老,厚遇之,除给事黄门侍郎,又领国子博士,侍读如故。废帝嗣立,除通直散骑常侍,中书舍人。华皎之构逆也,越在东阳,或谮之于高宗,言其有异志。诏下狱,因坐免。太建元年,卒于家,时年七十八。

时有东阳龚孟舒者,亦治《毛氏诗》,善谈名理。梁武世,仕至寻阳郡丞。元帝在江州,遇之甚重,躬师事焉。承圣中,兼中书舍人。天嘉初,除员外散骑常侍,兼国子助教、太中大夫。太建中,卒。

沈不害字孝和,吴兴武康人也。祖总,齐尚书祠部郎。父懿,梁邵陵王参军。不害幼孤,而修立好学。

十四,召补国子生,举明经。累迁梁太学博士,转庐陵王府刑狱参军,长沙王府咨议,带汝南令。天嘉初,除衡阳王府中记室参军,兼嘉德殿学士。自梁季丧乱至是,国学未立,不害上书曰:

　　臣闻立人建国,莫尚于尊儒,成俗化民,必崇于教学。故东胶西序,事隆乎三代,环林璧水,业盛于两京。自淳源既远,浇波已扇,物之感人无穷,人之逐欲无节。是以设训垂范,启导心灵,譬彼染蓝,类诸琢玉,然后人伦以睦,卑高有序,忠孝之理既明,君臣之道攸固。执礼自基,鲁公所以难侮,歌乐已细,郑伯于是前亡。干戚舞而有苗至,泮宫成而淮夷服,长想洙、泗之风,载怀淹、稷之盛,有国有家,莫不尚已。

　　梁太清季年,数钟否剥,戎狄外侵,奸回内衅,朝闻鼓鼙,夕焰烽火。洪儒硕学,解散甚于坑夷。《五典》、《九丘》,湮灭逾乎帷盖。成均自斯坠业,馨宗于是不修,哀成之祠,弗陈裸享,释菜之礼,无称俎豆。颂声寂寞遂逾一纪。后生敦悦,不见函杖之仪,晚学钻仰,徒深倚席之叹。

陛下继历升统,握镜临宇,道洽寰中,威加无外,浊流已清,重氛载廓,含生熙皁,品庶咸亨。宜其弘振礼乐,建立庠序,式稽古典,纡迹儒宫,选公卿门子,皆入于学,助教博士,朝夕讲肄,使担簦负笈,锵锵接衽,方领矩步,济济成林。如切如磋,闻《诗》闻《礼》,一年可以功倍,三冬于是足用。故能擢秀雄州,扬庭观国,入仕登朝,资优学以自辅,莅官从政,有经业以治身,辖驾列庭,青紫拾地。

古者王世子之贵,犹与国子齿,降及汉储,兹礼不坠,暨乎两晋,斯事弥隆,所以见师严而道尊者也。皇太子天纵生知,无待审喻,犹宜晦迹俯同,专经请业,奠爵前师,肃若旧典。昔阙里之堂,草莱自辟,旧宅之内,丝竹流音,前圣遗烈,深以炯戒。况复江表无虞,海外有截,岂得不开闸大猷,恢弘至道?宁可使玄教儒风,弗兴圣世,盛德大业,遂蕴尧年?臣末学小生,词无足算,轻献瞽言,伏增悚惕。

诏答曰:“省表闻之。自旧章弛废,微言将绝,朕嗣膺宝业,念在缉熙,而兵革未息,军国草创,常恐前王令典,一朝泯灭。卿才思优洽,文理可求,弘惜大体,殷勤名教,付外详议,依事施行。”又表改定乐章,诏使制三朝乐歌八首,合二十八曲,行之乐府。五年,除赣令。入为尚书仪曹郎,迁国子博士,领羽林监。敕治五礼,掌策文谥议。太建中,除仁武南康嗣王府长史,行丹阳郡事。转员外散骑常侍、光禄卿。寻为戎昭将军、明威武陵王长史,行吴兴郡事。俄入为通直散骑常侍,兼尚书左丞。十二年,卒,时年六十三。

不害治经术,善属文,虽博综坟典,而家无卷轴。每制文,操笔立成,曾无寻检。仆射汝南周弘正常称之曰:“沈生可谓意圣人乎!”著治《五礼仪》一百卷,《文集》十四卷。

子志道,字崇基,少知名。解褐扬州主簿,寻兼文林著士,历安东新蔡王记室参军。祯明三年,入隋。

王元规字正范,太原晋阳人也。祖道宝,齐员外散骑常侍、晋安郡守。父玮,梁武陵王府中记室参军。

元规八岁而孤,兄弟三人随母依舅氏往临海郡,时年十二。郡土豪刘瑱者,资财巨万,以女妻之。元规母以其兄弟幼弱,欲结强援,元规泣请曰:"姻不失亲,古人所重。岂得苟安异壤,辄婚非类!"母感其言而止。元规性孝,事母甚谨,晨昏未尝离左右。梁时山阴县有暴水,流漂居宅,元规唯有一小船,仓卒引其母妹并孤侄入船,元规自执楫棹而去,留其男女三人,阁于树杪,及水退获全,时人皆称其至行。元规少好学,从吴兴沈文阿受业,十八通《春秋左氏》、《孝经》、《论语》、《丧服》。

梁中大通元年,诏策《春秋》,举高第,时名儒咸称赏之。起家湘东王国左常侍,转员外散骑侍郎。简文之在东宫,引为宾客,每令讲论,甚见优礼。除中军宣城王府记室参军。及侯景寇乱,携家属还会稽。天嘉中,除始兴王府功曹参军,领国子助教。转镇东鄱阳王府记室参军,领助教如故。后主在东宫,引为学士,亲受《礼记》、《左传》、《丧服》等义,赏赐优厚。迁国子祭酒。新安王伯固尝因入宫,适会元规将讲,乃启请执经,时论以为荣。俄除尚书祠部郎。自梁代诸儒相传为《左氏》学者,皆以贾逵、服虔之义难驳杜预,凡一百八十条,元规引证通析,无复疑滞。每国家议吉凶大礼,常参预焉。丁母忧,去职。服阕,除鄱阳王府中录事参军,俄转散骑侍郎,迁南平王府限内参军。王为江州,元规随府之镇,四方学徒不远千里来请道者,常数十百人。祯明三年,入隋,为秦王府东阁祭酒。年七十四,卒于广陵。

元规著《春秋发题辞》及《义记》十一卷,《续经典大义》十四卷,《孝经义记》两卷,《左传音》三卷,《礼记音》两卷。子大业,聪敏知名。

时有吴郡陆庆,少好学,遍知五经,尤明《春秋左氏传》,节操甚高。释褐梁武陵王国右常侍。历征西府墨曹行参军,除娄令。值梁季丧乱,乃覃心释典,经论靡不该究。天嘉初,征为通直散骑侍郎,不就。永阳王为吴郡太守,闻其名,欲与相见,庆固辞以疾。时宗人陆荣为郡五官掾,庆尝诣焉,王乃微服往荣第,穿壁以观之。王谓荣曰:"观陆庆风神凝峻,殆不可测,严君平、郑子真何以尚兹?"鄱阳、晋安王俱以记室征,并不就。乃筑室屏居,以禅诵为事,由是传经受业者盖鲜焉。

史臣曰:夫砥身励行,必先经术,树国崇家,率由兹道。故王政因之而至治,人伦得之而攸序。若沈文阿之徒,各专经授业,亦一代之鸿儒焉。文阿加复草创礼仪,盖叔孙通之流亚矣。

陈书卷三四
列传第二八

文　学

杜之伟　颜晃　江德藻　庾持
许亨　褚玠　岑之敬　陆琰　弟瑜
何之元　徐伯阳　张正见　蔡凝
阮卓

《易》曰："观乎人文，以化成天下。"孔子曰："焕乎！其有文章
也。"自楚、汉以降，辞人世出，洛汭、江左，其流弥畅。莫不思侔造
化，明并日月。大则宪章典谟，裨赞王道；小则文理清正，申纾性灵。
至于经礼乐，综人伦，通古今，述美恶，莫尚乎此。后主嗣业，雅尚文
词，傍求学艺，焕乎俱集。每臣下表疏及献上赋颂者，躬自省览，其
有辞工，则神笔赏激，加其爵位，是以搢绅之徒，咸知自励矣。若名
位文学晃著者，别以功迹论。今缀杜之伟等，学既兼文，备于此篇云
尔。

杜之伟字子大，吴郡钱塘人也，家世儒学，以三《礼》专门。父
规，梁奉朝请，与光禄大夫济阳江革、都官尚书会稽孔休源友善。
之伟幼精敏，有逸才。七岁受《尚书》，稍习《诗》、《礼》，略通其学。十
五遍观文史及仪礼故事，时辈称其早成。仆射徐勉尝见其文，重其

有笔力。

中大同元年，梁武帝幸同泰寺舍身，敕勉撰定仪注。勉以台阁先无此礼，召之伟草其仪，乃启补东宫学士，与学士刘陟等钞撰群书，各为题目，所撰《富教》、《政道》二篇，皆之伟为序。及湘阴侯萧昂为江州刺史，以之□掌记室。昂卒，庐陵王续代之。又手教招引，之伟固辞不应命，乃送昂丧柩还京。仍侍临城公读。寻除扬州议曹从事、南康嗣王墨曹参军，兼太学限内博士。七年，梁皇太子释奠于国学，时乐府无孔子、颜子登哥词，尚书参议，令之伟制其文，伶人传习，以为故事。转补安前邵陵王田曹参军，又转刑狱参军。之伟年位甚卑，特以强识俊才，颇有名当世。吏部尚书张缵深知之，以为廊庙器也。

侯景反，之伟逃窜山泽。及高祖为丞相，素闻其名，召补记室参军，迁中书侍郎，领大著作。高祖受禅，除鸿胪卿，余并如故。之伟启求解著作，曰：“臣以绍泰元年，忝中书侍郎，掌国史，于今四载。臣本庸贱，谬蒙盼识，思报恩奖，不敢废官。皇历惟新，驱驭轩、昊，记言记事，未易其人，著作之材，更宜选众。御史中丞沈炯、尚书左丞徐陵、梁前兼大著作虞荔、梁前黄门侍郎孔奂，或清文赡笔，或强识稽古，迁、董之任，允属群才，臣无容遽变市朝，再妨贤路。尧朝皆让，诚不可追，陈力就列，庶几知免。”优敕不许。寻转大匠卿，迁太中大夫，仍敕撰梁史。永定三年，卒，时年五十二。高祖甚悼惜之，诏赠通直散骑常侍，赙钱五万，布五十匹，棺一具，克日举哀。

之伟为文不尚浮华，而温雅博赡，所制多遗失，存者十七卷。

颜晃字元明，琅邪临沂人也。少孤贫，好学，有辞采。

解褐梁邵陵王兼记室参军。时东宫学士庾信尝使于府中，王使晃接对，信轻其尚少，曰：“此府兼记室几人？”晃答曰：“犹当少于宫中学士。”当时以为善对。侯景之乱，西奔荆州。承圣初，除中书侍郎。时杜龛为吴兴太守，专好勇力，其所部多轻险少年。元帝患之，乃使晃管其书翰，仍敕龛曰：“卿年时尚少，习读未晚。颜晃文学之士,使相毗佐,造次之间,必宜谘禀。"及昙诛,晃归世祖,世祖委以书记,亲遇甚笃。除宣毅府中录事兼记室参军。永定二年,高祖幸大庄严寺,其夜甘露降,晃献《甘露颂》,词义该典,高祖甚奇之。天嘉初,迁员外散骑常侍,兼中书舍人,掌诏诰。三年,卒,时年五十三。诏赠司农卿,谥曰贞子,并赐墓地。

晃家世单门,傍无戚援,而介然修立,为当世所知。其表奏诏诰,下笔立成,便得事理,而雅有气质。有集二十卷。

江德操字德藻,济阳考城人也。祖柔之,齐尚书仓部郎中。父革,梁度支尚书、光禄大夫。德藻好学,善属文。美风仪,身长七尺四寸。性至孝,事亲尽礼。与异产昆弟居,恩惠甚笃。

起家梁南中郎武陵王行参军。大司马南平王萧伟闻其才,召为东阁祭酒。迁安西湘东王府外兵参军。寻除尚书比部郎,以父忧去职。服阕之后,容貌毁瘠,如居丧时。除安西武陵王记室,不就。久之,授庐陵王记室参军。除廷尉正。寻出为南兖州治中。及高祖为司空、征北将军,引德藻为府谘议,转中书侍郎,迁云麾临海王长史。陈台建,拜尚书吏部侍郎。高祖受禅,授秘书监,兼尚书左丞。寻以本官兼中书舍人。天嘉四年,兼散骑常侍,与中书郎刘师知使齐,著《北征道理记》三卷。还,拜太子中庶子,领步兵校尉。顷之,迁御史中丞。坐公事免,寻拜振远将军、通直散骑常侍。自求宰县,出补新喻令。政尚恩惠,颇有异绩。六年,卒于官,时年五十七。世祖甚悼惜之,诏赠散骑常侍。所著文笔十五卷。

子椿,亦善属文,历太子庶子、尚书左丞。

庾持字允德,颍川鄢陵人也。祖佩玉,宋长沙内史。父弥,梁长城令。持少孤,性至孝,居父忧过礼。笃志好学,尤善书记,以才艺闻。

解褐梁南平王国左常侍、轻车河东王府行参军,兼尚书郎,寻而为真。出为安吉令,迁镇东邵陵王府限外记室,兼建康令。天监初,世祖与持有旧,及世祖为吴兴太守,以持为郡丞,兼掌书翰,自是常依文帝。文帝克张彪,镇会稽,又令持监临海郡。以贪纵失民和,为山盗所劫,幽执十旬,世祖遣刘澄讨平之,持乃获免。高祖受禅,授安东临川王府谘议参军。天嘉初,迁尚书左丞。以预长城之功,封崇德县子,邑三百户。拜封之日,请令史为客,受其饷遗,世祖怒之,因坐免。寻为宣惠始兴王府谘议参军。除临安令,坐杖杀县民免封。迁为给事黄门侍郎。除棱威将军、盐官令。光大元年,迁秘书监,知国史事。又为少府卿,领羽林监。迁太中大夫,领步兵校尉。太建元年,卒,时年六十二。诏赠光禄大夫。

持善字书,每属辞,好为奇字,文士亦以此讥之。有集十卷。

许亨字亨道,高阳新城人,晋征士询之六世孙也。曾祖珪,历给事中,委桂阳太守,高尚其志,居永兴之究山,即询之所隐也。祖勇慧,齐太子家令、冗从仆射。父懋,梁始平天门二郡守、太子中庶子、散骑常侍,以学艺闻。撰《毛诗风雅比兴义类》十五卷,《述行记》四卷。亨少传家业,孤介有节行。博通群书,多识前代旧事,名辈皆推许之,甚为南阳刘之遴所重,每相称述。

解褐梁安东王行参军,兼太学博士。寻除平西府记事参军。太清初,为征西中记室,兼太常丞。侯景之乱,避地郢州,会梁邵陵王自东道至,引为谘议参军。王僧辩之袭郢州也,素闻其名,召为仪同从事中郎,迁太尉从事中郎,与吴兴沈炯对掌书记,府朝政务,一以委焉。晋安王承制,授给事黄门侍郎,亨奉笺辞府,僧辩答曰:“省告,承有朝授,良为德举。卿操尚惇深,文艺该洽,学优而官,自致青紫。况久羁骏足,将成顿辔,匡辅虚暗,期寄实深。既欣游处,用忘劳屈,而枳棘栖鹓,常以增叹。夕郎之选,虽为清显,位以才升,差自无愧。且卿始云知命,方聘康衢,未有执戟之疲,便深夜行之慨,循复来翰,殊用怃然。古人相思,千里命驾,素心不昧,宁限城阃,存顾之深,荒惭无已。”高祖受禅,授中散大夫,领羽林监。迁太中大夫,领大著作,知梁史事。初,僧辩之诛也,所司收僧辩及其子颋,于方山同坎埋瘗,至是无敢言者。亨以故吏,抗表请葬之,乃与故义徐陵、张种、孔奂等,相率以家财营葬具,凡七柩,皆改窆焉。光大初,高宗入辅,以亨贞正有古人之风,甚相钦重,常以师礼事之。及到仲举之谋出高宗也,毛喜知其诈,高宗问亨,亨劝勿奉诏。高宗即位,拜卫尉卿。太建二年,卒,时年五十四。

初撰《齐书》并《志》五十卷,遇乱失亡。后撰梁史,成者五十八卷。梁太清之后所制文笔六卷。

子善心,早知名,官至尚书度支侍郎。

褚玠字温理,河南阳翟人也。曾祖炫,宋升明初与谢朏、江斆、刘俣入侍殿中,谓之“四友”,官至侍中、吏部尚书,谥贞子。祖沄,梁御史中丞。父蒙,太子舍人。玠九岁而孤,为叔父骠骑从事中郎随所养,早有令誉,先达多以才器许之。及长,美风仪,善占对,博学能属文,词义典实,不好艳靡。

法曹,历转外兵记室。天嘉中,兼通直散骑常侍,聘齐。还,为桂阳王友。迁太子庶子、中书侍郎。太建中,山阴县多豪猾,前后令皆以赃污免,高宗患之,谓中书舍人蔡景历曰:“稽阴大邑,久无良宰,卿文士之内,试思其人。”景历进曰:“褚玠廉俭有干用,未审堪其选不?”高宗曰:“甚善,卿言与朕意同。”乃除戎昭将军、山阴令。县民张次的、王休达等,与诸猾吏贿赂通奸,全丁大户,类多隐没。玠乃锁次的等,具状启台,高宗手敕慰劳,并遣使助玠搜括,所出军民八百余户。时舍人曹义达为高宗所宠,县民陈信家富于财,谄事义达,信父显文恃势横暴。玠乃遣使执显文,鞭之一百,于是吏民股栗,莫敢犯者。信后因义达谮玠,竟坐免官。玠在任岁余,守禄俸而已,去官之日,不堪自致,因留县境,种蔬菜以自给。或嗤玠以非百里之才,玠答曰:“吾委输课最,不后列城,除残去暴,奸吏局蹐。若谓其不能自润脂膏,则如来命。以为不达从政,吾未服也。”时人以为信然。皇太子知玠无还装,手书赐粟米二百斛,于是还都。太子爱玠文辞,令入直殿省。十年,除电威将军、仁威淮南王长史。顷之,以本官掌东宫管记。十二年,迁御史中丞。卒于官,时年五十二。

玠刚毅有胆决,兼善骑射。尝从司空侯安都于徐州出猎,遇有猛兽,玠引弓射之,再发皆中口入腹,俄而兽毙。及为御史中丞,甚有直绳之称。自梁未丧乱,朝章废驰,司宪因循,守而勿革。玠方欲改张,大为条例,纲维略举,而编次未讫,故不列于后焉。及卒,太子亲制志铭,以表惟旧。至德二年,追赠秘书监。所制章奏杂文二百余篇,皆切事理,由是见重于时。

子亮,有才学,官至尚书殿中侍郎。

岑之敬字思礼,南阳棘阳人也。父善纡,梁世以经学闻,官至吴宁令、司义郎。之敬年五岁,读《孝经》,每烧香正坐,亲戚咸加叹异。

年十六,策《春秋左氏》、制旨《孝经》义,擢为高第,御史奏曰:"皇朝多士,例止明经,若颜、闵之流,乃应高第。"梁武帝省其策,曰:"何妨我复有颜、闵邪?"因召入面试,令之敬升讲座,敕中书舍人朱异执《孝经》,唱《士章》,武帝亲自论难。之敬剖释纵横,应对如响,左右莫不嗟服,乃除童子奉车郎,赏赐优厚。十八,预重云殿法会,时武帝亲行香,熟视之敬曰:"未几见兮,突而弁兮!"即日除太学限内博士。寻为寿光学士、司义郎。又除武陵王安西府刑狱参军事。太清元年,表请试吏,除南沙令。侯景之乱,之敬率领所部赴援京师。至郡境,闻台城陷,乃与众辞诀,归乡里。承圣二年,除晋安王宣惠府中记室参军。是时,萧勃据岭表,敕之敬宣旨慰喻,会江陵陷,仍留广州。太建初,还朝,授东宫义省学士,太子素闻其名,尤降赏接。累迁鄱阳王中卫府记室、镇北府中录事参军、南台治书待御史、征南府咨议参军。之敬始以经业进,而博涉文史,雅有词笔,不为醇儒。性谦谨,未尝以才学矜物,接引后进,恂恂如也。每忌日营斋,必躬自洒扫,涕泣终日,士君子以笃行称之。十一年,卒,时年六十一。太子嗟惜,赙赠甚厚。有集十卷,行于世。

子德润,有父风,官至中军吴兴王记室。

陆琰字温玉,吏部尚书琼之从父弟也。父令公,梁中军宣城王记室参军。琰幼孤,好学,有志操。

州举秀才,解褐宣惠始兴王行参军。累迁法曹外兵参军,直嘉德殿学士。世祖听览余暇,颇留心史籍,以琰博学,善占诵,引置左右。尝使制《刀铭》,琰援笔即成,无所点窜,世祖嗟赏久之,赐衣一袭。俄兼通直散骑常侍,副琅邪王厚聘齐。及至邺下而厚病卒,琰自为使主,时年二十余,风神韶亮,占对闲敏,齐士大夫甚倾心焉。还,为云麾新安王主簿,迁安成王长子宁远府记室参军。太建初,为武陵王明威府功曹史,兼东宫管记。丁母忧,去官。五年,卒,时年三十四。太子甚伤悼之,手令举哀,加其赙赠,又自制志铭。至德二年,追赠司农卿。

琰寡嗜欲,鲜矜竞,游心经籍,晏如也。其所制文笔多不存本,后主求其遗文,撰成二卷。有弟瑜。

瑜字干玉,少笃学,美词藻。州举秀才,解褐骠骑安成王行参军。转军师晋安王外兵参军、东宫学士。兄琰时为管记,并以才学娱侍左右,时人比之二应。太建二年,太子释奠于太学,宫臣并赋诗,命瑜为序,文甚赡丽。迁尚书祠部郎中。丁母忧,去职。服阕,为桂阳王明威将军功曹史,兼东宫管记。累迁永阳王文学、太子洗马、中舍人。瑜幼长读书,昼夜不废,聪敏强记,一览无复遗失。尝受《庄》、《老》于汝南周弘正,学《成实论》于僧滔法师,并通大旨。时皇太子好学,欲博览群书,以子集繁多,命瑜钞撰。未就而卒,时年四十四。太子为之流涕,手令举哀,官给丧事,并亲制祭文,遣使者吊祭。仍与詹事江总书曰:"管记陆瑜,奄然殂化,悲伤悼惜,此情何已。吾生平爱好,卿等所悉,自以学涉儒雅,不逮古人,钦贤慕士,是情尤笃。梁室乱离,天下糜沸,书史残缺,礼乐崩沦。晚生后学,匪无墙面,卓尔出群,斯人而已。吾识览虽局,未曾以言议假人,至于片善小才,特用嗟赏,况复洪识奇士,此故忘言之地。论其博综子史,谙究儒墨,经耳无遗,触目成诵,一褒一贬,一激一扬,语玄析理,披文摘句,未尝不闻者心伏,听者解颐,会意相得,自以为布衣之赏。吾监抚之暇，事隙之辰，颇用谭笑娱情，琴樽间作，雅篇艳什，迭互锋起。每清风朗月，美景良辰，对群山之参差，望巨波之混漾，或玩新花，时观落叶，既听春鸟，又聆秋雁，未尝不促膝举觞，连情发藻，且代琢磨，间以嘲谑，俱怡耳目，并留情致。自谓百年为速，朝露可伤，岂谓玉折兰摧，遽从短运，为悲为恨，当复何言。遗迹余文，触目增泫，绝弦投笔，恒有酸恨。以卿同志，聊复叙怀，涕之无从，言不写意。"其见重如此。至德二年，追赠光禄卿。有集十卷。瑜有从父兄玠，从父弟琰。

玠字润玉，梁大匠卿晏之子。弘雅有识度，好学，能属文。举秀才，对策高第，吏部尚书袁枢荐之于世祖，超授衡阳王文学、直天保殿学士。太建初，迁长沙王友，领记室。后主在东宫，闻其名，征为管记。仍除中舍人，管记如故，甚见亲待。寻以疾失明，将还乡里，太子解衣赠玠，为之流涕。八年，卒，时年三十七。有令举哀，并加赗赠。至德二年，追赠少府卿。有集十卷。

琰字洁玉，宣毅临川王长史丘公之子。少警俊，事后母以孝闻。世祖为会稽太守，琰年十八，上《善政颂》，甚有词采，由此知名。举秀才，起家为衡阳王主簿，兼东宫管记。历豫章王文学，领记室，司徒主簿，直宣明殿学士。寻迁尚书三公侍郎，兼通直散骑常侍，聘齐。还，为司徒左西掾，又掌东宫管记。太子爱琰才辩，深礼遇之。后主嗣位，迁给事黄门侍郎、中书舍人，参掌机密。琰性颇疏，坐漏泄禁中语，诏赐死，时年四十二。

何之元，庐江灊人也。祖僧达，齐南台治书侍御史。父法胜，以行业闻。之元幼好学，有才思，居丧过礼，为梁司空袁昂所重。天监末，昂表荐之，因得召见。

解褐梁太尉临川王扬州议曹从事史，寻转主簿。及昂为丹阳尹，辟为丹阳五官掾，总户曹事。寻除信义令。之元宗人敬容者，势位隆重，频相顾访，之元终不造焉。或问其故，之元曰："昔楚人得宠于观起，有马者皆亡。夫德薄任隆，必近覆败，吾恐不获其利，而招其祸。"识者以是称之。会安西武陵王为益州刺史,以之元为安西刑狱参军。侯景之乱,武陵王以太尉承制,授南梁州长史、北巴西太守。武陵王自成都举兵东下,之元与蜀中民庶,抗表请无行,王以为沮众,囚之元于舰中。及武陵兵败,之元从邵陵太守刘恭之郡。俄而江陵陷,刘恭卒,王琳召为记室参军。梁敬帝册琳为司空,之元除司空府咨议参军,领记室。王琳之立萧庄也,署为中书侍郎。会齐文宣帝薨,令之元赴吊,还至寿春,而王琳败。齐主以为扬州别驾,所治即寿春也。及众军北伐,得淮南地,湘州刺史始兴王叔陵遣功曹史柳咸赍书召之元。之元始与朝庭有隙,及书至,大惶恐,读书至"孔璋无罪,左车见用",之元仰而叹曰:"辞旨若此,岂欺我哉?"遂随咸至湘州。太建八年,除中卫府功曹参军事,寻迁咨议参军。

及叔陵诛,之元乃屏绝人事,锐精著述,以为梁氏肇自武皇,终于敬帝,其兴亡之运,盛衰之迹,足以垂鉴戒,定褒贬。究其始终,起齐永元元年,迄于王琳遇获,七十五年行事,草创为三十卷,号曰《梁典》。其序曰:

记事之史,其流不一,继年之作,无若《春秋》,则鲁史之书,非帝皇之籍也。案三皇之简为《三坟》,五帝之策为《五典》,此典义所由生也。至乃《尚书》述唐帝为《尧典》,虞帝为《舜典》,斯又经文明据。是以典之为义久矣哉。若夫马《史》、班《汉》,述帝称纪,自兹厥后,因相祖习。及陈寿所撰,名之曰《志》,总其三国,分路扬镳。唯何法盛《晋书》变帝纪为《帝典》,既云师古,在理为优。故今之所作,称为《梁典》。

梁有天下,自中大同以前,区宇宁晏,太清以后,寇盗交侵,首尾而言,未为尽美。故开此一书,分为六意。以高祖创基,因乎齐末,寻宗讨本,起自永元,今以前如干卷为《追述》。高祖生自布衣,长于弊俗,知风教之臧否,识民黎之情伪。爰逮君临,弘斯政术,四纪之内,实云殷阜。今以如干卷为《太平》。世不常夷,时无恒治,非自我后,仍属横流。今以如干卷为《叙乱》。洎高祖晏驾之年,太宗幽辱之岁,讴歌狱讼,向西陕不向东都,不庭之民,流逸之士,征伐礼乐,归世祖不归太宗。拨乱反正,厥庸斯在,治定功成,其勋有属。今以卷如干为《世祖》。至于四海困穷,五德升替,则敬皇绍立,仍以禅陈。今以如干卷为《敬帝》。骠骑王琳,崇立后嗣,虽不达天命,然是其忠节。今以如干卷为《后嗣主》。至在太宗,虽加美谥,而大宝之号,世所不遵,盖以拘于贼景故也。承圣纪历,自接太清,神笔诏书,非宜辄改,详之后论,盖有理焉。

　　夫事有始终,人有业行,本末之间,颇宜诠叙。案臧荣绪称,"史无裁断,犹起居注耳"。由此而言,实资详悉。又编年而举其岁次者,盖取分明而易寻也。若夫猃狁孔炽,鲠我中原,始自一君,终为二主,事有相涉,言成混漫。今以未分之前为北魏,既分之后,高氏所辅为东魏,宇文所挟为西魏,所以相分别也。重以盖彰殊体,繁省异文,其间捐益,颇有凡例。

祯明三年,京城陷,乃移居常州之晋陵县。隋开皇十三年,卒于家。

　　徐伯阳字隐忍,东海人也。祖度之,齐南徐州议曹从事史。父僧权,梁东宫通事舍人,领秘书,以善书知名。伯阳敏而好学,善色养,进止有节。年十五,以文笔称,学《春秋左氏》,家有史书,所读者近三千余卷。

　　试策高第,尚书板补梁河东王国右常侍、东宫学士、临川嗣王府墨曹参军。大同中,出为候官令,甚得民和。侯景之乱,伯阳浮海南至广州,依于萧勃。勃平,还朝,仍将家属之吴郡。天嘉二年,诏侍晋安王读。寻除司空侯安都府记室参军事,安都素闻其名,见之降席为礼。甘露降乐游苑,诏赐安都,令伯阳为谢表,世祖览而奇之。太建初,中记室李爽、记室张正见、左民郎贺彻、学士阮卓、黄门郎萧诠、三公郎王由礼、处士马枢、记室祖孙登、比部贺循、长史刘删等,为文会之友,后有蔡凝、刘助、陈暄、孔范,亦预焉,皆一时之士也,游宴赋诗,勒成卷轴,伯阳为其集序,盛传于世。及新安王为南徐州刺史,除镇北新安王府中记室参军,兼南徐州别驾,带东海郡丞。鄱阳王为江州刺史,伯阳尝奉使造焉,王率府僚与伯阳登匡岭,置宴,酒酣,命笔赋剧韵二十,伯阳与祖孙登前成,王赐以奴婢杂物。及新安王还京,除临海嗣王府限外咨议参军。十一年春,皇太子幸太学,诏新安王于辟雍发《论语》题,仍命伯阳为《辟雍颂》,甚见佳赏。除镇右新安王府咨议参军事。十三年,闻姊丧,发疾而卒,时年六十六。

张正见字见赜,清河东武城人也。祖盖之,魏散骑常侍、勃海长乐二郡太守。父修礼,魏散骑侍郎。归梁,仍拜本职,迁怀方太守。正见幼好学,有清才。梁简文在东宫,正见年十三,献颂,简文深赞赏之。简文雅尚学业,每自升座说经,正见尝预讲筵,请决疑义,吐纳和顺,进退详雅,四座咸属目焉。

太清初,射策高第,除邵陵王国左常侍。梁元帝立,拜通直散骑侍郎。迁彭泽令。属梁季丧乱。避地于匡俗山。时焦僧度拥众自保,遣使请交,正见惧之,逊辞延纳,然以礼法自持,僧度亦雅相敬惮。高祖受禅,诏正见还都,除镇东鄱阳王府墨曹行参军,兼衡阳王府长史。历宜都王限外记室、撰史著士,带寻阳郡丞。累迁尚书度支郎、通直散骑侍郎,著士如故。太建中,卒,时年四十九。有集十四卷。其五言诗尤善,大行于世。

蔡凝字子居,济阳考城人也。祖撙,梁吏部尚书、金紫光禄大夫。父彦高,梁给事黄门侍郎。凝幼聪晤,美容止。既长,博涉经传,有文辞,尤工草隶。

天嘉四年,释褐授秘书郎。转庐陵王文学。光大元年,除太子洗马,司徒主簿。太建元年,迁太子中舍人。以名公子选尚信义公主,拜驸马都尉、中书侍郎。迁晋陵太守,及将之郡,更令左右缉治中书廨宇,谓宾友曰:"庶来者无劳,不亦可乎?"寻授宁远将军、尚书吏部侍郎。凝年位未高,而才地为时所重,常端坐西斋,自非素贵名流,罕所交接,趣时者多讥焉。高宗常谓凝曰:"我欲用义兴主婿钱肃为黄门郎,卿意何如?"凝正色对曰:"帝乡旧戚,恩由圣旨,则无所复问。若格以金议,黄散之职,故须人门兼美,惟陛下裁之。"高宗默然而止。肃闻而有憾,令义兴主曰谮之于高宗,寻免官,迁交址。顷之,追还。后主嗣位,授晋安王咨议参军,转给事黄门侍郎。后主尝置酒会,群臣欢甚,将移宴于弘范宫,众人咸从,唯凝与袁宪不行。后主曰:"卿何为者?"凝对曰:"长乐尊严,非酒后所过,臣不敢奉诏。"众人失色。后主曰:"卿醉矣。"即令引出。他日,后主谓吏部尚书蔡征曰:"蔡凝负地矜才,无所用也。"寻迁信威晋熙王府长史。郁郁不得志,乃喟然叹曰:"天道有废兴,夫子云'乐天知命',斯理庶几可达。"因制《小室赋》以见志,甚有辞理。陈亡入隋,道病卒,时年四十七。子君知颇知名。

阮卓,陈留尉氏人。祖诠,梁散骑侍郎。父问道,梁宁远岳阳王府记室参军。卓幼而聪敏,笃志经籍,善谈论,尤工五言诗。性至孝,其父随岳阳王出镇江州,遇疾而卒,卓时年十五,自都奔赴,水浆不入口者累日。属侯景之乱,道路阻绝,卓冒履险艰,载丧柩还都。在路遇贼,卓形容毁瘁,号哭自陈,贼哀而不杀之,仍护送出境。及渡彭蠡湖,中流忽遇疾风,船几没者数四,卓仰天悲号,俄而风息,人皆以为孝感之至焉。

世祖即位,除轻车鄱阳王府外兵参军。天康元年,转云麾新安王府记室参军,仍随府转翊右记室,带撰史著士。迁鄱阳王中卫府录事,转晋安王府记室,著士如故。及平欧阳纥,交址夷獠往往相聚为寇抄。卓奉使招慰。交址通日南、象郡,多金翠珠贝珍怪之产,前后使者皆致之,唯卓挺身而还,衣装无他,时论咸伏其廉。迁衡阳王府中录事参军。入为尚书祠部郎。迁始兴王中卫府记室参军。叔陵之诛也,后主谓朝臣曰:"阮卓素不同逆,宜加旌异。"至德元年,入为德教殿学士。寻兼通直散骑常侍,副王话聘隋。隋主夙闻卓名,乃遣河东薛道衡、琅邪颜之推等,与卓谈宴赋诗,赐遗加礼。还,除招远将军、南海王府咨议参军。以目疾不之官,退居里舍,改构亭宇,修山池卉木,招致宾友,以文酒自娱。祯明三年,入于隋。行至江州,追感其父所终,因遘疾而卒,时年五十九。

时有武威阴铿,字子坚,梁左卫将军子春之子。幼聪慧,五岁能诵诗赋,日千言。及长,博涉史传,尤善五言诗,为当时所重。释褐梁湘东王法曹参军。天寒,铿尝与宾友宴饮,见行觞者,因回酒炙以授之,众坐皆笑,铿曰:"吾侪终日酣饮,而执爵者不知其味,非人情也。"及侯景之乱,铿尝为贼所擒,或救之,获免,铿问其故,乃前所行觞者。天嘉中,为始兴王府中录事参军。世祖尝宴群臣赋诗,徐陵言之于世祖,即日召铿预宴,使赋新成安乐宫,铿援笔便就,世祖甚叹赏之。累迁招远将军、晋陵太守、员外散骑常侍。顷之,卒。有集三卷,行于世。

史臣曰:夫文学者,盖人伦之所基欤。是以君子异乎众庶。昔仲尼之论四科,始乎德行,终于文学,斯则圣人亦所贵也。至如杜之伟之徒,值于休运,各展才用,之伟尤著美焉。

"江德操字德藻",或本"江德藻字德藻",疑。

陈书卷三五
列传第二九

熊昙朗　周迪　留异
陈宝应

熊昙朗,豫章南昌人也,世为郡著姓。昙朗跅弛不羁,有膂力,容貌甚伟。侯景之乱,稍聚少年,据丰城县为栅,桀黠劫盗多附之。梁元帝以为巴山太守。荆州陷,昙朗兵力稍强,劫掠邻县,缚卖居民,山谷之中,最为巨患。及侯瑱镇豫章,昙朗外示服从,阴欲图瑱。侯方儿之反瑱也,昙郎为之谋主。瑱败,昙朗获瑱马仗子女甚多。及萧勃逾岭,欧阳頠为前军,昙朗绐頠共往巴山袭黄法氍,又报法氍期共破頠,约曰:“事捷,与我马仗。”及出军,与頠掎角而进,又绐頠曰:“余孝顷欲相掩袭,须分留奇兵,甲仗既少,恐不能济。”頠乃送甲三百领助之。及至城下,将战,昙朗伪北,法氍乘之,頠失援,狼狈退衄,昙郎取其马仗而归。时巴山陈定亦拥兵立寨,昙朗伪以女妻定子,又谓定曰:“周迪、余孝顷并不愿此婚,必须以强兵来迎。”定乃遣精甲三百并土豪二十人往迎,既至,昙朗执之,收其马仗,并论价责赎。绍泰二年,昙朗以南川豪帅,随例除游骑将军。寻为持节、飙猛将军、桂州刺史资,领丰城令。历宜新、豫章二郡太守。王琳遣李孝钦等随余孝顷于临川攻周迪,昙郎率所领赴援。其年,以功除持节、通直散骑常侍、宁远将军,封永化县侯,邑一千户,给鼓吹一部。又以抗御王琳之功,授平西将军、开府仪同三司,余并如故。及周文育攻余孝劢于豫章,昙朗出军会之,文育失利,昙朗乃害文育以应王琳。事见文育传。于是尽执文育所部诸将,据新淦县,带江为城。王琳东下,世祖征南川兵,江州刺史周迪、高州刺史黄法氍欲沿流应赴,昙朗乃据城列舰断遏。迪等与法氍因帅南中兵筑城围之,绝其与琳信使。及王琳败走,昙朗党援离心,迪攻陷其城,虏其男女万余口。昙朗走入村中,村民斩之,传首京师,悬于朱雀观。于是尽收其宗族,无少长皆弃市。

周迪,临川南城人也。少居山谷,有膂力,能挽强弩,以弋猎为事。

侯景之乱,迪宗人周续起兵于临川,梁始兴王萧毅以郡让续,迪召募乡人从之,每战必勇冠众军。续所部渠帅,皆郡中豪族,稍骄横,续颇禁之,渠帅等并怨望,乃相率杀续,推迪为主,迪乃据有临川之地,筑城于工塘。

梁元帝授迪持节、通直散骑常侍、壮武将军、高州刺史,封临汝县侯,邑五百户。绍泰二年,除临川内史。寻授使持节、散骑常侍、信威将军、衡州刺史,领临川内史。周文育之讨萧勃也,迪按甲保境,以观成败。文育使长史陆山才说迪,迪乃人出粮饷以资义育。勃平,以功加振远将军,迁江州刺史。高祖受禅,王琳东下,迪欲自据南川,乃总召所部八郡守宰结盟,声言入赴。朝廷恐其为变,因厚慰抚之。琳至溢城,新吴洞主余孝顷举兵应琳。琳以为南川诸郡可传檄而定,乃遣其将李孝钦、樊猛等南征粮饷。猛等与余孝顷相合,众且二万,来趋工塘,连八城以逼迪。迪使周敷率众顿临川故郡,截断江口,因出与战,大败之。屠其八城,生擒李孝钦、樊猛、余孝顷,送于京师;收其军实器械山积,并虏其人马,迪并自纳之。永定二年,以功加平南将军、开府仪同三司,增邑一千五百户,给鼓吹一部。世祖嗣位,进号安南将军。熊昙朗之反也,迪与周敷、黄法氍等率兵共围昙朗,屠之,尽有其众。

王琳败后,世祖征迪出镇溢城,又征其子入朝,迪趑趄顾望,并不至。豫章太守周敷本属于迪,至是与黄法氍率其所部诣阙,世祖录其破熊昙朗之功,并加官赏。迪闻之,甚不平,乃阴与留异相结。及王师讨异,迪疑惧不自安,乃使其弟方兴率兵袭周敷,敷与战,破之。又别使兵袭华皎于溢城,事觉,尽为皎所擒。三年春,世祖乃下诏赦南川士民为迪所诖误者,使江州刺史吴明彻都督众军,与高州刺史黄法氍、豫章太守周敷讨迪。于是尚书下符曰:

告临川郡士庶:昔西京为盛,信、越背诞,东都中兴,萌、宠违戾。是以鹰鹯竞逐,菹醢极诛,自古有之,其来尚矣。逆贼周迪,本出舆台,有梁丧乱,暴掠山谷。我高祖躬率百越,师次九川,濯其泥沙,假以毛羽,裁解豚佩,仍剖兽符,卵翼之恩,方斯莫喻。皇运肇基,颇布诚款,国步艰阻,竟微效力。龙节绣衣,藉王爵而御下,熊旗组甲,因地险而陵上。日者王琳始贰,萧勃未夷,西结三湘,南通五岭,衡、广戡定,既安反侧,江、郢纷梗,复生携背,拥据一郡,苟且百心,志貌常违,言迹不副。特以新吴未静,地远兵强,互相兼并,成其形势。收获器械,俘虏士民,并曰私财,曾无献捷。时遣一介,终持两端。朝廷光大含弘,引纳崇遇,遂乃位等三槐,任均四岳,富贵隆赫,超绝功臣。加以出师逾岭,远相响援,按甲断江,翻然猜拒。故司空愍公,敦以宗盟,情同骨肉,城池连接,势犹唇齿,彭亡之祸,坐观难作,阶此衅故,结其党与。于时北寇侵轶,西贼凭陵,扉屡糇粮,悉以资寇,爵号军容,一遵伪党。及王师凯振,大定区中,天网恢弘,弃之度外,玺书纶诰,抚慰绸缪,冠盖缙绅,敦授重叠。至于熊昙朗剿灭,丰城克定,盖由仪同法氍之元功,安西周敷之效力,司勋有典,懋赏斯旧,恶直丑正,自为仇仇,悖礼奸谋,因此滋甚。征出溢城,历年不就,求遣侍子,累载未朝。外诱逋亡,招集不逞,中调京辇,规冀非常。擅敛征赋,罕归九府,拥遏二贾,害及四民。潜结贼异,共为表里,同恶相求,密加应援。谓我六军薄伐,三越未宁,屠破述城,虏缚妻息,分袭溢镇,称兵蠹邦,拘逼酋豪,攻围城邑,幸国有备,应时衄殄。

假节、通直散骑常侍、仁武将军、寻阳太守怀仁县伯华皎,明威将军、庐陵太守益阳县子陆子隆，并破贼徒，克全郡境。持节、散骑常侍、安西将军、定州刺史、领豫章太守西丰县侯周敷，躬捍沟垒，身当矢石，率兹义勇，以寡摧众，斩馘万计，俘虏千群，迪方收余烬，还固墉堞。使持节、安南将军、开府仪同三司、高州刺史新建县侯法氍，雄绩早宣，忠诚夙著，未奉王命，前率义旅，既援敷等，又全子隆，裹粮攮甲，仍蹑飞走，批罴之旅，驱驰越电，振武之众，叱咤移山，以此追奔，理无遗类。

　　虽复朽株将拔，非待寻斧，落叶就殒，无劳烈风，但去草绝根，在于未蔓，扑火止燎，贵乎速灭，分命将帅，实资英果。今遣镇南仪同司马、湘东公相刘广德，兼平西司马孙晓，北新蔡太守鲁广达，持节、安南将军、吴州刺史彭泽县侯鲁悉达，甲士万人，步出兴口；又遣前吴兴太守胡铄，树功将军、前宣城太守钱法成，天门、义阳二郡太守樊毅，云麾将军、合州刺史南固县侯焦僧度，严武将军、建州刺史辰县子张智达，持节、都督江吴二州诸军事、安南将军、江州刺史安吴县侯吴明彻，楼舰马步，直指临川；前安成内史刘士京，巴山太守蔡僧贵，南康内史刘峰，庐陵太守陆子隆，安成内史阙慎，并受仪同法氍节度，同会故郡；又命寻阳太守华皎，光烈将军、巴州刺史潘纯陁，平西将军、郢州刺史欣乐县侯章昭达，并率貔豹，迳造贼城；使持节、散骑常侍、镇南将军、开府仪同三司、湘州刺史湘东郡公度，分遣偏裨，相继上道，戈船蔽水，毂骑弥山；又诏镇南将军、开府仪同三司欧阳頠，率其子弟交州刺史盛、新除太子右率邃、衡州刺史侯晓等，以劲越之兵，逾岭北迈。千里同期，百道俱集，如脱稽诛，更淹旬晦。司空、大都督安都已平贼异，凯归非久，饮至礼毕，乘胜长驱，剿扑凶丑，如燎毛发。已有明诏，罪唯迪身，黎民何辜，一皆原宥。其有因机立功，赏如别格，执迷不改，刑兹罔赦。

吴明彻至临川，令众军作连城攻迪，相拒不能克，世祖乃遣高宗总督讨之。迪众溃，妻子悉擒，乃脱身逾岭之晋安，依于陈宝应。宝应以兵资迪，留异又遣第二子忠臣随之。

明年秋，复越东兴岭，东兴、南城、永成县民，皆迪故人，复共应之。世祖遣都督章昭达征迪，迪又散于山谷。初，侯景之乱也，百姓皆弃本业，群聚为盗，唯迪所部，独不侵扰，并分给田畴，督其耕作，民下肆业，名有赢储，政教严明，征敛必至，余郡乏绝者，皆仰以取给。迪性质朴，不事威仪，冬则短身布袍，夏则紫纱袜腹，居常徒跣，虽外列兵卫，内有女伎，援绳破篾，傍若无人。然轻财好施，凡所周赡，毫厘必钧，讷于言语，而襟怀信实，临川人皆德之。至是并共藏匿，虽加诛戮，无肯言者。昭达仍度岭顿于建安，与陈宝应相抗，迪复收合，出东兴。时宣城太守钱肃镇东兴，以城降迪。吴州刺史陈详率师攻迪，详兵大败，虔化侯陈诒、陈留太守张遂并战死，于是迪众复振。世祖遣都督程灵洗击破之，迪又与十余人窜于山穴中，日月转久，相随者亦稍苦之。后遣人潜出临川郡市鱼鲑，足痛，舍于邑子，邑子告临川太守骆牙，牙执之，令取迪自效，因使腹心勇士随入山中，诱迪出猎，伏兵于道傍，斩之，传首京都，枭于朱雀观三日。

留异，东阳长山人也，世为郡著姓。异善自居处，言事酝籍，为乡里雄豪。多聚恶少，陵侮贫贱，守宰皆患之。

梁代为蟹浦戍主，历晋安、安固二县令。侯景之乱，还乡里，召募士卒，东阳郡丞与异有隙，引兵诛之，及其妻子。太守沈巡援台，让郡于异，异使兄子超监知郡事，率兵随巡出都。及京城陷，异随临城公萧大连，大连板为司马，委以军事。异性残暴，无远略，督责大连军主及以左右私树威福，众并患之。会景将军宋子仙济浙江，异奔还乡里，寻以其众降于子仙。是时，大连亦趣东阳之信安岭，欲之鄱阳，异乃为子仙向导，令执大连。侯景署异为东阳太守，收其妻子为质。景行台刘神茂建义拒景，异外同神茂，而密契于景。及神茂败绩，为景所诛，异独获免。侯景平后，王僧辩使异慰劳东阳，仍纠合乡闾，保据岩阻，其徒甚盛，州郡惮焉。元帝以为信安令。荆州陷，王僧辩以异为东阳太守。世祖平定会稽，异虽转输粮馈，而拥擅一郡,威福在己。绍泰二年,以应接之功,除持节、通直散骑常侍、信武将军、缙州刺史,领东阳太守,封永兴县侯,邑五百户。其年,迁散骑常侍、信威将军,增邑三百户,余并如故。又以世祖长女丰安公主配异第三子贞臣。永定二年,征异为使持节、散骑常侍、都督南徐州诸军事、平北将军、南徐州刺史,异迁延不就。

世祖即位,改授都督缙州诸军事、安南将军、缙州刺史,领东阳太守。异频遣其长史王澌为使入朝,澌每言朝廷虚弱,异信之,虽外示臣节,恒怀两端,与王琳自鄱阳信安岭潜通信使。王琳又遣使往东阳署守宰。及琳败,世祖遣左卫将军沈恪代异为郡,实以兵袭之。异出下淮抗御,恪与战,败绩,退还钱塘,异乃表启逊谢。是时,众军方事湘、郢,乃降诏书慰喻,且羁縻之。异亦知朝廷终讨于己,乃使兵戍下淮及建德,以备江路。湘州平,世祖乃下诏曰:

昔四罪难弘,大妫之所无赦,九黎乱德,少昊之所必诛。自古皇王,不贪征伐,苟为时蠹,事非获已。

逆贼留异,数应亡灭,缮甲完聚,由来积年。进谢群龙,自跃于千里,退怀首鼠,恒持于百心。中岁密契番禺,既弘天网,赐以名爵,敦以国姻,傥望怀音,犹能革面。王琳窃据中流,翻相应接,别引南川之岭路,专为东道之主人,结附凶渠,唯欣祸乱。既祆氛荡定,气沮心孤,类伤鸟之惊弦,等穷兽之谋触。虽复遣家入质,子阳之态转遒;侍子还朝,隗嚣之心方炽。

朕志相成养,不计疵戾,披襟解带,敦喻殷勤。蜂目弥彰,枭声无改,遂置军江口,严戍下淮,显然反叛,非可容匿。且缙邦膏腴,稽南殷旷,永割王赋,长壅国民,竹箭良材,绝望京辇,蓳蒲小盗,共肆贪残,念彼余氓,兼其慨息。西戎屈膝,自款重关,秦国依风,并输侵地,三边已义,四表咸宁,唯此微妖,所宜清袗。可遣使持节、都督南徐州诸军事、征北将军、司空、南徐州刺史桂阳郡开国公安都,指往擒戮,罪止异身,余无所问。

异本谓官军自钱塘江而上,安都乃由会稽、诸暨步道袭之。异闻兵至,大恐,弃郡奔于桃支岭,于岭口立栅自固。明年春,安都大破其栅，异与第二子忠臣奔于陈宝应，于是虏其余党男女数千人。天嘉五年，陈宝应平，并擒异送都，斩于建康市，子侄及同党无少长皆伏诛。唯第三子贞臣以尚主获免。

陈宝应，晋安候官人也，世为闽中四姓。父羽，有材干，为郡雄豪。宝应性反覆，多变诈。梁代晋安数反，累杀郡将，羽初并扇惑合成其事，后复为官军向导破之，由是一郡兵权皆自己出。侯景之乱，晋安太守宾化侯萧云以郡让羽。羽年老，但治郡事，令宝应典兵。是时，东境饥馑，会稽尤甚，死者十七八，平民男女，并皆自卖，而晋安独丰沃。宝应自海道寇临安、永嘉及会稽、余姚、诸暨，又载米粟与之贸易，多致玉帛子女，其有能致舟乘者，亦并奔归之。由是大致资产，士众强盛。侯景平，元帝因以羽为晋安太守。

高祖辅政，羽请归老，求传郡于宝应，高祖许之。绍泰元年，授壮武将军、晋安太守。寻加员外散骑常侍。二年，封候官县侯，邑五百户。时东西岭路，寇贼拥隔，宝应自海道趋于会稽贡献。高祖受禅，授持节、散骑常侍、信武将军、闽州刺史，领会稽太守。世祖嗣位，进号宣毅将军，又加其父光禄大夫，仍命宗正录其本系，编为宗室，并遣使条其子女，无大小并加封爵。

宝应娶留异女为妻，侯安都之讨异也，宝应遣兵助之，又资周迪兵粮，出寇临川。及都督章昭达于东兴、南城破迪，世祖因命昭达都督众军，由建安南道渡岭，又命益州刺史领信义太守余孝顷，都督会稽、东阳、临海、永嘉诸军，自东道会之，以讨宝应，并诏宗正绝其属籍。于是尚书下符曰：

告晋安士庶：昔陇西旅拒，汉不稽诛，辽东叛换，魏申宏略。若夫无诸，汉之策勋，有扈，夏之同姓，至于纳吴濞之子，致横海之师，违姒启之命，有《甘誓》之讨。况乃族不系于宗盟，名无纪于庸器，而显成三叛，衅深四罪者乎？

案闽寇陈宝应父子，卉服支孽，本迷爱敬。梁季丧乱，闽隔阻绝，父既豪侠，扇动蛮陬，椎髻箕坐，自为渠帅，无闻训义，所资奸谄，爰肆蜂豺，俄而解印。炎行方谢，网漏吞舟，日月居诸，弃之度外。自东南王气，实表圣基，斗牛聚星，允符王迹，梯山航海，虽若款诚，擅割环珍，竟微职贡。朝廷遵养含弘，宠灵隆赫，起家临郡，兼昼绣之荣，裂地置州，假藩麾之盛。即封户牖，仍邑栎阳，乘华毂者十人，保弊庐而万石。又以盛汉君临，推恩娄敬，隆周朝会，乃长滕侯，由是紫泥青纸，远赉恩泽，乡亭龟组，颁及婴孩。自谷迁乔，孰复为拟，而苞藏鸱毒，敢行狼戾。连结留异，表里周迪，盟歃婚姻，自为唇齿，屈强山谷，推移岁时。及我毂骑防山，定秦望之西部，戈船下濑，克汇泽之南川，遂敢举斧，并助凶孽，莫不应弦摧衄，尽殪丑徒。每以罪在酋渠，悯兹驱逼，所收俘馘，并勒矜放。仍遣中使，爰降诏书，天网恢弘，犹许改思。异既走险，迪又逃刑，诳侮王人，为之川薮，遂使袁熙请席，远叹头行，马援观蛙，犹安井底。至如遏绝九赋，剽掠四民，阖境资财，尽室封夺，凡厥仓头，皆略黔首。螫贼相扇，叶契连踪，乃复逾超瀛溟，寇扰浃口，侵轶岭峤，掩袭述城，缚掠吏民，焚烧官寺，此而可纵，孰不可容？

今遣沙州刺史俞文冏，明威将军程文季，假节、宣猛将军、成州刺史甘他，假节、云旗将军谭填，假节、宣猛将军、前监临海郡陈思庆，前军将军徐智远，明毅将军宜黄县开国侯慧纪，开远将军、新除晋安太守赵象，持节、通直散骑常侍、壮武将军、定州刺史康乐县开国侯林冯，假节、信威将军、都督东讨诸军事、益州刺史余孝顷，率羽林二万，蒙冲盖海，乘跨沧波，扫荡巢窟。此皆明耻教战，濡须鞠旅，累从杨仆，亟走孙恩，斩蛟中流，命冯夷而鸣鼓，鼋鼍为驾，辔方壶而建旗。义安太守张绍宾，忠诚款到，累使求军。南康内史裴忌，新除轻车将军刘峰，东衡州刺史钱道戢，并即遣人仗，与绍宾同行。故司空欧阳公，昔有表奏，请宣薄伐，遥途意合，若伏波之论兵，长逝遗诚，同子颜之勿赦。征南薨谢，上策无忘，周南余恨，嗣子弗忝。广州刺史欧阳纥，克符家声，聿遵广略，舟师步卒，二万分趋，水扼

长鲸,陆制封豨,董率衡、广之师,会我六军。潼州刺史李腾,明
州刺史戴晃,新州刺史区白兽,壮武将军修行师,陈留太守张
遂,前安成内史阙慎,前庐陵太守陆子隆,前豫宁太守任蛮奴,
巴山太守黄法慈,戎昭将军、湘东公世子徐敬成,吴州刺史鲁
广达,前吴州刺史遂兴县开国侯详,使持节、都督征讨诸军事、
散骑常侍、护军将军昭达,率缇骑五千,组甲二万,进渡邵武,
仍顿晋安。按辔扬旌,夷山堙谷,指期掎角,以制飞走。前宣威
太守钱肃,临川太守骆牙,太子左卫率孙诩,寻阳太守莫景隆,
豫章太守刘广德,并随机镇遏,络驿在路。使持节、散骑常侍、
镇南将军、开府仪同三司、江州刺史新建县开国侯法氍,戒严
中流,以为后殿。

　　斧钺所临,罪唯元恶及留异父子。其党主帅,虽有请泥函
谷,相背淮阴,若能翻然改图,因机立效,非止肆眚,乃加赏擢。
其建、晋士民,久被驱迫者,大军明加抚慰,各安乐业,流寓失
乡,即还本土。其余立功立事,已具赏格。若执迷不改,同恶趋
趄,斧钺一临,罔知所赦。

昭达既克周迪,逾东兴岭,顿于建安,余孝顷又自临海道袭于
晋安。宝应据建安之湖际,逆拒王师,水陆为栅。昭达深沟高垒不
与战,但命军士伐木为排。俄而水盛,乘流放之,突其水栅,仍水步
薄之。宝应众溃,身奔山草间,窘而就执,并其子弟二十人送都,斩
于建康市。

　　史臣曰:梁末之灾沴,群凶竞起,郡邑岩穴之长,村屯邬壁之
豪,资剽掠以致强,恣陵侮而为大。高祖应期拨乱,戡定安辑,熊昙
朗、周迪、留异、陈宝应,虽身逢兴运,犹志在乱常。昙朗奸慝翻覆,
夷灭斯为幸矣。宝应及异,世祖或敦以婚姻,或处其类族,岂有不能
威制,盖以德怀也。遂乃背恩负义,各立异图,地匪淮南,有为帝之
志,势非庸、蜀,启自王之心。呜呼!既其迷暗所致,五宗屠剿,宜哉!

《陈宝应传》"此皆明耻教战，濡须鞠旅"，恐有误。

"潼州刺史李睹"，或本作"季腊"，或本作"李睹"，疑。

陈书卷三六
列传第三○

始兴王叔陵　　新安王伯固

　　始兴王叔陵字子嵩,高宗之第二子也。梁承圣中,高宗在江陵,为直阁将军,而叔陵生焉。江陵陷,高宗迁关右,叔陵留于穰城。高宗之还也,以后主及叔陵为质。天嘉三年,随后主还朝,封康乐侯,邑五百户。

　　叔陵少机辩,徇声名,强梁无所推屈。光大元年,除中书侍郎。二年,出为持节、都督江州诸军事、南中郎将、江州刺史。太建元年,封始兴郡王,奉昭烈王祀。进授使持节、都督江郢晋三州诸军事、军师将军,刺史如故。叔陵时年十六,政自己出,僚佐莫预焉。性严刻,部下慑惮,诸公子侄及罢县令长,皆逼令事己。豫章内史钱法成诣府进谒,即配其子季卿将领马仗。季卿惭耻,不时至,叔陵大怒,侵辱法成,法成愤怨,自缢而死。州县非其部内,亦征摄案治之,朝贵及下吏有乖忤者,辄诬奏其罪,陷以重辟。寻进号云麾将军,加散骑常侍。三年,加侍中。四年,迁都督湘衡桂武四州诸军事、平南将军、湘州刺史,侍中、使持节如故。诸州镇闻其至,皆震恐股栗,叔陵日益暴横,征伐夷獠,所得皆入己,丝毫不以赏赐。征求役使,无有纪极,夜常不卧,烧烛达晓,呼召宾客,说民间细事,戏谑无所不为。性不饮酒,唯多置肴馔,昼夜食啖而已。自旦至中,方始寝寐。其曹局文案,非呼不得辄自呈。答罪者皆系狱,动数年不省视。潇、湘以南,皆逼为左右,廛里殆无遗者。其中脱有逃窜,辄杀其妻子。州县无敢上言，高宗弗之知也。寻进号镇南将军，给鼓吹一部。迁中卫将军。九年，除使持节、都督扬徐东扬南豫四州诸军事、扬州刺史，侍中、将军、鼓吹如故。十年，至都，加扶，给油幢车。叔陵治在东府，事务多关治省阁，执事之司，承意顺旨，即讽上进用之，微致违忤，必抵以大罪，重者至殊死，道路籍籍，皆言其有非常志。叔陵修饰虚名，每入朝，常于车中马上执卷读书，高声长诵，阳阳自若。归坐斋中，或自执斧斤为沐猴百戏，又好游冢墓间，遇有茔表主名可知者，辄令左右发掘，取其石志古器，并骸骨肘胫，持为玩弄，藏之库中。府内民间少妻处女，微有色貌者，并即逼纳。十一年，丁所生母彭氏忧，去职。顷之，起为中卫将军，使持节、都督、刺史如故。晋世王公贵人，多葬梅岭，及彭卒，叔陵启求于梅岭葬之，乃发故太傅谢安旧墓，弃去安柩，以葬其母。初丧之日，伪为哀毁，自称刺血写《涅盘经》，未及十日，乃令庖厨击鲜，日进甘膳。又私召左右妻女，与之奸合，所作尤不轨，侵淫上闻。高宗遣责御史中丞王政，以不举奏免政官，又黜其典签亲事，仍加鞭捶。高宗素爱叔陵，不绳之以法，但责让而已。服阕，又为侍中、中军大将军。

及高宗不豫，太子诸王并入侍疾。高宗崩于宣福殿，竖日旦，后主哀顿俯伏，叔陵以锉药刀斫后主中项。太后驰来救焉，叔陵又斫太后数下。后主乳媪吴氏，时在太后侧，自后掣其肘，后主因得起。叔陵仍持后主衣，后主自奋得免。长沙王叔坚手扼叔陵，夺去其刀，仍牵就柱，以其褌袖缚之。时吴媪已扶后主避贼，叔坚求后主所在，将受命焉。叔陵因奋袖得脱，突走出云龙门，驰车还东府，呼其甲士，散金银以赏赐。外召诸王将帅，莫有应者，唯新安王伯固闻而赴之。叔陵聚兵仅千人，初欲据城保守，俄而右卫将军萧摩诃将兵至府西门，叔陵事急惶恐，乃遣记室韦谅送其鼓吹与摩诃，仍谓之曰："如其事捷，必以公为台鼎。"摩诃绐报之曰："须王心膂节将自来，方敢从命。"叔陵即遣戴温、谭骐麟二人诣摩诃所，摩诃执以送台，斩于阁道下。叔陵自知不济，遂入内，沉其妃张氏及宠姜七人于井中。叔陵有部下兵先在新林，于是率人马数百，自小航渡，欲趋新林,以舟舰入北。行至白扬路,为台军所邀。伯固见兵至,旋避入巷,叔陵驰骑拔刃追之,伯固复还。叔陵部下多弃甲溃散,摩诃马客陈智深迎刺叔陵,僵毙于地,阍竖王飞禽抽刀斫之十数下,马客陈仲华就斩其首,送于台。自寅至巳乃定。

尚书八座奏曰:“逆贼故侍中、中军大将军始兴王叔陵,幼而很戾,长肆贪虐。出抚湘南,及镇九水,两藩甿庶,扫地无遗。蜂目豺声,狎近轻薄,不孝不仁,阻兵安忍,无礼无义,唯戮是闻。及居偏忧,淫乐自恣,产子就馆,日月相接。昼伏夜游,恒习奸诡,抄掠居民,历发丘墓。谢太傅晋朝佐命,草创江左,斩棺露骸,事惊听视。自大行皇帝寝疾,翌日未瘳,叔陵以贵介之地,参侍医药,外无戚容,内怀逆弑。大渐之后,圣躬号擗,遂因匍匐,手犯乘舆。皇太后奉临,又加锋刃,穷凶极逆,旷古未俦。赖长沙王叔坚,诚孝恳至,英果奋发,手加挫拉,身蔽圣躬。叔陵仍奔东城,招集凶党,余毒方炽,自害妻孥。虽应时枭悬,犹未摅愤怨。臣等参议,请依宋代故事,流尸中江,污潴其室,并毁其所生彭氏坟庙,还谢氏之茔。”制曰:“凶逆枭镜,反噬宫闱,赖宗庙之灵,时从仆灭。抚情语事,酸愤兼怀,朝议有章,宜从所奏也。”叔陵诸子,即日并赐死。前衡阳内史彭暠、咨议参军兼记室郑信、中录事参军兼记室韦谅、典签俞公喜,并伏诛。暠,叔陵舅也,初随高宗在关中,颇有勤效,因藉叔陵将领历阳、衡阳二郡。信,以便书记有宠,谋谟皆预焉。谅,京兆人,梁侍中、护军将军粲之子也,以学业为叔陵所引。陈智深以诛叔陵之功,为巴陵内史,封游安县子。陈仲华为下巂太守,封新夷县子。王飞禽除伏波将军。赐金各有差。

新安王伯固字牢之,世祖之第五子也。生而龟胸,目通精扬白,形状眇小,而俊辩善言论。

天嘉六年,立为新安郡王,邑二千户。废帝嗣立,为使持节、都督南琅邪彭城东海三郡诸军事、云麾将军、彭城琅邪二郡太守。寻入为丹阳尹,将军如故。太建元年,进号智武将军,尹如故。秩满,进号翊右将军。寻授使持节、都督吴兴诸军事、平东将军、吴兴太守。四年，入为侍中、翊前将军。迁安前将军、中领军。七年，出为使持节、散骑常侍、都督南徐南豫南北兖四州诸军事、镇北将军、南徐州刺史。

伯固性嗜酒，而不好积聚，所得禄俸，用度无节，酣醉以后，多所乞丐，于诸王之中，最为贫窭。高宗每矜之，特加赏赐。伯固雅性轻率，好行鞭捶，在州不知政事，日出田猎，或乘眠舆至于草间，辄呼民下从游，动至旬日，所捕獐鹿，多使生致。高宗颇知之，遣使责让者数矣。

十年，入朝，又为侍中、镇右将军，寻除护军将军。其年，为国子祭酒，领左骁骑将军，侍中、镇右并如故。伯固颇知玄理，而堕业无所通。至于搢句问难，往往有奇意。为政严苛，国学有堕游不修习者，重加榎楚，生徒惧焉，由是学业颇进。十二年，领宗正卿。十三年，为使持节、都督扬南徐东扬南豫四州诸军事、扬州刺史，侍中、将军如故。

后主初在东宫，与伯固甚相亲狎。伯固又善嘲谑，高宗每宴集，多引之。叔陵在江州，心害其宠，阴求疵瑕，将中之以法。及叔陵入朝，伯固惧罪，诏求其意，乃共讪毁朝贤，历诋文武，虽耆年高位，皆面折之，无所畏忌。伯固性好射雉，叔陵又好开发冢墓，出游野外，必与偕行，于是情好大叶，遂谋不轨。伯固侍禁中，每有密语，必报叔陵。及叔陵出奔东府，遣使告之，伯固单马驰赴，助叔陵指挥。知事不捷，便欲遁走，会四门已闭，不得出，因同趣白杨道。台马客至，为乱兵所杀，尸于东昌馆门，时年二十八。诏曰："伯固同兹悖逆，殒身途路。今依外议，意犹弗忍，可特许以庶人礼葬。"又诏曰："伯固随同巨逆，自绝于天，俾无遗育，抑有恒典。但童孺靡识，兼预葭莩，寘之甸人，良以恻悯，及伯固所生王氏，可并特宥为庶人。"国除。

史臣曰：孔子称："富与贵，是人之所欲，非其道得之，不处也。"上自帝王，至于黎献，莫不嫡庶有差，长幼攸序。叔陵险躁奔竞，遂行悖逆,辗磔形骸,未臻其罪,污潴居处,不足彰过。悲哉!

《始兴王传》"王飞禽除伏波将军",或本作"仗后将军",疑。